Gouverner la zone euro après la crise : l'exigence d'intégration

Frédéric Allemand • Mathieu Bion • Jean-Luc Sauron

Frédéric Allemand est Coordinateur des études européennes d'un centre de recherche public luxembourgeois (Centre Virtuel de la Connaissance sur l'Europe) et enseignant à SciencesPo et HEC.

Mathieu Bion est Rédacteur en chef à l'Agence Europe (spécialisé en matière économique et financière).

Jean-Luc Sauron est Conseiller d'État, délégué au droit européen au Conseil d'État, et Professeur associé à l'Université Paris-Dauphine.

Remerciements
Les auteurs tiennent à adresser leurs plus vifs remerciements à l'éditeur pour sa grande patience et à Mlle Anahita Kazemzadeh pour sa précieuse assistance lors de la finalisation de l'ouvrage.

« *Je suis certain, commença-t-il* [Zagreus], *qu'on ne peut être heureux sans argent. Voilà tout. Je n'aime ni la facilité ni le romantisme. J'aime à me rendre compte. Eh bien, j'ai remarqué que chez certains êtres d'élite il y a une sorte de snobisme spirituel à croire que l'argent n'est pas nécessaire au bonheur. C'est bête, c'est faux, et dans une certaine mesure, c'est lâche.* »
Albert Camus, *La mort heureuse*, Gallimard, coll. « Cahiers Albert Camus », 1971.

Gouverner la zone euro après la crise : l'exigence d'intégration

FRÉDÉRIC ALLEMAND • MATHIEU BION • JEAN-LUC SAURON

Préface de Pierre Moscovici

Gualino une marque de Lextenso

Suivez-nous sur

70, rue du Gouverneur Général Éboué
92131 Issy-les-Moulineaux cedex
ISBN 978 - 2 - 297 - 05270 - 2

Préface

Parlons franchement : à première vue, en Europe, l'heure n'est aujourd'hui pas à l'intégration, mais à la désunion. Les débats sur la crise des réfugiés ont révélé de profondes divisions entre les anciens États membres de l'Union européenne et les plus récents. Les États qui ne partagent pas la monnaie unique s'inquiètent de voir les membres de la zone euro dériver de leur côté. Au sein de l'Union économique et monétaire, les États membres ont divergé et ne parviennent pas à combler les écarts qui se sont créés. Cette désunion, je la refuse. Il est temps aujourd'hui de donner enfin à la monnaie unique l'architecture politique et démocratique nécessaire. Alors que nous sortons de la crise la plus grave que nos sociétés aient connue depuis les années 1930, nous sommes aujourd'hui à un tournant de notre intégration économique et monétaire. L'optimisme mais aussi l'expérience me font croire en notre capacité à redonner un nouveau souffle à notre projet européen et à notre Union.

La crise a permis la naissance de mécanismes inédits et une transformation profonde de la gouvernance de notre Union, mais nous ne sommes pas pour autant parvenus à faire revivre le projet européen. Pour lui redonner souffle, nous devons en premier lieu réussir à répondre rapidement et concrètement aux attentes des citoyens européens. La relance de la croissance et de l'emploi est à ce titre indispensable. Face à cet enjeu historique, il faut dépasser la logique de continuité et tourner résolument la page du *statu quo*. L'Union européenne doit prendre des risques pour avancer et pour initier des changements réels. Assurons aujourd'hui la reconvergence de nos économies européennes grâce aux mécanismes et aux instruments issus de la crise. Mais à plus long terme, il nous faut penser une Union économique et monétaire plus intégrée, plus audacieuse et plus unie, justement.

Sa gouvernance fait aujourd'hui lourdement défaut : l'intérêt général de la zone euro n'est pas défendu, ou bien avec difficulté, les décisions ne sont pas incarnées et le contrôle démocratique reste trop insuffisant.

La nouvelle Commission a immédiatement pris la mesure de ces impératifs. La Commission précédente, pressée par la crise, avait privilégié la stabilisation de l'économie européenne et fixé comme priorité le nécessaire assainissement budgétaire. Nécessaire pour restaurer la confiance en Europe et sauvegarder la monnaie unique, cette politique doit à présent s'accompagner d'un redressement de la croissance. La Commission Juncker a dès lors promu une nouvelle donne en Europe : notre énergie est désormais dirigée vers le soutien à la croissance et à l'emploi en Europe. La Commission se doit de donner une impulsion politique nouvelle pour mieux exprimer l'intérêt communautaire. C'est là son rôle.

À l'Eurogroupe cependant, qui est une instance informelle d'essence fortement intergouvernementale, la voix de la Commission ne porte pas toujours suffisamment pour faire prévaloir cet intérêt général européen. Les négociations sur les programmes d'assistance financière, par exemple, révèlent que le conflit peut être frontal. Dans ces négociations, le rôle de la Commission est celui de l'honnête courtier. Elle joue le rôle de négociateur mandaté par les États membres. Or l'intérêt général, qu'elle doit porter, n'est pas nécessairement, et même rarement, la somme totale d'intérêts nationaux par essence divergents. Pour être crédible, et donc efficace, la politique économique doit donc manifester plus de cohérence et d'unité. Personne ne comprendrait que la politique monétaire ne devienne lunatique, et que sa ligne varie au gré des coalitions nationales. Dès lors, pourquoi ne pourrait-il en être de même pour le reste de la politique économique ?

Nous bénéficions aujourd'hui d'un recul suffisant pour tirer les enseignements de la crise. Mon sentiment, forgé par l'expérience de ces turbulences, est que le rôle et les pouvoirs exécutifs de la Commission doivent être très significativement renforcés. La zone euro doit notamment pouvoir être représentée par un ministre des Finances à part entière, qui, à mon sens, devrait être membre de la Commission européenne. Cette idée a fait son retour dans le débat politique, à juste titre. Ce Ministre, nécessairement responsable devant le Parlement européen, superviserait la coordination des politiques économiques et budgétaires et gérerait une capacité budgétaire propre à la zone euro. Il lui reviendrait ainsi de gérer les situations de crise au nom de la communauté de l'euro. Cette unité serait gage d'efficacité.

Les changements que j'évoque ne pourront advenir en un jour mais je suis convaincu que cette plus grande intégration est inéluctable car nécessaire pour la survie, à long terme, de l'Union monétaire.

Pierre Moscovici
Commissaire européen aux Affaires économiques et monétaires,
à la Fiscalité et à l'Union douanière

Sommaire

Liste des sigles et acronymes

ABE	Autorité bancaire européenne
ABS	*Asset-backed securities* (rachat massif de titres adossés à des actifs)
AGS	*Annual Growth Survey* (examen annuel de la croissance de la Commission européenne)
AMR	*Alert Mechanism Report* (rapport annuel sur les déséquilibres macroéconomiques dans les États membres de la Commission européenne)
AQR	*Asset quality review* (évaluation des actifs de la BCE)
BCE	Banque centrale européenne
BCN	Banques centrales nationales
BEI	Banque européenne d'investissement
BRRD	*Banking Recovery and Resolution directive* (directive 2014/59/UE du Parlement européen et du Conseil du 15 mai 2014 sur le redressement et la résolution des crises bancaires, dite « directive BRRD »)
CE	Communauté européenne
CERS	Comité européen du risque systémique
CJUE	Cour de justice de l'Union européenne
Comm. CE	Commission européenne
Comm. UE	Commission européenne
Cons. CE	Conseil des Communautés européennes
Cons. UE	Conseil de l'Union européenne
CRH	Caisse de refinancement de l'habitat
CSR	*Country-Specific Recommandations* (propositions de recommandations individuelles de la Commission européenne)

DGS	*Deposit Guarantee Schemes* (systèmes de garantie des dépôts)
ECOFIN	Formation du Conseil réunissant les ministres de l'Économie et des Finances de tous les États membres
ELA	*Emergency liquidity assistance* (octroi de liquidités d'urgence)
EPSC	*European Political Strategy Center* (Centre européen de stratégie politique de la Commission européenne)
ESGAB	Conseil consultatif européen pour la gouvernance statistique
ESI Funds	*European Structural Investments Funds* (fonds structurels et d'investissement européens, dits « fonds ESI »)
Euribor	Groupe de taux d'intérêt européens
FCC	Fonds commun de créances
FED	*Federal Reserve System* (Réserve fédérale américaine)
FESF	Fonds européen de stabilité financière
FGDR	Fonds de garantie des dépôts et de résolution
FMI	Fonds monétaire international
FROB	*Fondo de Reestructuración Ordenada Bancaria* (Fonds espagnol de sauvetage bancaire)
FRU	Fonds de résolution unique
FUE	Fonctionnement de l'Union européenne (traité sur le fonctionnement de l'Union européenne, dit « traité FUE »)
GOPE	Grandes orientations des politiques économiques
ICC	Instrument de convergence et de compétitivité
IDR	*In-depth review* (bilan approfondi de la Commission européenne)
LDE	Lignes directrices pour l'emploi
LDI	Lignes directrices intégrées
LTRO	*Long term refinancing operations* (opérations de refinancement à long terme)
MES	Mécanisme européen de stabilité
MESF	Mécanisme européen de stabilisation financière
MOC	Méthode ouverte de coordination
MRU	Mécanisme de résolution unique
MSU	Mécanisme de surveillance unique

OBMT	Objectif budgétaire à moyen terme
OMT	*Outright monetary transactions* (programme d'opérations monétaires sur titres)
PE	Parlement européen
PIB	Produit intérieur brut
PME	Petites et moyennes entreprises
PNR	Programme national de réforme
PSC	Pacte de stabilité et de croissance
QE	*Quantitative easing* (rachat d'actifs publics et privés)
RMA	Rapport annuel sur le mécanisme d'alerte de la Commission européenne
SEBC	Système européen de banques centrales
SMP	*Securities Markets Program* (programme temporaire de rachat de titres souverains)
SPV	*Special Purpose Vehicle* (fonds commun de créances, ou « FCC »)
SRB	*Single resolution board* (Conseil de résolution unique)
SSE	Système statistique européen
TLTRO	*Targeted longer-term refinancing operations* (opérations ciblées de refinancement à plus long terme)
TSCG	Traité sur la stabilité, la coordination et la gouvernance du 2 mars 2012 (dit « pacte budgétaire européen »)
UE	Union européenne
UEAPME	*European Association of Craft, Small and Medium-Sized Enterprises* (Union européenne de l'artisanat et des petites et moyennes entreprises)
UEM	Union économique et monétaire

Introduction

Lundi 12 octobre 2009. L'été se languit à Athènes, le bulletin météorologique annonce une température de 28°C en après-midi. Les baigneurs, encore nombreux, profitent des plages des banlieues chics du sud de la capitale grecque. Grand vainqueur des élections générales tenues 8 jours plus tôt, le nouveau gouvernement socialiste, dirigé par George Papandréou, prend doucement les rênes du pouvoir. Les électeurs attendent les premières mesures du plan de relance de 3 milliards d'euros promis, dont une hausse des retraites. Un groupe de pop britannique, *Pet Shop Boys*, annonce des dates de concert supplémentaires dans le cadre de sa tournée mondiale, *Pandemonium tour*.

Pandémonium… Néologisme dû au poète anglais John Milton dans son poème *Le Paradis perdu* ; le terme, forgé à partir des mots de grec ancien πᾶν et δαίμων, désigne la capitale des Enfers, le siège de Lucifer. De fait, la fin d'automne, déjà chaude, ne tarde pas à devenir brûlante dans la capitale grecque. En fin d'après-midi, le porte-parole du gouvernement annonce que le déficit public estimé pour 2009 ne sera pas de 6 % du PIB, comme l'avait indiqué le précédent gouvernement, mais au moins de 12 %. Finalement, il est établi quelques semaines plus tard à 15,7 %.

La nouvelle déplaît. Aux investisseurs, déjà, qui pointent la baisse continue de compétitivité de l'économie grecque, l'accumulation des déficits de la balance des paiements, la dégradation des perspectives de croissance sous l'effet de la crise financière et le stock déjà important de dette publique. Aux partenaires européens de la Grèce, ensuite. L'accueil du nouveau ministre de l'Économie et des Finances par ses pairs lors de la réunion de l'Eurogroupe du 19 octobre est peu amène. La situation a en effet le goût amer du déjà-vu. Au printemps 2004, confronté à l'ouverture d'une procédure pour déficit public excessif, le gouvernement grec nouvellement élu avait lancé un audit approfondi des comptes publics qui révéla une manipulation majeure des statistiques budgétaires depuis 1997. Logiquement, la Grèce n'aurait jamais dû rentrer dans la zone euro en 2001. Quatre ans d'échanges furent nécessaires entre la direction générale de la Commission chargée des statistiques, Eurostat, et les autorités athéniennes pour rectifier les données budgétaires. Tout le monde pense alors l'affaire soldée, même si des doutes persistent. En avril 2009, le Conseil de l'Union encourage le pays à améliorer la gouvernance statistique et la qualité de ses données numériques et l'invite à se conformer davantage aux prescriptions européennes en la matière.

En fait, pendant toute la première décennie des années 2000, la Grèce fait plus qu'appliquer les règles : elle en exploite les failles. Au terme d'un pacte faustien avec des banques d'affaires nord-américaines, elle conclut des swaps de devises sur les parts de sa dette émise en monnaie étrangère (dollar, yen) à des taux de change très favorables. Mise en place à compter de 2001, l'opération est connue mais suscite peu l'attention des régulateurs et des investisseurs.

À la fin du mois d'octobre 2009, George Papandréou tient donc à rassurer tant ses pairs que les marchés, et promet de revenir à un niveau de déficit public inférieur à 3 % du PIB en trois ou quatre ans. Il reçoit pour cela les conseillers de *Goldman Sachs* en novembre 2009 afin d'envisager un nouveau montage financier, concernant cette fois-ci la dette sociale. Aucune suite n'est donnée. La pression s'accroît sur le pays.

2010 débute mal. La première communication de la Commission est consacrée aux données budgétaires grecques et constitue un sévère rappel à l'ordre au respect des règles statistiques. Le 14 janvier, George Papandréou présente son plan d'assainissement : augmentation de la fiscalité, gel des salaires de la fonction publique, réforme des régimes de retraite – autant de mesures impopulaires, mais nécessaires. « *Nous laisserons les déficits derrière nous, promet le Premier ministre, et ferons de ce qui est la plus complexe et importante crise des dix dernières années, une opportunité pour le pays.* »[1] Les marchés réagissent peu à l'annonce. La situation générale des finances publiques en Europe est fortement dégradée. Les investisseurs sont dubitatifs quant à la capacité de l'Union et des États membres à ramener leurs comptes publics dans la zone de confort dessinée par le traité de Maastricht : un déficit public inférieur à 3 % du PIB et une dette publique à 60 % – ou supérieure, mais se rapprochant de cette valeur. Dans ce contexte, les agences de notation *Moody's, Fitch Ratings* et *Standard & Poor's* abaissent la note souveraine de la Grèce. Le pays n'est pas le seul dans ce cas, mais cette dégradation, si elle doit s'accentuer, risque de menacer l'octroi de liquidités aux institutions de crédit grecques par la Banque centrale européenne (BCE). Les titres de dette grecs, fortement détenus par ces institutions, ne seraient plus éligibles aux

1. « PM: Stability plan is our only choice », *The Athens News Agency*, 14 janvier 2010.

opérations de politique monétaire conduites par Francfort. La crise financière a déjà conduit à réduire les flux de capitaux vers la Grèce ; la fermeture du guichet d'approvisionnement de la BCE placerait le système bancaire grec en grande difficulté et, par effet de ricochet, compromettrait tout espoir d'une reprise rapide. Une véritable descente aux enfers…

Cependant, personne ne mesure encore ni l'importance ni l'imminence de la crise. Au niveau européen, chacun veut croire que le Pacte de stabilité et de croissance (PSC), révisé en 2005, constitue le corset adapté à la situation. La BCE fait confiance à la Grèce pour présenter un déficit public grec à 3 % pour 2012, fut-ce sur la base d'hypothèses de croissance jugées peu réalistes[2]. L'analyse réalisée par la Commission n'est pas moins optimiste. Quant au Conseil, institution cardinale de la mise en œuvre de la coordination des politiques économiques et de la discipline budgétaire, ses premières appréciations sont positives. Du côté des marchés, les écarts des taux d'intérêt entre les obligations à 10 ans grecques et allemandes s'ouvrent, signe de la perception d'un risque accru quant à la capacité de remboursement d'Athènes. En même temps, tout malheur est toujours bon à prendre, et les analystes financiers y voient des opportunités d'investissement particulièrement attractives pour qui conservera les titres grecs jusqu'à maturité. Comme l'écrit un expert d'Amundi fin janvier 2010, « *il est extrêmement peu probable qu'un État de la zone euro soit en défaut de paiement dans les dix ans, et encore moins dans les trois années à venir* »[3]. Usant de cynisme, un autre investisseur relève début avril que « *les valorisations* [des dettes souveraines] *aberrantes sont autant d'opportunités d'investissement intéressantes* »[4].

Six ans plus tard, l'on ne peut qu'être étonné de l'assurance collective et de la relative insouciance exprimée à l'époque des faits par les différents acteurs – Europe, États et marché – face la situation. D'autant plus qu'à ce jour, la crise n'est pas encore résolue. Malgré un troisième plan d'assistance financière de 86 milliards d'euros conclu en juillet 2015, la Grèce doit supporter un niveau d'endettement public considérable qui ne se

2. Jean-Claude Trichet, « Introductory statement with questions & answers », *Europa.eu*, 4 février 2010, http://www.ecb.europa.eu/press/pressconf/2010/html/is100204.en.html, page consultée le 15 janvier 2016.

3. Nathalie Navarre, *Regards sur les marchés : Revoir la hiérarchie de la dette souveraine en zone euro*, Amundi, 25 janvier 2010.

4. Axel Botte, « Les souverains ou le nouveau pari de crédit », *Globalix.fr*, 6 avril 2010, http://www.globalix.fr/content/les-souverains-ou-le-nouveau-pari-de-credit, page consultée le 15 janvier 2016.

réduira qu'à long terme : 200 % du PIB en 2016, 175 % en 2020 et 122 % en 2030. Et rien ne dit que ce scénario se réalisera, tant les variables et les facteurs qui l'influent sont nombreux. En ce sens, le FMI a contesté le caractère viable de la dette grecque lors des négociations du troisième plan d'aide et, depuis, appelle à ce que l'assistance financière et les réformes structurelles s'accompagnent d'une renégociation de la dette publique. Le 11 octobre 2015, le président de la BCE, Mario Draghi, jette un pavé dans la mare lorsqu'il admet l'intérêt d'un reprofilage de la dette grecque : « *We have expressed concerns about current debt sustainability. In our view, there will have to be an element of debt relief.* »[5]

« *If these things were so large, how come everyone missed them?* », demande la reine Elizabeth II à propos de la crise des subprimes à un professeur d'économie, lors de sa visite à la London School of Economics en novembre 2008. Six mois plus tard, les économistes font amende honorable et reconnaissent « *un échec de l'imagination collective de nombreuses personnes brillantes, ici dans ce pays* [Royaume-Uni] *et à l'étranger, pour comprendre les risques du système* [financier] *dans son intégralité* »[6]. La question vaut assurément pour la zone euro et la crise des dettes publiques. Comment est-il possible que ni les institutions de l'Union chargées de la surveillance des politiques économiques, ni les autorités nationales, ni les investisseurs privés n'aient rien vu ? Au regard de l'importance de la crise et de ses conséquences économiques et sociales, la question possède une légitimité indiscutable.

L'on pourrait discuter à l'envi des imperfections passées, voire présentes et futures de la gouvernance économique européenne, ou bien encore de la manipulation ou du contournement des règles statistiques et budgétaires par les États membres. Le vrai sujet serait toutefois éludé : l'(in)existence d'une volonté politique réelle, large des États membres en faveur d'une *véritable* Union économique et monétaire. Le *statu quo* n'est cependant ni possible ni admissible. Dans un monde en continuel changement, « *s'arrêter signifie reculer*, prévient Angela Merkel en mars 2007.

5. Mario Draghi, entretien donné au quotidien grec *I Kathimerini*, 11 octobre 2015, *Europa.eu*, http://www.ecb.europa.eu/press/inter/date/2015/html/sp151011.en.html, page consultée le 15 janvier 2016.

6. « *[...] A failure of the collective imagination of many bright people, both in this country and internationally, to understand the risks to the system as a whole* », cité dans « British Economists send Apology to Queen », *HuffingtonPost.com*, 26 août 2009, http://www.huffingtonpost.com/2009/07/26/british-economists-send-a_n_244998.html, page consultée le 15 janvier 2016.

Si l'Europe est divisée, elle trébuche plus rapidement que certains ne le croient »[7]. La participation à l'Union économique et monétaire (UEM), le partage d'une même monnaie unique créent une exigence : celle de progresser, de s'intégrer.

Mais que l'on ne se méprenne pas ! L'intégration que nous appelons de nos vœux n'est pas la réduction des États et de leurs citoyens à une uniformité imposée par quelques institutions apatrides. Elle n'est pas l'affirmation d'une nouvelle hégémonie, fut-elle imposée par le droit et non par la force. L'unité économique, monétaire, financière et politique de l'Europe n'emporte pas nécessairement son uniformité. L'unité est une perspective fondamentale de l'Union. Et, pour reprendre les mots du premier président de la Commission européenne Walter Hallstein, si « [l'unité] *est le leitmotiv de notre action* », cela n'interdit pas le maintien d'une forte diversité. « *Bien entendu des différences subsistent. Il faut qu'elles subsistent. L'Europe ne doit pas devenir un creuset où tout se confond. Elle est diverse. Nous voulons conserver la richesse et l'originalité des caractères, des aptitudes, des connaissances, des habitudes, des mœurs et des goûts. C'est ce qui sépare que nous voulons éviter : les forces, les supériorités se dressant les unes contre les autres, tout ce que la coexistence d'individualités différentes peut avoir de destructeur.* »[8] Ainsi comprise, l'œuvre d'intégration se comprend comme une méthode pacifique d'organiser « *de façon cohérente et solidaire les relations entre les États du continent et leurs peuples* »[9]. Elle réalise un équilibre continu et en perpétuel mouvement entre ces deux pôles d'unité et de diversité.

L'intégration n'efface pas le fait étatique, comme cela peut être trop souvent dénoncé dans les débats publics : elle se nourrit de lui, se construit à partir de lui. Cela ne signifie pas que l'État demeure inchangé : les fonctions exercées sont révisées au travers du prisme de l'intégration. « *L'État national classique est la forme de vie d'hier*, nous dit Willy Brandt dans l'allocution qu'il prononça en novembre 1973 devant le Parlement européen. *Notre avenir n'est plus l'État national considéré isolément, mais l'Union* ».

7. Angela Merkel, « Discours prononcé à l'occasion de la cérémonie célébrant le cinquantième anniversaire de la signature des traités de Rome », *EU2007.de*, 25 mars 2007, http://www.eu2007.de/fr/News/Speeches_Interviews/March/0325BKBerliner.html, page consultée le 15 janvier 2016.

8. Walter Hallstein, *L'Europe inachevée*, Robert Laffont, 1970, p. 16.

9. Jacques Bourrinet, « L'intégration européenne confrontée aux défis du XXIe siècle », *in* Jacques Bourrinet (dir.), *L'intégration européenne au XXIe siècle*, La Documentation française, Ceric, 2003, p. 11.

Depuis 2010, la crise économique et financière qui frappe l'Union, ses États et ses citoyens a interrogé la pertinence de l'équilibre entre unité et diversité qui caractérisait jusqu'alors la gouvernance économique. Elle a obligé à rouvrir un débat que le traité de Maastricht avait difficilement soldé et que personne, depuis lors, n'avait souhaité véritablement aborder. L'UEM, faut-il rappeler, constitue l'une des rares politiques ayant traversé quatre exercices de réforme constitutionnelle sans subir de modifications importantes !

Nécessaire pour faire face à la crise, la transformation profonde de la gouvernance économique n'en constitue pas moins un exercice souvent indécis, et toujours difficile et épuisant. Les tensions politiques sont exacerbées, des propos peu amènes échangés, de vieilles rancunes ressorties des tiroirs de l'Histoire. Car l'objet principal des réformes n'est pas anodin : l'exercice de la politique économique. Celle-ci constitue l'un des rares leviers à la disposition des États membres en matière d'action publique. Elle exprime une volonté à même de façonner un destin collectif et d'affronter la mondialisation, souligne Manuel Valls en août 2015[10]. L'outil est tout particulièrement fondamental pour les États de la zone euro : la politique monétaire comme la politique de change leur échappent pour relever de la compétence de l'Union. À cette sensibilité première s'en ajoute une seconde : les composantes budgétaires et fiscales de la politique économique constituent, historiquement, des sujets de revendication politique majeurs des parlements contre les exécutifs. Si la réalité actuelle est plutôt celle d'une érosion de l'autorité budgétaire des parlements nationaux[11], la conquête de leurs pouvoirs financiers reste associée à la démocratisation des régimes politiques dans l'imaginaire collectif. Dans ce contexte, la politique économique est « *le dernier bastion de la souveraineté* », selon la formule du Premier ministre luxembourgeois Pierre Werner en 1969. S'y attaquer, c'est aussi attaquer l'État et la représentation que l'on s'en fait.

10. Manuel Valls, « Poursuivre nos réformes économiques pour affirmer nos valeurs », *Vie-publique.fr*, 26 août 2015, http://discours.vie-publique.fr/notices/153002206.html, page consultée le 15 janvier 2016.

11. Allen Schick, « Les parlements nationaux peuvent-ils retrouver un rôle effectif dans la politique budgétaire ? », in colloque *L'évolution du rôle du Parlement dans le processus budgétaire*, Sénat, 24-25 janvier 2001, http://www.senat.fr/colloques/colloque_processus_budgetaire/colloque_processus_budgetaire4.html, page consultée le 15 janvier 2016.

Dans ce contexte, l'Union et les États membres ont cherché – et continuent à le faire – un tiers chemin entre une coordination qui ne fournit plus les moyens de penser son avenir et un transfert accru de compétences à l'Union trop audacieux pour trouver sa place en période de crise. La gouvernance de la zone euro tourne en un exercice d'équilibrisme juridique et politique. Les exceptions succèdent aux principes, les reculs aux avancées, la protection des intérêts particuliers à la défense de l'intérêt général. Autant de subterfuges pour éviter d'avoir à choisir, quitte à accentuer les contradictions de la gouvernance de la zone euro. Le résultat en est une gouvernance complexe, illisible et difficilement compréhensible, y compris pour le public averti.

Ces débats techniques et politiques ne sauraient occulter une autre réalité : la conscience éclairée des citoyens européens quant à la capacité des échelons nationaux et européens à pouvoir répondre à leurs attentes sociétales. Le sondage Eurobaromètre de mai 2015 indique que la confiance des citoyens envers l'Union a augmenté de 31 % à 40 % par rapport à l'année passée, tandis que la confiance envers les gouvernements et les parlements nationaux n'a progressé que d'un point et lui reste inférieure (31 %).

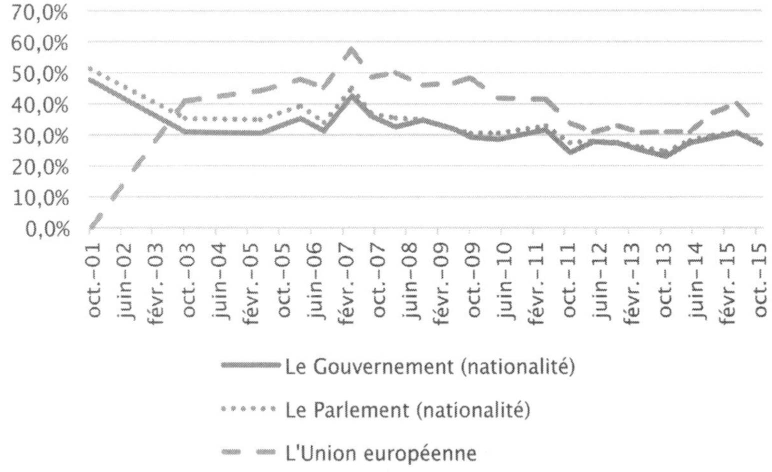

Fruit de la collaboration de trois auteurs aux expertises et expériences complémentaires, le présent ouvrage s'adresse à tous les lecteurs soucieux de comprendre la nouvelle gouvernance économique de la zone euro, suspendue entre unité et diversité, entre espoir et perplexité.

Chapitre 1
LA COORDINATION DES POLITIQUES ÉCONOMIQUES

Introduction

Ni le traité sur l'Union européenne (traité UE) ni celui sur le fonctionnement de l'Union européenne (traité FUE) n'emploient l'expression d'« union économique ». Ils lui préfèrent celle d'« Union économique et monétaire ». L'ordre des adjectifs – « économique » ***puis*** « monétaire » – ne doit rien au hasard. Il reflète l'approche fonctionnaliste prévalant au début des années 1950 dans les sciences politiques une réalité historico-économique où l'union douanière (1968) précéda le marché intérieur (1993) puis l'union monétaire (1999) et, surtout, un compromis politique lors des négociations du traité de Maastricht. Les autorités allemandes défendent le principe d'une monnaie couronnant l'union économique, là où les Français soulignent l'effet d'entraînement de l'unification monétaire sur la convergence des politiques économiques.

Introduisant le rapport mensuel spécial de la BCE sur les dix ans de l'UEM, Jean-Claude Trichet rappelle à cet effet que « *le traité de Maastricht a été négocié et ratifié par les parlements nationaux sur la base de l'hypothèse selon laquelle tous les États membres de l'UE ont vocation à adopter l'euro* ***le moment venu*** »[1]. La définition de ce moment n'est pas à la libre disposition des États membres. Elle relève d'une évaluation et d'une décision des plus hautes instances politiques de l'Union concernant le niveau de convergence économique et juridique atteint par les États. Les critères de Maastricht définis à l'article 140 du traité FUE servent d'indicateurs à cet égard.

1. Jean-Claude Trichet, « Avant-propos », *Bull. mensuel BCE*, 10e anniversaire de la BCE, juin 2008, p. 5.

La convergence n'est pas la reproduction à l'identique d'un modèle fixé dans les traités. Elle est la garantie que les politiques économiques dans l'Union connaissent une évolution harmonieuse et soient cohérentes entre elles. L'atteinte, par un État membre, d'un niveau de convergence élevé pour adopter la monnaie unique ne signifie pas que cette convergence soit poursuivie par la suite : l'incitation née du passage à l'euro perd en intensité sitôt la monnaie unique conquise... Or, l'exigence de convergence et d'harmonie des politiques économiques doit, à l'inverse, être maintenue et renforcée une fois qu'un État est entré dans la zone euro.

Dans une économie ouverte caractérisée par une libre circulation des capitaux et un référentiel monétaire unique, les politiques économiques nationales nourrissent des interdépendances fortes entre elles, ainsi qu'avec la politique monétaire unique. Une concurrence entre les systèmes économiques nationaux est supposée en naître, avec à la clé une convergence vers celui des systèmes présentant les performances économiques les plus soutenables. Une convergence initiale insuffisante ou un effort relâché dans la zone euro expose l'État concerné à une dégradation de ses performances économiques et de son système social. La capacité redistributive du budget de l'Union est trop modeste pour compenser et réduire ce risque.

Les traités anticipent ces difficultés. Ils fixent un cadre général à l'action des États membres et de l'Union, qui repose sur des objectifs communs, une procédure et des instruments. Ce cadre, appliqué dès le début de la première étape de l'UEM au 1er juillet 1990, a été prévu pour se prolonger une fois l'UEM entrée dans sa troisième et dernière phase. Pour être efficace, encore eût-il fallu que ce cadre se soit accompagné d'un renforcement des exigences de convergence qui suppléent à la disparition de la contrainte politique et économique imposée par la perspective de l'adoption de l'euro. Or, tel ne fut pas l'optique qui prévalut initialement.

Les réformes du PSC intervenues en 2010 prennent acte de ce défaut. Le cadre voit ses objectifs économiques stratégiques recentrés, la procédure de coordination générale renforcée et le mécanisme de coordination élargi aux politiques structurelles.

1. La clarification des objectifs économiques : la stratégie Europe 2020

Le but est créateur du droit. Les traités ne sont pas avares en objectifs de ce point de vue. L'article 3 du traité UE les rassemble pour l'essentiel : aux objectifs politiques généraux succèdent des objectifs plus précis constituant autant de chantiers à conduire :

- la réalisation d'un espace de liberté, de sécurité et de justice sans frontières intérieures ;
- l'établissement d'un marché intérieur ;
- le développement durable de l'Europe ;
- la lutte contre l'exclusion ;
- la promotion de la cohésion économique, sociale et territoriale ;
- l'établissement d'une Union économique et monétaire dont la monnaie est l'euro.

L'ordre de leur énonciation n'informe pas sur leurs rapports hiérarchiques. Au contraire, les traités renvoient aux institutions de l'Union – au Conseil européen en particulier – la responsabilité de l'articulation des objectifs entre eux. Il appartient à ce dernier de définir les orientations et les priorités politiques générales de l'Union. Les politiques économiques des États doivent contribuer à la réalisation des objectifs de l'Union.

S'appuyant sur la généralité des objectifs généraux de l'Union, le Conseil européen peut faire évoluer à loisir le modèle socio-économique européen au gré des transformations de l'environnement interne ou externe. Les objectifs forment une sorte de boîte à outils garantissant la flexibilité du cadre de l'action publique économique.

L'objectif économique de l'Union

L'article 3 du traité FUE fixe comme objectif économique à l'Union, « *le développement durable de l'Europe fondé sur une croissance économique équilibrée et sur la stabilité des prix, une économie sociale de marché hautement compétitive, qui tend au plein-emploi et au progrès social, et un niveau élevé de protection et d'amélioration de la qualité de l'environnement* ». Cet objectif renvoie au « *carré magique* » de la politique économique : croissance forte, plein emploi, stabilité des prix et équilibre extérieur.

La convergence des efforts de l'Union et des États au service de ces objectifs généraux se réalise conformément à une série d'objectifs chiffrés complémentaires censés exprimer la stratégie économique de l'Union. C'est ainsi que dix ans à peine après la réalisation d'un grand marché intérieur et un an après la création de la zone euro, les chefs d'État ou de gouvernement de l'Union et le président de la Commission se sont fixés un nouvel objectif stratégique, lors du Conseil européen de Lisbonne des 23 et 24 mars 2000, celui de faire de l'Union « *l'économie de la connaissance la plus dynamique et la plus compétitive du monde* » à l'horizon 2010. Il s'agit de la stratégie (ou « agenda ») de Lisbonne.

L'objectif est louable, et part de plusieurs constats liés notamment à :

- l'accélération de la mondialisation ;
- l'écart croissant entre l'Union et les États-Unis en termes de création de richesses ;
- l'importance du chômage de masse (15 millions d'individus au premier trimestre 2000) ;
- le vieillissement de la population ;
- la nécessité de doubler la politique monétaire unique d'une politique structurelle mieux coordonnée, afin de rendre possible l'élaboration d'un *policy mix* européen.

La stratégie de Lisbonne définit trois axes prioritaires :

- assurer la transition de l'espace économique européen vers une société et une économie fondées sur la connaissance, au moyen de politiques répondant mieux aux besoins de la société de l'information et de la recherche et développement (recherche et développement) ;
- moderniser le modèle social européen ;
- veiller à la mise en œuvre des politiques macroéconomiques.

L'énonciation de la stratégie relève du pouvoir d'orientation général du Conseil européen. Quoique cette origine institutionnelle confère une autorité politique particulière à la stratégie, cela ne compense pas la fragilité de son statut juridique. En 2000, le Conseil européen est dépourvu de pouvoir décisionnel. La stratégie s'exprime sous la forme de conclusions de la présidence du Conseil européen, un document programmatoire dépourvu de force juridique contraignante.

La mise en œuvre de la stratégie dépasse le cadre des seules compétences de l'Union pour mobiliser aussi les compétences des États membres :

- tantôt le traité prévoit les dispositifs de coordination entre l'échelon européen et l'échelon national ; c'est le cas, notamment, dans le domaine des politiques économiques ou des politiques d'emploi ;
- tantôt rien n'est prévu. La structuration de l'action de l'Union et des États membres dans les domaines économiques et sociaux se réalise alors selon de nouvelles modalités de collaboration fondées sur le dialogue, les échanges de bonnes pratiques, la coordination des politiques et la surveillance multilatérale : c'est la méthode ouverte de coordination (MOC).

La méthode ouverte de coordination (MOC)
Conclusions de la présidence du Conseil européen de Lisbonne, mars 2000 (extrait)

« La mise en œuvre de l'objectif stratégique sera facilitée par le recours à une nouvelle méthode ouverte de coordination permettant de diffuser les meilleures pratiques et d'assurer une plus grande convergence au regard des principaux objectifs de l'UE. Conçue pour aider les États membres à développer progressivement leurs propres politiques, cette méthode consiste à :

– définir des lignes directrices pour l'Union, assorties de calendriers spécifiques pour réaliser les objectifs à court, moyen et long terme fixés par les États membres ;

– établir, le cas échéant, des indicateurs quantitatifs et qualitatifs, ainsi que des critères d'évaluation par rapport aux meilleures performances mondiales qui soient adaptés aux besoins des différents États membres et des divers secteurs, de manière à pouvoir comparer les meilleures pratiques ;

– traduire ces lignes directrices européennes en politiques nationales et régionales en fixant des objectifs spécifiques et en adoptant des mesures qui tiennent compte des diversités nationales et régionales ;

– procéder périodiquement à un suivi, une évaluation et un examen par les pairs, ce qui permettra à chacun d'en tirer des enseignements.

38. L'approche retenue sera totalement décentralisée, conformément au principe de subsidiarité ; l'Union, les États membres, les collectivités régionales et locales, ainsi que les partenaires sociaux et la société civile seront activement associés dans diverses formes de partenariat. Une méthode d'évaluation des meilleures pratiques en matière de gestion des changements sera élaborée par la Commission européenne en coordination avec différents prestataires et utilisateurs, à savoir les partenaires sociaux, les entreprises et les ONG.

39. Le Conseil européen fait tout particulièrement appel au sens des responsabilités sociales des entreprises en ce qui concerne les meilleures pratiques en matière d'éducation et de formation tout au long de la vie, d'organisation du travail, d'égalité des chances, d'intégration sociale et de développement durable. »

La stratégie de Lisbonne ne va pas avoir les moyens de ses ambitions. Elle s'enferme dans une approche technocratique et statistique, sans bénéficier d'un véritable soutien politique. La réalisation des objectifs stratégiques suscite une démultiplication d'indicateurs intermédiaires (plus d'une centaine avant d'être ramenés à une quarantaine). Les priorités de l'action politique s'y dissolvent. Les autorités nationales, ainsi que les autres parties prenantes (partenaires sociaux, parlements) ne s'approprient pas la stratégie. Peu d'opérateurs savent de quoi il retourne. Quant à la MOC, elle repose sur des instruments trop peu contraignants juridiquement pour forcer une convergence durable des politiques nationales.

Autant de faiblesses congénitales que dénonce le rapport à mi-parcours soumis fin 2004 à la Commission par Wim Kok, ancien premier ministre néerlandais[2]. Le programme de Lisbonne est « *trop chargé* », les priorités sont « *divergentes* », et surtout il lui manque une claire volonté politique. En mars 2005, le Conseil européen révise à la baisse les ambitions, introduit quelques aménagements à la MOC et maintient les axes prioritaires. La croissance européenne doit s'appuyer sur un espace européen de la connaissance et de l'innovation. L'intégration du marché intérieur doit être poursuivie. La cohésion sociale doit être améliorée et le marché du travail rendu plus flexible.

Arrivée à son terme en 2010, cette stratégie donne lieu à réexamen lors du Conseil européen des 25 et 26 mars 2010. Le contexte financier, économique et social est dégradé. Les opérations de sauvetage des établissements bancaires à la suite de la crise des *subprimes* ont fait bondir les déficits publics de plus de 5 points et les dettes publiques de près de 20 points entre 2007 et 2010. Le déficit et la dette publics s'établissent aujourd'hui respectivement à 6,6 % du PIB et à 84 % du PIB[3].

Le tarissement des sources de financement public et privé, les mesures d'austérité prises pour restaurer les finances publiques et l'incertitude concernant les perspectives économiques de l'Union provoquent une

2. Wim Kok, *Relever le défi. La stratégie de Lisbonne pour la croissance et l'emploi*, OPOCE, novembre 2004.

3. Eurostat, « Déficit/Surplus, Dette associée au gouvernement », *Europa.eu*, http://ec.europa.eu/eurostat/data/database, page consultée le 15 janvier 2016.

baisse de confiance chez les agents économiques, un tassement de la croissance économique et la progression du chômage. Une réorientation de la stratégie de compétitivité dans l'Union est appelée de ses vœux par la Commission. « *La crise est un signal d'alarme*, indique-t-elle dans sa communication "Europe 2020". *Elle nous fait prendre conscience que poursuivre dans la même voie nous condamnerait à un déclin progressif, en nous reléguant au second rang du nouvel ordre mondial. Pour l'Europe, l'heure de vérité est venue. C'est le moment de faire preuve d'audace et d'ambition.* »[4]

Cette nouvelle stratégie européenne pour l'emploi et pour une croissance intelligente, durable et inclusive est confirmée lors du Conseil européen de mars 2010, puis approuvée lors du Conseil européen de juin 2010. Couvrant la période 2010-2020, la stratégie « Europe 2020 » se donne pour ambition de créer les conditions d'une sortie de crise réussie et de s'attaquer aux faiblesses structurelles. L'Union et les États membres, est-il annoncé, doivent sortir plus forts de la crise.

La stratégie Europe 2020 concentre les efforts collectifs sur quatre domaines stratégiques :

- le développement d'une croissance fondée sur la connaissance ;
- la recherche et développement et l'innovation ;
- la promotion d'une économie sobre en carbone ;
- la création d'emplois et la réduction de la pauvreté.

Un ensemble de cinq objectifs-clés est défini pour fixer un cap et évaluer les progrès réalisés. Ils s'inscrivent dans la continuité de ceux définis par la stratégie de Lisbonne et entendent donner corps à l'objectif économique général d'une économie sociale de marché hautement compétitive :

- un taux d'emploi de 75 % de la population âgée de 20 à 64 ans ;
- un investissement dans la recherche et le développement de 3 % du PIB de l'UE ;
- la lutte contre le changement climatique, à travers :
  - la réduction de 20 % des émissions de gaz à effet de serre par rapport à 1990,
  - une utilisation des sources d'énergie renouvelable à hauteur de 20 %,
  - l'augmentation de 20 % de l'efficacité énergétique ;

4. Comm. UE, communication Europe 2020. *Une stratégie pour une croissance intelligente, durable et inclusive*, 3 mars 2010, COM(2010) 2020 final.

– l'amélioration du niveau d'éducation, à travers :
  • un abaissement du taux de sortie précoce du système scolaire à moins de 10 %,
  • un taux de diplomation de l'enseignement supérieur au moins de 40 % pour la population âgée de 30 à 34 ans ;
– le renforcement de la lutte contre la pauvreté et l'exclusion sociale, à travers la réduction d'au moins 20 millions du nombre de personnes touchées par la pauvreté ou l'exclusion sociale.

Les objectifs sont déclinés sous la forme de neuf indicateurs chiffrés, certains d'entre eux étant décomposés par genre.

Les indicateurs de la stratégie Europe 2020

Thème	Indicateur de référence	2008	2009	2010	2011	2012	2013	Objectif
Emploi	Taux d'emploi, tranche d'âge 20-64, total (% de la population)	70,3	69,0	68,5	68,5	68,4	68,4	75,0
	Taux d'emploi, tranche d'âge 20-64, femmes (% de la population)	62,8	62,3	62,0	62,2	62,4	62,6	:
	Taux d'emploi, tranche d'âge 20-64, hommes (% de la population)	77,8	75,7	75,0	74,9	74,5	74,3	:
Recherche et développement	Dépenses intérieures brutes en recherche-développement (% du PIB)	1,85	1,94	1,93	1,97	2,01	2,02	3,00

Changement climatique et énergie	Émissions de gaz à effet de serre (indice 1990 – 100)	90,4	83,8	85,7	83,2	82,1	:	80,0
	Part d'énergie renouvelable dans la consommation finale brute d'énergie (%)	10,5	11,9	12,5	12,9	14,1	:	20,0
	Consommation d'énergie primaire (millions de tonnes – équivalent pétrole)	1 689	1 595	1 654	1 596	1 584	:	1 483
	Consommation finale d'énergie (millions de tonnes – équivalent pétrole)	1 175	1 108	1 160	1 107	1 103	:	1 086
Éducation	Jeunes en décrochage scolaire dans le cadre de l'éducation et de la formation, total (% de la population âgée de 18 à 24 ans)	14,7	14,2	13,9	13,4	12,7	12,0	< 10,0
	Jeunes en décrochage scolaire dans le cadre de l'éducation et de la formation, femmes (% de la population âgée de 18 à 24 ans)	12,6	12,3	11,9	11,5	10,9	10,2	:
	Jeunes en décrochage scolaire dans le cadre de l'éducation et de la formation, hommes (% de la population âgée de 18 à 24 ans)	16,6	16,1	15,8	15,3	14,4	13,6	:

Éducation (suite)	Diplômés de l'enseignement supérieur, total (% de la population âgée de 30 à 34 ans)	31,2	32,3	33,6	34,7	35,9	36,9	≥ 40,0
	Diplômés de l'enseignement supérieur, femmes (% de la population âgée de 30 à 34 ans)	34,4	35,7	37,2	38,6	40,2	41,2	:
	Diplômés de l'enseignement supérieur, hommes (% de la population âgée de 30 à 34 ans)	28,0	28,9	30,0	30,8	31,7	32,7	:
Pauvreté et exclusion sociale	Personnes à risque de pauvreté ou d'exclusion sociale (millions de personnes)	116,6	114,5	117,0	120,4	123,1	121,4	96,6 (6)
	Personnes à risque de pauvreté ou d'exclusion (% de la population)	23,8	23,3	23,7	24,3	24,8	24,4	:
	Personnes vivant dans des ménages avec une très faible intensité de travail (% de la population)	9,1	9,1	10,1	10,4	10,4	10,6	:
	Personnes à risque de pauvreté après des transferts sociaux (% de la population)	16,6	16,4	16,5	16,9	16,9	16,6	:
	Personnes gravement démunies sur le plan matériel (% de la population)	8,5	8,2	8,4	8,8	9,9	9,6	:

Source : Eurostat, Smart, greener, more inclusive? Indicators to support the Europe 2020 strategy, POUE, éd. 2015, p. 9 ; *Europa.eu*, http://ec.europa.eu/eurostat/web/products-statistical-books/-/KS-EZ-14-001, page consultée le 15 janvier 2016.

Les objectifs de la stratégie présentent une forte cohérence interne. Ils ne s'excluent pas les uns les autres, mais nourrissent au contraire des synergies étroites qui doivent en garantir une mise en œuvre renforcée. Un cercle vertueux doit en naître :

- les progrès dans le secteur éducatif renforcent les capacités d'insertion professionnelle ;
- l'augmentation des dépenses d'innovation et de recherche et développement améliore la compétitivité de l'économie et crée de l'emploi ;
- la conduite de finances publiques saines permet une utilisation efficace des ressources budgétaires au service de l'emploi et de la croissance…

La poursuite de ces objectifs ne doit pas entraîner de transfert de charge spécifique sur un échelon (européen/national) ou sur un État ou une catégorie d'États en particulier. Les objectifs sont arrêtés en communs et leur atteinte est conçue pour être le fruit d'une collaboration de tous à travers la mobilisation d'actions nationales et européennes.

Les synergies entre les objectifs de la stratégie Europe 2020

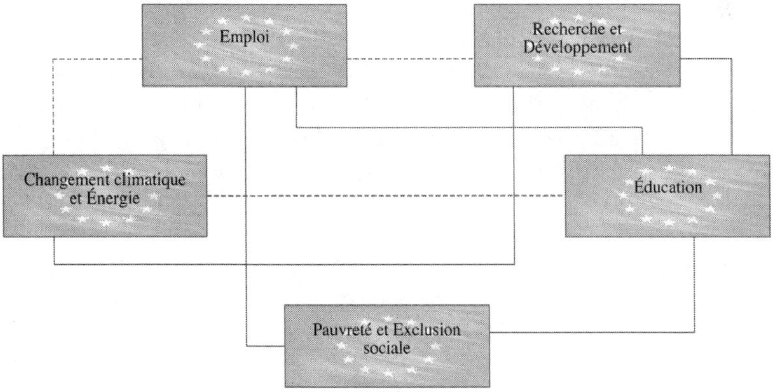

Source : Eurostat, *Smart, greener, more inclusive? Indicators to support the Europe 2020 strategy*, POUE, éd. 2015, p. 17 ; *Europa.eu*, http://ec.europa.eu/eurostat/web/products-statistical-books/-/KS-EZ-14-001, page consultée le 15 janvier 2016.

Une attention particulière est prêtée à la mise en œuvre de la stratégie et à la surveillance des politiques adoptées dans son cadre. En effet, l'essentiel des réformes envisagées est de nature structurelle et, comme le relève l'OCDE en 2012, si certaines réformes produisent des effets positifs sur la croissance à court terme, les bénéfices se matérialisent le plus souvent qu'après un certain temps[5]. Les réformes peuvent être un mal nécessaire pour un bien futur. Dans l'immédiat, les coûts budgétaires, économiques, sociaux et, *in fine*, politiques tendent à refréner l'enthousiasme des autorités politiques à engager les réformes ou à les conduire jusqu'à leur terme. Pour peu que le système politique national soit fragile, que l'administration publique soit désorganisée, voire inefficiente, ou que des élections générales se profilent, les réformes sont alors rares à sortir de terre.

La simplification des objectifs et la communication autour des bénéfices espérés doivent faciliter tant l'appropriation de la stratégie que son exécution par les parties prenantes (institutions de l'Union, États membres, parlements nationaux, pouvoirs publics régionaux et société civile).

De façon complémentaire, la réalisation des objectifs de la stratégie s'appuie sur sept initiatives phares. Celles-ci détaillent pour chaque domaine la collaboration à mettre en place entre les différents acteurs. Les progrès accomplis collectivement et individuellement s'apprécient au travers d'indicateurs chiffrés. La stratégie numérique pour l'Europe se développe selon cinq axes d'intervention qui couvrent la connectivité, le capital humain, le taux d'utilisation de l'Internet, l'intégration des technologies numériques et le niveau de développement des services publics en ligne (e-administration). La mise en œuvre de chaque pilier s'opère à travers une série d'actions prioritaires spécifiques et l'évaluation des progrès accomplis par une batterie d'indicateurs. Le suivi de l'Union pour l'innovation repose ainsi sur plus d'une trentaine d'actions et sur 25 indicateurs[6].

5. « Chapitre 2. Des réformes structurelles pour équilibrer la croissance et corriger les déséquilibres. », *Études économiques de l'OCDE*, 9/2012, n° 9, p. 65.

6. Comm. UE, communication *Initiative phare Europe 2020. Une Union de l'innovation*, 6 octobre 2010, COM(2010) 546 final, p. 42 et s.

Les sept initiatives phares de la stratégie Europe 2020

Objectifs	Initiatives-phares	Axes d'intervention
Croissance intelligente	Une stratégie numérique pour l'Europe	1-Connectivité 2-Capital humain 3-Utilisation d'internet 4-Intégration des technologies numériques 5-e-administration
	Une Union de l'innovation	1-Renforcer la base de connaissances et réduire la fragmentation 2-Exploiter les bonnes idées sur le marché 3-Renforcer la cohésion sociale et territoriale 4-Développer la coopération internationale 5-Accroître les partenariats dans l'innovation
	Une jeunesse en mouvement	1-Élaborer des systèmes d'enseignement et de formation modernes au service de l'excellence et de l'acquisition de compétences clés 2-Promouvoir l'attrait de l'enseignement supérieur au profit de l'économie de la connaissance 3-Intensifier la mobilité transnationale dans le domaine de l'enseignement et de l'emploi 4-Établir un cadre pour l'emploi
Croissance durable	Une Europe efficace dans l'utilisation des ressources	1-Soutenir les performances économiques tout en utilisant moins de ressources 2-Rechercher et créer des nouvelles possibilités de croissance économique, intensification de l'innovation et renforcement de la compétitivité de l'Union 3-Sécuriser l'approvisionnement en ressources essentielles 4-Lutter contre le changement climatique et limiter les incidences de l'utilisation des ressources sur l'environnement
	Une politique industrielle à l'ère de la mondialisation	1-Améliorer les conditions-cadres pour l'industrie 2-Renforcer le marché unique 3-Nouvelle politique d'innovation industrielle 4-Tirer parti de la mondialisation 5-Promouvoir la modernisation industrielle 6-Dimension sectorielle : une approche ciblée

Croissance inclusive	Une stratégie pour les nouvelles compétences et les nouveaux emplois	1-Donner un nouvel élan à la flexicurité 2-Doter les individus des compétences nécessaires à l'exercice d'un emploi 3-Améliorer la qualité du travail et les conditions de travail 4-Soutenir la création d'emploi
	Une plateforme européenne contre la pauvreté	1-Agir au niveau de l'ensemble des politiques pour combattre la pauvreté et l'exclusion 2-Veiller à une utilisation plus large et plus efficace des fonds européens pour favoriser l'inclusion sociale 3-Stimuler l'innovation sociale sur la base de données concrètes 4-Travailler en partenariat et mobiliser le potentiel inhérent à l'économie sociale 5-Renforcer la coordination des politiques entre les États membres

Sources : Une stratégie pour l'Europe, 19 mai 2010, COM(2010) 245 final ; Innovation phare Europe 2020. Une Union de l'innovation, 6 octobre 2010, COM(2010) 546 final ; Jeunesse en mouvement. Une initiative pour libérer le potentiel des jeunes aux fins d'une croissance intelligente, durable et inclusive dans l'Union européenne, 15 septembre 2010, COM(2010) 477 final ; Une Europe efficace dans l'utilisation des ressources – initiative phare relevant de la stratégie Europe 2020, 26 janvier 2011, COM(2011) 21 final ; Une politique industrielle intégrée à l'ère de la mondialisation. Mettre la compétitivité et le développement durable sur le devant de la scène, 28 octobre 2010, COM(2010) 614 final ; Une stratégie pour des compétences nouvelles et des emplois : une contribution européenne au plein emploi, 23 novembre 2010, COM(2010) 682 final ; Plateforme européenne contre la pauvreté et l'exclusion sociale : un cadre européen pour la cohésion sociale et territoriale, 16 décembre 2010, COM(2010) 758 final.

Bienvenues, la rationalisation des objectifs et la définition de stratégies sectorielles laissent entière la question des instruments et procédures garantissant une réelle mise en œuvre. C'est sur ce terrain que les évolutions les plus sensibles se font observer :

– la programmation budgétaire pluriannuelle de l'Union est mise au service des objectifs de la stratégie Europe 2020 ;
– la gouvernance de l'UEM constitue le point d'appui central pour la coordination des politiques économiques.

Comme la stratégie de Lisbonne en son temps, la stratégie Europe 2020 a fait l'objet d'une évaluation critique par la Commission et le Conseil en 2014. Le bilan se révèle mitigé. La crise économique et financière a accentué les phénomènes de divergence entre les États membres et le creusement des inégalités entre les territoires, sans que la stratégie puisse inverser la tendance. Si des progrès sont réalisés au regard des objectifs en matière d'éducation, de climat et d'énergie, le constat concernant les objectifs portant sur l'emploi, la recherche et développement et la réduction de la pauvreté est en revanche inverse. Sur le terrain de la gouvernance, les réformes intervenues dans le champ de l'UEM sont jugées positivement. Il en est espéré que les nouveaux outils dont s'est dotée l'Union lui permettront de mener à bien les priorités d'après-crise nécessaires à la réalisation des objectifs de la stratégie[7]. En outre, la simplification des objectifs a favorisé leur appropriation nationale par l'ensemble des acteurs concernés et a contribué à nourrir le débat.

2. Le renforcement de la coordination générale des politiques économiques

Les traités font obligation aux États membres de considérer leurs politiques économiques comme une question d'intérêt commun. L'obligation est double. Elle signifie qu'aucun État ne peut définir et conduire sa politique économique sans considération des répercussions sur les économies des autres États membres et de l'Union en général. L'information préalable des partenaires avant l'engagement de réformes économiques majeures est implicite, sans être impérative ; tout dépendra du contenu que les États entendent donner à la coordination proprement dite. À cet égard, la coordination même des politiques économiques constitue un bien commun au développement et à la préservation duquel chacun – États et Union – doit contribuer. La coordination constitue une compétence de l'Union.

Les deux dimensions de l'obligation de coordination forment un tout inséparable. La discussion des politiques individuelles n'a d'intérêt que si elle contribue à l'identification et à la correction des incohérences et des risques pour le pays et la communauté dans son ensemble. La coordination exige pour se développer que les États acceptent de partager et d'échanger sur leurs priorités politiques en matière de réformes. Douée d'une certaine évidence sur le papier, une telle approche suppose un saut conceptuel majeur dans la compréhension de ce qu'est l'***intérêt commun***. Le régime de coordination organise une discussion pouvant déboucher sur une remise en cause, au niveau européen, de choix nationaux ; or, ceux-ci reflètent des engagements pris devant des électorats proprement

7. Comm. UE, communication *État des lieux de la stratégie Europe 2020 pour une croissance intelligente, durable et inclusive*, 5 mars 2014, COM(2014) 130 final.

locaux. Les deux exigences, européennes et nationales, ne se rejoignent pas nécessairement. Le risque de hiatus est élevé. C'est dire que la coordination n'est pas un sujet technique. Elle est politique, ***elle fait la politique économique.***

Nul ne s'étonnera que la mise en œuvre de la coordination mobilise en priorité les institutions qui représentent les intérêts des États membres – le Conseil européen et le Conseil, ainsi que les comités préparatoires qui y sont rattachés (comité économique et financier, comité de politique économique).

A • Les grandes orientations des politiques économiques

Pour faire de la coordination des politiques économiques autre chose qu'un simple moment d'échange, celle-ci doit être orientée. La stratégie Europe 2020 fixe les objectifs de long terme. Les traités prévoient la définition de grandes orientations des politiques économiques (GOPE). Ces dernières constituent le « *document de politique économique le plus important de [l'Union]* », pour reprendre l'expression du Conseil ECOFIN[8], puisqu'elles occupent la place centrale dans le processus de coordination[9]. Sur le fond, les GOPE peuvent englober tout l'éventail des politiques macroéconomiques et microéconomiques, à l'exception des politiques d'emploi. Ces dernières sont en effet soumises à une procédure de coordination spécifique, prévue à l'article 148 du traité FUE, et font l'objet d'objectifs propres énoncés au sein des lignes directrices pour l'emploi (LDE).

Depuis la réforme de la stratégie de Lisbonne en 2005, les GOPE et les LDE sont discutées sur la base d'un document unique de la Commission : les lignes directrices intégrées (LDI). Cela étant, les GOPE et les LDE demeurent adoptées par le Conseil sur des bases juridiques distinctes et sous la forme de deux documents juridiques séparés (recommandations pour les GOPE, décisions pour les LDE).

Les GOPE sont « grandes » en ce qu'elles déterminent les principales orientations des politiques économiques des États membres et de l'Union. Elles ne dupliquent pas les objectifs de la stratégie Europe 2020. Elles en favorisent le respect par la mobilisation de tous les instruments de poli-

8. Cons. ECOFIN, 2160e session, 8 février 1999, 5464/99.

9. Commissariat général du Plan, *Le gouvernement économique de la zone euro*, rapport du groupe présidé par Robert Boyer La Documentation française, 1999, p. 48.

tique économique à la disposition des autorités nationales et européennes. Elles se veulent aussi plus précises que de simples prescriptions générales. Dans leurs versions allemande et anglaise, par exemple, les traités retiennent les termes *allgemeinen politischen Zielvorstellungen* et *general political directions* pour désigner le pouvoir d'orientation du Conseil européen. Des concepts plus précis sont utilisés à l'article 121 du traité FUE pour la traduction des GOPE dans ces deux langues : *Grundzüge der Wirtschaftspolitik et broad guidelines of the economic policies.* C'est souligner que les GOPE peuvent, si leur auteur le souhaite, proposer des évolutions précises et détaillées des politiques économiques nationales et européennes afin de pouvoir faire face à la nature changeante de l'environnement international et européen.

Les GOPE prennent la forme d'une recommandation, à savoir un acte juridique non contraignant. Il ne peut en aller autrement, sous peine de porter un coup à la souveraineté des États membres dans le domaine de la politique économique. La nature de *soft law* des GOPE ne rend pas la coordination « molle » pour autant. Adoptées au terme d'un processus associant la Commission, le Conseil européen et le Conseil, les GOPE exercent une contrainte politique et produisent certains effets juridiques. Elles servent de base d'appréciation dans le cadre de la procédure de multisurveillance (article 121 du traité FUE) et dans le cadre de l'actualisation des programmes de stabilité (ou de convergence). Tout écart des politiques économiques nationales ou toute menace d'écart par rapport aux GOPE permet aussi le déclenchement d'actions préventives, dont la procédure d'alerte précoce[10].

Définies en cohérence avec les objectifs de la stratégie Europe 2020, les GOPE sont tenues au respect des objectifs de discipline budgétaire (les « critères de Maastricht ») fixés par les traités et le PSC. Elles doivent contribuer à ce que les États membres présentent des finances publiques saines et, à ce titre, tendent à moyen terme vers une position budgétaire proche de l'équilibre ou excédentaire.

10. Article 121, § 4 du traité FUE et article 6 du règlement (CE) 1466/97, tel que modifié en dernier lieu en 2011.

Le processus d'adoption des GOPE

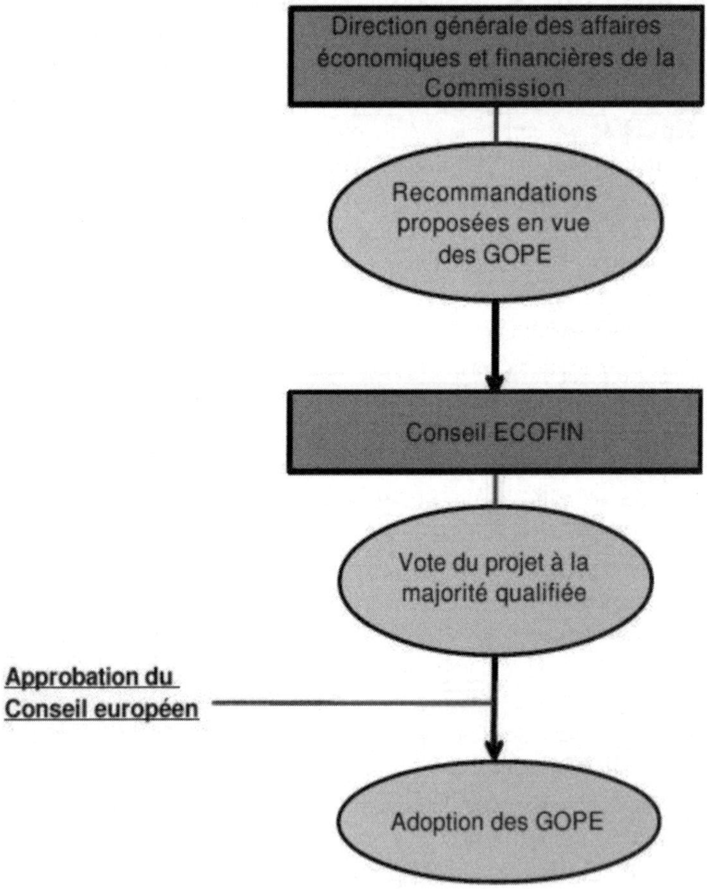

Source : Auteurs.

La période couverte par les GOPE n'est pas définie par l'article 121 du traité FUE. Les premières GOPE définies en 1994 portent sur l'année en cours. Elles deviennent triennales à partir de 2003.

Le 14 juillet 2015, le Conseil adopte de nouvelles GOPE[11]. À cette occasion, le lien avec la stratégie Europe 2020 est réaffirmé : les GOPE

11. Cons. UE, recomm. (UE) 2015/1184, 14 juillet 2015 relative aux grandes orientations des politiques économiques des États membres et de l'Union européenne, *JOUE* L 192, 18 juillet 2015, p. 27.

forment, avec les orientations prises en matière de politique d'emploi, les lignes directrices intégrées Europe 2020. Réduites au nombre de quatre, ces lignes directrices témoignent d'un souci de rationalisation par rapport aux GOPE antérieures. Elles identifient les domaines pour lesquels une action est recommandée, et se gardent de détailler par le menu le type d'actions à engager afin de conserver aux États membres une marge de manœuvre importante. Les GOPE n'ont pas vocation à uniformiser les modèles socio-économiques nationaux, mais à assurer l'harmonie entre eux.

Les lignes directrices intégrées des GOPE 2015

Ligne directrice n° 1 : favoriser les investissements
- augmenter le niveau des investissements productifs en Europe
- mobiliser des fonds en faveur de projets d'investissement viables
- mettre les capitaux au service de l'économie réelle et de l'amélioration de l'environnement d'investissement
- exploiter pleinement les possibilités offertes par les fonds de l'Union, dont le Fonds européen pour les investissements stratégiques et les Fonds structurels
- mettre en place une plateforme européenne de conseil en investissement sous les auspices de la Banque européenne d'investissement (BEI)

Ligne directrice n° 2 : renforcer la croissance par la mise en œuvre de réformes structurelles dans les États membres
- mettre en œuvre des réformes structurelles ambitieuses, tant sur les marchés de produits que sur le marché du travail, ainsi que dans les systèmes de protection sociale et de retraites
- renforcer la concurrence dans le secteur non marchand
- poursuivre les réformes des marchés du travail et des systèmes de sécurité sociale
- renforcer l'attractivité de l'Union vis-à-vis des talents et des compétences
- poursuivre le processus de réforme et d'intégration des marchés des produits
- améliorer l'environnement réglementaire dans lequel les entreprises évoluent
- moderniser l'administration publique
- renforcer la coopération entre les institutions publiques et le secteur privé dans les domaines de la recherche et de l'innovation
- favoriser des investissements publics de meilleure qualité et plus efficaces dans la recherche et l'innovation

Ligne directrice n° 3 : éliminer les principales entraves à la croissance durable et à l'emploi au niveau de l'Union

• poursuivre l'intégration du marché unique

• reculer les limites de la productivité en Europe

• renforcer les dispositions réglementaires et de surveillance, ainsi que les règles de protection des consommateurs dans le domaine des marchés et établissements financiers

• mettre en place un marché durable de la titrisation en Europe

• créer une véritable Union des marchés de capitaux

• réaliser une véritable Union de l'énergie

• poursuivre la mise en œuvre, de façon efficace au regard des coûts, du cadre d'action en matière de climat et d'énergie à l'horizon 2030

• continuer à accorder une attention particulière aux secteurs de l'énergie et des transports, notamment en ce qui concerne les interconnexions et les infrastructures

• développer la dimension extérieure du marché intérieur

Ligne directrice n° 4 : rendre les finances publiques plus viables et plus propices à la croissance

• veiller à la maîtrise durable des déficits et endettements publics

• mener les politiques budgétaires dans le respect du cadre fondé sur les règles de l'Union

• suivre de près et examiner la situation budgétaire globale de la zone euro, y compris l'orientation de l'action budgétaire

• privilégier les postes de dépenses propices à la croissance dans des domaines tels que l'enseignement, les compétences et l'employabilité, la recherche-développement, ainsi que l'innovation et les investissements dans des réseaux ayant une incidence positive sur la productivité

• axer les réformes en matière de dépenses sur la recherche de gains d'efficacité dans l'administration publique

• compléter les réformes en matière de dépenses par une modernisation des systèmes de recettes

• continuer à étudier la possibilité d'une assiette commune consolidée pour l'impôt sur les sociétés

• améliorer l'efficacité du système fiscal par un élargissement des assiettes fiscales, par exemple en supprimant les exonérations et les régimes préférentiels

Source : Cons. UE, recomm. (UE) 2015/1184, 14 juillet 2015 relative aux grandes orientations des politiques économiques des États membres et de l'Union européenne, *JOUE* L 192, 18 juillet 2015, p. 27.

Les GOPE présentent un catalogue d'actions à réaliser à moyen terme sans définir de hiérarchie entre elles. Afin de tenir compte des préoccupations de court terme, le Conseil européen, lors de sa réunion annuelle de mars, indique quelles actions favoriser au titre de l'année en cours. Il s'appuie à cet effet sur l'examen annuel de croissance préparé par la Commission à l'automne précédent. Au titre de l'année 2015, il est ainsi recommandé que la politique économique et sociale de l'Union s'articule autour de trois piliers :

- favoriser l'investissement, grâce notamment à la mise en œuvre du plan d'investissement pour l'Europe (« plan Juncker ») ;
- poursuivre les réformes structurelles ;
- renforcer la responsabilité budgétaire des États membres[12].

Au titre de l'année 2016 et dans l'objectif de consolider la reprise et de stimuler la convergence, la Commission recommande de s'appuyer sur ces mêmes piliers pour la détermination de la politique économique et sociale de l'Union.

Ce tableau serait incomplet s'il n'était fait mention des orientations programmatiques arrêtées par le président de la Commission au début de son mandat. Le traité de Lisbonne a modifié les modalités de désignation du président : celui-ci est désormais choisi par le Conseil européen « *en tenant compte des élections au Parlement européen* ». Le candidat désigné à la fonction est adoubé seul par l'assemblée, puis avec l'ensemble du collège des commissaires. Un lien étroit est établi entre la Commission et le Parlement, accentuant la légitimité politique du premier et l'exigence d'une action moins « technocratique » et plus politique.

Le programme en dix points présenté par Jean-Claude Juncker le 15 juillet 2014 à l'occasion de sa nomination s'inscrit dans cette perspective. En France, il correspondrait à la déclaration de politique générale présentée par tout gouvernement nouvellement élu. La nouvelle Commission propose notamment de donner un nouvel élan pour l'emploi, la croissance et l'investissement à travers le lancement d'un vaste plan d'investissement public et privé. Elle préconise également la création d'un marché unique du numérique connecté, une Union européenne de l'énergie, un renouvellement de la base industrielle européenne, un approfondissement de l'Union économique et monétaire, etc.

12. Cons. UE, concl. 19-20 mars 2015, EUCO 11/15, point 4 ; Comm. UE, communication *Examen annuel de la croissance* 2015, 28 novembre 2014, COM(2014) 902 final.

Les GOPE couvrant la période triennale 2003-2005 comportent une section consacrée aux défis propres à la zone euro. Le traité de Lisbonne constitutionnalise cette pratique et autorise le Conseil à élaborer, pour ce qui concerne les États membres de la zone euro, des orientations de politique économique. Celles-ci doivent être compatibles avec les GOPE générales. Seuls les représentants des États membres de la zone euro prennent part au vote de ces mesures particulières.

Les recommandations 2015 du Conseil au titre des GOPE des États membres dont la monnaie est l'euro (extraits)

Utiliser la pression des pairs pour promouvoir des réformes structurelles qui facilitent la résorption des dettes intérieures et extérieures importantes et soutiennent l'investissement.

Coordonner les politiques budgétaires pour faire en sorte que l'orientation de la politique budgétaire de l'ensemble de la zone euro soit adaptée aux risques en matière de viabilité et aux conditions conjoncturelles.

Assurer la finalisation rapide des suites données à l'évaluation complète, effectuée par la Banque centrale européenne, de la mise en œuvre de la directive 2014/59/UE du Parlement européen et du Conseil.

Poursuivre les travaux en vue de l'approfondissement de l'Union économique et monétaire et de l'amélioration du cadre de surveillance économique.

Source : Cons. UE, recommandation du 14 juillet 2015 concernant la mise en œuvre des grandes orientations des politiques économiques des États membres dont la monnaie est l'euro, *JOUE* C 272, 18 août 2015, p. 98.

En complément de ces orientations prises par l'Union, les États membres signataires du Pacte pour l'euro plus du 25 mars 2011 prennent une série d'engagements spécifiques dans le domaine de la compétitivité. S'appuyant sur une proposition franco-allemande du 4 février 2011, le Pacte pour l'euro plus réunit l'ensemble des États membres de la zone euro autour des impératifs de renforcement de la coordination des politiques économiques, d'amélioration de la compétitivité et de réalisation d'un degré de convergence plus élevé. Cet engagement de nature politique est ouvert à la signature des États membres n'appartenant pas à la zone euro.

En mars 2011, la Bulgarie, le Danemark, la Lettonie, la Lituanie, la Pologne et la Roumanie s'y sont joints[13]. Quatre objectifs communs sont arrêtés :

- favoriser la compétitivité ;
- favoriser l'emploi ;
- mieux contribuer à la viabilité des finances publiques ;
- renforcer la stabilité financière.

Le respect des objectifs par les États signataires est apprécié au travers d'une série d'indicateurs.

Les objectifs du Pacte pour l'euro plus

Objectifs	Indicateurs	Réformes recommandées
Renforcer la compétitivité	Coût unitaire de la main-d'œuvre	– Réexamen des dispositifs de fixation des salaires : degré de centralisation du processus de négociation, mécanismes d'indexation, autonomie des partenaires sociaux dans le cadre du processus de négociation – Contrôle des accords salariaux dans le secteur public – Libéralisation des secteurs protégés – Réalisation d'efforts spécifiques pour améliorer les systèmes d'enseignement et encourager la recherche et développement, l'innovation et les infrastructures – Amélioration de l'environnement des entreprises, en particulier les PME (réduction des charges administratives)
Promouvoir l'emploi	Taux de chômage de longue durée Taux de chômage des jeunes- Taux de participation au marché du travail	– Favorisation de la flexisécurité – Réduction du travail non déclaré – Accroissement de la participation au marché du travail – Renforcement des dispositifs d'éducation et de formation tout au long de la vie – Réduction des charges fiscales sur le travail

13. Membre de l'UE depuis le 1er juillet 2013, la Croatie n'a pas encore signé le Pacte pour l'euro plus.

Améliorer la viabilité des finances publiques	Indicateurs d'écart de viabilité [Conformité législative]	**Viabilité des retraites, des soins de santé et des prestations sociales** – Adaptation des systèmes de retraite à la situation démographique : ajustement de l'âge réel de départ à la retraite à l'espérance de vie et accroissement du taux d'activité – Limitation des régimes de préretraite – Adoption des dispositifs d'incitation pour l'emploi des travailleurs âgés (> 55 ans) **Règles budgétaires nationales** Traduction des règles budgétaires du PSC en droit national
Renforcer la stabilité financière	[Conformité législative Niveau d'endettement privé des banques, des ménages et des entreprises non financières	Adoption d'une législation nationale en matière de résolution des défaillances bancaires

Source : Tableau fait par les auteurs.

L'accumulation de plans et d'orientations politiques générales, émanant de surcroît d'institutions aux légitimités politiques distinctes, ne contribue pas à rendre clair cet exercice de planification à l'européenne. Les divergences sont cependant moindres que prévu :

- d'une part, les institutions et les États membres sont tous tenus au respect des objectifs retenus par la stratégie Europe 2020 ;
- d'autre part, tous les acteurs sont en dialogue continu pour l'élaboration des orientations annuelles, la discussion des objectifs nationaux définis par les pays et la surveillance des politiques économiques nationales.

Ainsi, de nombreux objectifs du Pacte pour l'euro plus constituent des rappels politiques d'objectifs ou d'orientations contenus dans la stratégie Europe 2020, les GOPE ou le PSC lui-même.

L'importance économique, sociale et, *in fine*, politique des lignes directrices intégrées (LDI) en général et des GOPE en particulier exige que l'élaboration de ces documents puisse associer des institutions ou organes de l'Union (Parlement européen, Comité européen des régions et Comité économique et social européen), les parlements nationaux, les partenaires sociaux, les régions et d'autres parties prenantes. C'est là une condition pour susciter une large adhésion autour des objectifs de la coordination des politiques économiques et renforcer leur mise en œuvre au niveau européen et local[14].

L'influence réelle de cette coopération sur les orientations qui sont arrêtées par le Conseil est questionnable : le Parlement européen, comme les comités consultatifs, émet leurs avis plusieurs mois après que les GOPE ont été arrêtées ![15] Du côté des parlements nationaux, le taux de réaction de ces derniers aux orientations préconisées au niveau européen est modeste. Seules neuf assemblées parlementaires ont réagi à la recommandation de la Commission relative au semestre européen 2014[16], et cinq seulement pour l'exercice 2015 ! Et quand elles réagissent, les assemblées ne sont pas toujours entendues. Comme le déplore la commission aux affaires européennes de la Chambre des communes en 2014, le Gouvernement ignore leurs recommandations.

Les partenaires sociaux européens sont quant à eux invités à participer à travers deux dispositifs :

- le premier, le sommet social tripartite, se déroule deux fois par an (mars et octobre), en amont de la réunion du Conseil européen. L'objectif est de pouvoir débattre au niveau politique le plus élevé sur les politiques économiques et sociales ;
- le second consiste en un dialogue macroéconomique avec la Commission, le Conseil et la BCE. Mis en place par le Conseil européen de Cologne de juin 1999, il a pour objectif d'améliorer l'interaction entre l'évolution salariale et les politiques monétaires et budgétaires afin de favoriser une croissance non inflationniste. Mais dialoguer n'est pas décider.

14. Cons. UE, concl. 24-25 mars 2011, EUCO 10/1/11.

15. Fin octobre 2015, la commission des affaires économiques et monétaires du Parlement européen n'avait ainsi toujours pas désigné le député chargé de rapporter sur les GOPE adoptées définitivement par le Conseil quatre mois plus tôt. Le projet de rapport d'initiative « sur le Semestre européen pour la coordination des politiques économiques : mise en œuvre des priorités pour 2015 » a été présenté par le rapporteur la veille (le 13 juillet 2015) de la session du Conseil ECOFIN consacrée à l'adoption des recommandations spécifiques par pays.

16. République tchèque, Allemagne (Bundestag et Bundesrat), Lituanie, Poland, Portugal, Suède et Royaume-Uni.

Faisant le bilan de dix ans de dialogue macroéconomique, le directeur pour la politique économique et fiscale de l'association européenne des PME – « *European Association of Craft, Small and Medium-Sized Enterprises* » (UEAPME) – Gerhard Huemer constate, amer, que « quoi qu'il en soit, le résultat de dix années de [dialogue macroéconomique européen] *est loin de l'idée originale d'une coordination macroéconomique au niveau européen* »[17].

B • Les objectifs nationaux des États

Les GOPE indiquent un chemin à suivre aux États membres. Elles n'informent ni de l'équipement à prendre ni de la cadence des pas. Il appartient aux États de s'approprier les objectifs de la stratégie Europe 2020, des GOPE et des lignes directrices pour l'emploi afin de définir leurs objectifs individuels et les actions engagées ou envisagées pour les atteindre, en conformité avec leurs traditions nationales et leurs priorités politiques nationales.

Les États signataires du Pacte pour l'euro plus doivent, en complément, définir une série d'engagements annuels garantissant la réalisation de leurs objectifs communs. Ces engagements doivent être reflétés dans la documentation générale que les États membres ont à produire au titre de la procédure de coordination des politiques économiques définie à l'article 121 du traité FUE.

Depuis la réforme de la stratégie de Lisbonne en mars 2005, les LDI servent de base aux États membres pour qu'ils établissent, sous leur propre responsabilité, un programme de stabilité (ou de convergence) et un programme national de réforme.

Le programme de stabilité (pour les États membres de la zone euro) et le programme de convergence (pour les États membres n'appartenant pas à la zone euro) constituent l'application nationale des GOPE et se concentrent sur la politique budgétaire, dans ses volets recettes et dépenses. La marge de manœuvre est plus étroite qu'en d'autres domaines. L'objectif budgétaire à atteindre est imposé à moyen terme par le règlement (CE) n° 1466/97 du Conseil : au-delà du respect des règles de prudence que sont un déficit public inférieur à 3 % du PIB et une

17. « *Jedenfalls ist das Resultat von 10 Jahren MED weit von der ursprünglich Idee einer makroökonomischen Koordinierung auf europäischer Ebene entfernt* » : Gehrard Huemer, « 10 Jahre Makroökonomischer Dialog in der Europäische Union », *Wirtschaftspolitische Blätter, Sonderausgabe « EU-Integration »*, juin 2009.

dette publique inférieure à 60 % du PIB, les États de la zone euro et ceux dont la monnaie participe au mécanisme de change européen doivent s'efforcer de présenter un solde structurel égal ou inférieur à -1 % du PIB. Ce seuil est abaissé à -0,5 % du PIB pour les États membres de la zone euro en vertu du traité sur la stabilité, la coordination et la gouvernance (TSCG). Par ailleurs, le rythme même de progression vers cet objectif est déterminé par le PSC.

Le programme national de réforme national porte quant à lui sur les autres politiques macro et microéconomiques, dont les politiques d'emploi. Le contenu et le format de chaque programme sont précisés par la Commission dans des documents indicatifs.

La définition des objectifs nationaux constitue un processus itératif qui doit intégrer les recommandations formulées par le Conseil l'année précédente. Les orientations nationales détaillent autant les actions envisagées que celles engagées l'année passée.

Orientations de la France dans le programme national de réforme (PNR) 2015

Recommandation 1. Renforcement de la stratégie budgétaire

Recommandation 2. Réduction du coût du travail

Recommandation 3. Simplification des règles administratives, fiscales et comptables des entreprises

Recommandation 4. Ouverture du marché des biens et services et des professions réglementées

Recommandation 5. Simplification du système fiscal et réduction des impôts pesant sur le travail

Recommandation 6. Amélioration du fonctionnement du marché du travail, dialogue social et formation

Recommandation 7. Modernisation de l'enseignement et de la formation professionnelle tout en soutenant l'accès pour les publics les plus vulnérables

Source : Premier ministre, Programme national de réforme 2015, mars 2015, *Europa.eu*, http://ec.europa.eu/europe2020/pdf/csr2015/nrp2015_france_fr.pdf, page consultée le 15 janvier 2016.

Une attention particulière est portée au processus de consultation qui entoure la préparation des programmes nationaux : il est souhaité qu'ils ne soient pas de simples exercices administratifs réalisés à l'attention des seules institutions de l'Union, mais des objets de débat entre l'ensemble des parties prenantes au niveau régional et national.

Même s'il s'agit de documents programmatoires relevant en général des exécutifs nationaux, ceux-ci sont invités à consulter, en particulier, les instances parlementaires selon les procédures propres à chaque État membre[18]. L'intérêt d'une telle démarche n'est pas seulement lié au respect de l'identité nationale des États, il tient également au souci d'une légitimation plus forte de ces documents – essentiels au bon fonctionnement de la procédure de coordination – et d'une appropriation large des objectifs fixés au niveau européen et déclinés au niveau national. Ce faisant, il s'agit d'accroître le niveau d'acceptation et l'application des réformes proposées par l'exécutif ou recommandées par l'Union. Dans la pratique, les appels des institutions de l'Union à une large consultation interne connaissent une mise en œuvre pour le moins variable[19].

Les consultations institutionnelles et le rôle des parties prenantes en France (extraits de l'annexe 1 du PNR 2015 de la France)

« Le projet de PNR a été transmis pour avis à l'Assemblée nationale et au Sénat, suite à sa présentation en Conseil des ministres, en même temps que le Programme de stabilité.

Il a également fait l'objet d'une consultation des différentes parties prenantes :

– le Conseil économique, social et environnemental (CESE) ;

– les partenaires sociaux réunis au sein du Comité du dialogue social européen et international ;

– les associations de collectivités territoriales ;

– le Conseil national des politiques de lutte contre la pauvreté et l'exclusion sociale.

Les partenaires sociaux et les associations de collectivités territoriales ont pu échanger avec la Commission européenne lors de la rencontre bilatérale organisée le 13 avril 2015 à Paris.

Ces consultations ont été réalisées en deux temps : préalablement, puis postérieurement à l'examen en Conseil des ministres. Certaines parties prenantes ont souhaité ajuster les observations qu'elles avaient fait parvenir au gouvernement. Les contributions rassemblées dans le présent document, telles que transmises à ce jour, constituent une annexe du Programme 2015 – les éventuelles contributions supplémentaires seront adressées à la Commission européenne dans les meilleurs délais. »

18. Prés. Cons. CE, concl. 22-23 mars 2005, 7619/05, point 39 ; Comm. UE, *Guidance on the content and format of the National Reform Programmes*, octobre 2013, réf. Ares(2013)3248869, p. 5.

19. Comité des Régions, *On the role of the local and regional authorities in the Europe 2020 National Reform Programmes: Analysis of the 2013 National Reform Programmes*, février 2014.

Responsables de la définition de leurs programmes d'action, les États s'entretiennent néanmoins avec la Commission pendant la phase de préparation lors de réunions bilatérales. Celles-ci prennent place principalement en décembre et janvier, puis en avril. Ces réunions entre hauts fonctionnaires nationaux et fonctionnaires de la Commission permettent de réduire les divergences entre les exigences européennes et les priorités nationales.

Des échanges entre États membres s'observent aussi pour le traitement de préoccupations communes. Par exemple, pour garantir la mise en œuvre de l'accord de Belfast, le Royaume-Uni et l'Irlande se sont entendus sur une contribution commune dans leurs programmes nationaux de réforme 2005-2008 respectifs[20].

C • La surveillance rationalisée : le semestre européen

Les obligations de *reporting* à la charge des États reposent sur plusieurs bases juridiques et relèvent de procédures séparées :

- l'article 121 du traité FUE, complété par le règlement (CE) n° 1466/97 du Conseil, pour le programme de stabilité (ou de convergence) ;
- l'article 148 du traité FUE, pour le programme national de réforme.

La définition des objectifs nationaux et la préparation des programmes mobilisent des ressources considérables. L'analyse est éclatée et des incohérences se font jour entre les différents programmes, alors que la réalisation des objectifs européens au niveau local exige une mise en cohérence de l'ensemble des politiques.

Le bilan de mi-étape de la stratégie de Lisbonne pointe ces défaillances de la gouvernance économique européenne. Le Conseil européen de mars 2005 rationalise la procédure, inscrit le processus de surveillance dans un cycle de trois ans et introduit le concept de lignes directrices intégrées triennales. La Commission est appelée à produire des rapports de suivi uniques sur la mise en œuvre de la stratégie de Lisbonne. Ses rapports couvrent les politiques budgétaires, les politiques de l'emploi et les autres politiques économiques (structurelles). Ce modèle est maintenu depuis.

20. Gouvernement de la République d'Irlande, Lisbon Agenda. Integrated Guidelines for Growth and Jobs. *National Reform Programme Ireland*, Government Publications Office, octobre 2005, p. 7.

La réforme de 2010 du PSC renforce l'intégration des différentes procédures et distingue plus nettement :

- la phase de la définition et de l'approbation des objectifs européens et nationaux (semestre européen) ;
- la phase de mise en œuvre par les États membres (semestre national).

Ces deux phases s'enchaînent l'une et l'autre pour former un cycle continu :

- l'évaluation faite au niveau de l'Union pour une année donnée doit influencer la conduite des politiques économiques et nourrir la définition des objectifs nationaux ;
- les performances économiques générales nées de la mise en œuvre des objectifs conditionnent la définition des objectifs européens pour l'année suivante, etc.

1) Le semestre européen

Le semestre européen est décrit dans le règlement (CE) n° 1466/97 du Conseil comme un ensemble de cinq étapes successives : la formulation des GOPE et des lignes directrices pour l'emploi et la surveillance de leur mise en œuvre, la présentation et l'évaluation des programmes de stabilité (et de convergence) et des programmes nationaux de réforme et, enfin, la surveillance des déséquilibres macroéconomiques.

Le semestre européen débute avec la présentation par la Commission de son examen annuel de la croissance – *Annual Growth Survey* (AGS) – et du rapport annuel sur les déséquilibres macroéconomiques dans les États membres – *Alert Mechanism Report* (AMR) – courant novembre. Des recommandations spécifiques sont formulées à l'égard de la zone euro en général et des États membres individuellement. Ces documents sont examinés par le Conseil, au sein de ses différentes formations, et donnent lieu à des conclusions en janvier au plus tard. Afin de signifier la cohérence entre les États membres au sein de la zone euro, le Conseil examine la recommandation relative à la zone euro avant celles concernant les États. Pour évident qu'il soit, cet ordre d'examen ne s'applique que depuis le cycle d'évaluation de l'année 2016[21]... La situation économique et financière de chaque État membre fait l'objet d'un rapport particulier de la part de la Commission en février.

21. Jeroen Dijsselbloem, remarques à l'issue de l'Eurogroupe du 14 janvier 2016.

L'ensemble de ces informations éclairent le débat que tient en mars le Conseil européen sur l'examen annuel de la croissance. Il appartient aux chefs d'État ou de gouvernement d'en approuver les priorités en tout ou partie. Depuis 2011, le Conseil européen a toujours confirmé les axes prioritaires identifiés par la Commission.

Dans ses conclusions, le Conseil européen invite les États membres à les intégrer dans leurs prochains programmes de stabilité (ou de convergence) et leurs programmes nationaux de réforme. Ces derniers doivent être transmis à la mi-avril et au plus tard pour le 30 avril. Évalués par la Commission, ces programmes font l'objet de propositions de recommandations individuelles – *Country-Specific Recommandations* (CSR). Elles sont examinées par les ministres de l'Économie et des Finances en juin, débattues par le Conseil européen, puis adoptées formellement par le Conseil en juillet.

La Commission est chargée de produire et d'évaluer un volume documentaire considérable dans un délai particulièrement bref : ses avis sur les politiques économiques et budgétaires des États membres ainsi que les projets de recommandations spécifiques par pays doivent être prêts pour fin mai afin d'être discutés par le Conseil lors de sa session de juin. Dans le cadre de la procédure relative aux déséquilibres macroéconomiques, elle produit un bilan approfondi pour chacun des pays identifiés comme susceptibles d'être confrontés à un déséquilibre.

Dire que le semestre européen se réalise selon un calendrier serré est un euphémisme. Deux procédures se déroulent en parallèle :

- d'une part, une analyse des politiques économiques (notamment budgétaires), sur le fondement de l'article 121 du traité FUE ;
- d'autre part, une analyse des politiques d'emploi, sur le fondement de l'article 148 du traité FUE, débutant par la présentation par la Commission du rapport annuel sur l'emploi, en complément de l'AGS.

Le semestre européen : un partenariat entre l'Union et les États membres

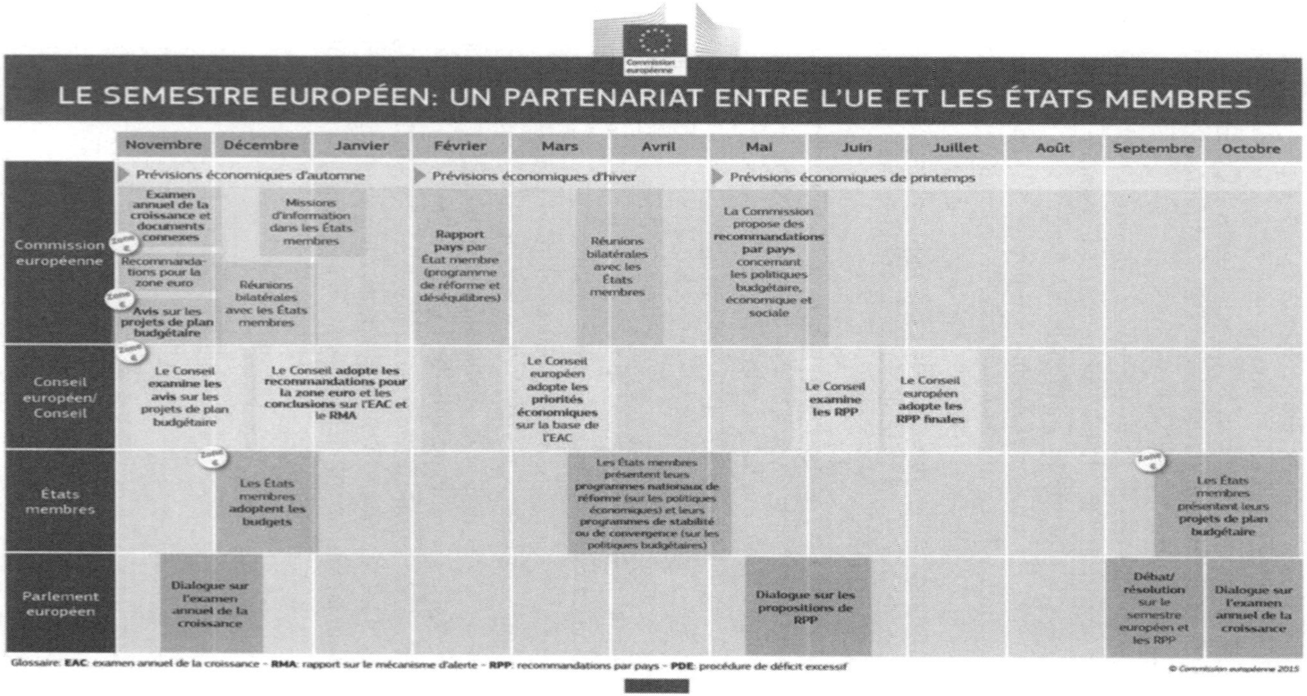

Source : Comm. UE, communication relative aux mesures à prendre pour compléter l'Union économique et monétaire, 21 octobre 2015, COM(2015) 600 final.

Le temps de l'analyse, de la discussion et de la confrontation des actions nationales envisagées ou réalisées avec les recommandations approuvées par le Conseil est donc réduit.

Ce n'est pas dire que l'Union entérine tels quels les documents établis par les États membres. Par exemple, une dizaine de fonctionnaires de la Direction générale affaires économiques et financières de la Commission suivent spécifiquement la situation économique et budgétaire de la France. Des experts nationaux détachés ou des experts externes viennent aussi seconder les personnels de la Commission.

Du côté ministériel, les comités préparatoires des travaux du Conseil – à savoir le comité économique et financier et le comité de politique économique – examinent de près et contrastent les données transmises par les États. En même temps, le travail de ces niveaux intermédiaires doit tout à la fois garantir l'échange avec les administrations nationales, intégrer des données toujours plus nombreuses, veiller à la qualité de l'analyse et respecter les délais. Une gageure qui n'a pas échappé au Conseil lors de l'évaluation à mi-parcours de la stratégie Europe 2020. Parmi d'autres choses, il a appelé à ce que le calendrier laisse plus de temps à l'analyse, au dialogue avec les États membres et à la surveillance de la mise en œuvre des recommandations spécifiques par pays[22].

22. Comité économique et financier, comité de politique économique, « Joint EFC-EPC opinion on the mid-term review of the Europe 2020 strategy and its implementation through the European Semester », 28 novembre 2014, Ares(2014)3866718, point 15 ; prés. Cons. UE, « Europe 2020 strategy mid-term review – Synthesis Report », 15 décembre 2014, 16559/14.

La communication de la Commission relative aux mesures à prendre pour compléter l'Union économique et monétaire publiée le 21 octobre 2015[23] va dans le même sens. Ainsi, le bilan approfondi des États membres est, depuis 2015, présenté en février et non plus en juin afin d'en favoriser la prise en compte :

– par les États dans la préparation de leurs programmes de stabilité (ou de convergence) ou de leurs programmes nationaux de réforme ;
– par le Conseil lors de l'adoption des recommandations individuelles.

La Commission souhaite aussi que la situation de la zone euro et les recommandations la concernant précèdent les analyses individuelles. Il s'agit de privilégier la perspective européenne, c'est-à-dire collective, à la perspective strictement nationale.

2) Le semestre national

Le semestre national ne fait pas l'objet d'un encadrement spécifique par le droit de l'Union, sauf en ce qui concerne la préparation des lois de finances pour les États membres de la zone euro. Il se dessine en creux du semestre européen. Il correspond à une période qui s'ouvre début juillet avec l'adoption des recommandations spécifiques par pays par le Conseil et se referme mi-avril de l'année suivante par la transmission des programmes de stabilité (ou de convergence) et des programmes nationaux de réforme par les États. Dans le domaine budgétaire, les États membres de la zone euro doivent transmettre leurs projets de budget à la Commission pour évaluation au 15 octobre au plus tard, tandis que les budgets définitifs sont arrêtés au 31 décembre[24].

Les modalités précises de débat et d'intégration des recommandations formulées au niveau européen dans les budgets et les programmes nationaux de réforme sont laissées à la discrétion des États, conformément au principe de répartition des compétences et d'autonomie procédurale.

23. Comm. UE, communication relative aux mesures à prendre pour compléter l'Union économique et monétaire, 21 octobre 2015, COM(2015) 600 final.

24. Article 4 du règlement (UE) n° 473/2013 du Parlement européen et du Conseil du 21 mai 2013 établissant des dispositions communes pour le suivi et l'évaluation des projets de plans budgétaires et pour la correction des déficits excessifs dans les États membres de la zone euro, *JOUE* L 140, 27 mai 2013, p. 11.

Tout au plus, les États sont-ils invités à déterminer la meilleure manière d'impliquer les parlements nationaux ainsi que les autorités infranationales et les autres parties intéressées, afin d'accentuer la légitimité et l'efficacité de la nouvelle gouvernance économique de l'Union[25].

L'implication du Parlement français dans l'établissement du programme de stabilité et du programme national de réforme

Article 14 de la loi n° 2010-1645 du 28 décembre 2010 de programmation des finances publiques pour les années 2011 à 2014 :
« *À compter de 2011, le Gouvernement adresse au Parlement, au moins deux semaines avant sa transmission à la Commission européenne en application de l'article 121 du traité sur le fonctionnement de l'Union européenne, le projet de programme de stabilité. Le Parlement débat de ce projet et se prononce par un vote.* »
Lors de l'examen du projet de loi organique relative à la programmation et à la gouvernance des finances publiques, la commission spéciale a souhaité rappeler l'implication du Parlement dans les processus européens de dialogue économique et budgétaire. Sur la base d'un amendement déposé par Élisabeth Guigou, la loi organique s'est enrichie d'un nouvel article 10 à la portée plus déclarative que prescriptive, puisqu'il confirme le pouvoir de l'Assemblée nationale et du Sénat d'organiser des débats sur des sujets relatifs à l'Union européenne.

En soi, la caractérisation de l'année en deux semestres, l'un « européen » et l'autre « national », relève plus de la communication politique que de la véritable innovation institutionnelle. Depuis 2003, la procédure de coordination débute par l'élaboration par la Commission d'un projet de document sur les questions-clés relatives aux GOPE et se finit en juillet par l'approbation formelle par le Conseil des recommandations à l'attention des États membres.

Le changement le plus essentiel réside ailleurs : le semestre européen entend moins évaluer les politiques appliquées par les États membres qu'influencer celles que les États devraient adopter ou envisagent d'adopter. La surveillance des politiques économiques n'est plus seulement *ex post* : elle est aussi *ex ante*.

25. Comm. UE, communication *Clôture du premier semestre européen de coordination des politiques économiques : orientations pour les politiques nationales* 2011-2012, 7 juin 2011, COM(2011) 400 final, p. 11.

D • La dimension préventive de la coordination

Aux termes de l'article 119 du traité FUE, l'action des États membres et de l'Union comporte l'instauration d'***une*** politique économique fondée sur l'étroite coordination des politiques économiques des États membres et du marché intérieur et sur la définition d'objectifs communs. La coordination des politiques économiques nationales constitue un élément-clé pour la définition de la politique économique commune. Celle-ci est la résultante de celle-là. Mais encore faut-il que la coordination s'applique lors de la préparation ***et*** de l'exécution des politiques. Se concentrer seulement sur l'une ou l'autre de ces deux étapes expose l'Union et les États membres au risque d'élaborer un habit d'arlequin de politiques européennes et de politiques nationales. Une coordination *ex ante* ne garantit pas la mise en œuvre sur le terrain ; une coordination *ex post* s'inscrit dans une perspective correctrice continue des politiques nationales.

Conditionnant l'adoption de la monnaie unique par les États membres, la réalisation d'un degré élevé de convergence préalable à l'intégration monétaire réduit en principe les risques de politiques non conformes aux objectifs communs. Une fois la monnaie unique adoptée, le PSC, comme rédigé en 1997, retient que le Conseil examine la cohérence des mesures mises en œuvre ou ***envisagées*** avec l'objectif budgétaire à moyen terme[26], et conformément aux GOPE.

La pratique va être distincte, et toutes les potentialités de la procédure de coordination ne seront pas exploitées. La coordination, telle que mise en œuvre à partir de 1999, se concentre sur les politiques adoptées par les États membres. Cette approche est la moins intrusive sur le terrain de l'exercice étatique de la souveraineté. Cependant, la dégradation de la situation économique à partir de 2001, l'accentuation de la concurrence entre économies européennes sous l'effet du partage d'une monnaie, ainsi qu'un certain relâchement budgétaire après les années d'effort de la période de convergence conduisent à une fuite en avant de la coordination. Chaque cycle de surveillance se solde par des demandes de correction des politiques déjà engagées. Le dispositif de correction est tout à la fois trop rigide, trop politisé et excessif pour être crédible. « *Le Pacte de stabilité et de croissance est stupide, comme toutes les décisions rigides* », dit ainsi le président de la Commission européenne, Romano Prodi, en octobre 2002.

26. Article 5, § 1 du règlement (CE) n° 1466/1997 du Conseil du 7 juillet 1997, *JOCE* L 209, 2 août 1997, p. 1.

Plus fondamentalement, face à une demande de correction, fut-elle exprimée par les institutions de l'Union au nom de l'intérêt commun, les États concernés ont tôt fait d'opposer l'existence de circonstances économiques locales ou la légitimité de leur mandat politique pour préserver les politiques contestées. Le fait qu'aucune sanction ne soit envisageable au cas où un État membre se refuse, de façon répétée, à ajuster ses politiques aux recommandations qui lui sont adressées n'arrange rien à l'affaire.

La coordination existe bel et bien : elle se réalise *a posteriori*, mais la politique économique commune demeure largement une illusion. Dans sa résolution sur le bilan des dix premières années de l'UEM, le Parlement européen appelle ainsi à « *la mise en place de réformes économiques rationalisées, plus cohérentes et complémentaires, coordonnées au moment opportun sur la base des lignes directrices intégrées pour la croissance et l'emploi (lignes directrices intégrées) et de l'approche fondée sur une combinaison de politiques de la stratégie de Lisbonne* »[27] afin de réduire les divergences économiques.

Communication de la Commission
« Renforcer la coordination des politiques économiques »,
12 mai 2010 (extrait)

« ***La prévention est préférable à la correction***. *À l'heure actuelle, le cycle de surveillance économique consiste pour l'essentiel en une évaluation a posteriori de la conformité des politiques économiques aux règles du pacte de stabilité et de croissance et aux grandes orientations de politique économique. Une surveillance budgétaire et économique en amont, qui fait défaut pour le moment, permettrait de formuler de véritables orientations qui tiennent compte de la dimension européenne et qui se traduiraient par des décisions politiques nationales. Le fait de formuler plus tôt des recommandations pays par pays aurait une incidence positive sur tous les aspects de la surveillance, qu'ils soient budgétaires, macrofinanciers ou structurels.* »

Source : Comm. UE, communication *Renforcer la coordination des politiques économiques*, 12 mai 2010, COM(2010) 250 final.

Relevant de l'évidence, une coordination *ex ante* et *ex post* devient une exigence à la lumière de la crise des dettes souveraines. Le Six-Pack opère une véritable révolution sur ce point.

27. PE, rés. 18 novembre 2008 sur l'UEM@0 : « Bilan de l'Union économique et monétaire et défis à venir » (2008/2156/INI), *JOUE* C 16 E, 22 janvier 2010, p. 8.

1) Le développement de la coordination *ex ante*

La discipline *ex ante* des politiques économiques et budgétaires est assurément l'élément le plus innovant du semestre européen, même si le principe en était déjà évoqué dans la version de 1997 du PSC. Au titre du semestre européen, le Conseil est invité explicitement à émettre son avis sur les politiques macrobudgétaires et macrostructurelles ***envisagées***. La surveillance qu'il réalise des programmes de stabilité (ou de convergence) doit permettre d'identifier tout dérapage sensible, effectif ou prévisible de la position budgétaire par rapport à l'objectif budgétaire à moyen terme. Au cas où un dérapage ou un risque de dérapage est décelé, la Commission émet un avertissement. Un mois après au plus tard, le Conseil adopte une recommandation sur les mesures nécessaires en termes de politiques et fixe un délai de cinq mois, au maximum, pour leur adoption par l'État membre concerné. À défaut d'action dans le délai prescrit, le Conseil peut soit revoir sa recommandation initiale, soit adopter une décision établissant qu'il n'y a pas eu d'action suivie d'effet. Comme toute autre décision, celle-ci est publiée au *Journal officiel de l'Union européenne*. Les parties prenantes au niveau local, comme les investisseurs, se trouvent informées de la situation et des risques potentiels pour l'avenir.

De leur côté, les États membres doivent tenir dûment compte des orientations qui leur sont transmises pour l'***élaboration*** de leurs politiques économiques, de l'emploi et budgétaire ***avant*** toute prise de décision majeure concernant leurs budgets nationaux pour les années à venir. La Commission est chargée de suivre l'évolution de la situation[28]. Pour faciliter la prise en compte et l'appropriation des orientations par les autorités nationales, le contenu des recommandations individuelles a été rationalisé. Il s'agit moins de viser l'ensemble des domaines problématiques que d'identifier quelques domaines spécifiques où une action prioritaire est attendue sur les douze à dix-huit mois prochains.

2) Le doublement de la prévention par la répression

Par le passé, le Conseil a paru souvent tergiverser lorsqu'il s'est agi de déclencher les phases de correction à l'encontre d'un État. Les considérations politiques primaient les exigences d'une application rigoureuse du droit. L'efficacité et la crédibilité de la coordination s'en sont trouvées affectées. La situation s'en trouvait encore plus aggravée s'agissant du

28. Article 2 *bis* du règlement (CE) n° 1466/97 du Conseil du 7 juillet 1997, tel que modifié en 2011.

volet préventif : le non-respect des prescriptions par les États ne s'ouvrait sur aucune sanction autre que réputationnelle. La possibilité de sanctions financières était réservée à la procédure de correction des déficits publics excessifs[29].

Les réformes de la gouvernance économique se concentrent sur ces deux points :

- des sanctions financières sont introduites au niveau de la prévention ;
- l'autonomie décisionnelle des autorités politiques est aménagée – celle du Conseil en particulier.

À la différence de l'article 126 du traité FUE, l'article 121 ne prévoit originellement qu'une seule sanction au cas où les politiques économiques d'un État membre ne seraient pas conformes aux GOPE : la publication de la recommandation invitant l'État membre à prendre les mesures correctives appropriées. Cette publication repose sur une décision du Conseil prise à la majorité qualifiée sur proposition de la Commission, qui est distincte de l'adoption de la recommandation elle-même.

Pour modeste qu'elle soit, cette sanction suscite quelques remous lors de sa première application à l'Irlande. En février 2001, le Conseil considère que le budget de l'île verte n'est pas conforme avec les GOPE et avec l'avis sur son programme de stabilité émis l'année précédente. Le Conseil vote la décision de publication de la recommandation à l'unanimité de ses membres, moins l'Irlande. Laurent Fabius, alors ministre français de l'Économie, souligne qu'« *[i]l est évident que lorsque le Conseil adopte une recommandation de ce type, il s'agit d'une pression forte pour que la politique, ainsi mise en cause, soit infléchie* »[30].

29. Article 126 du traité FUE.

30. Cité dans : « Une première : l'Union européenne condamne la dérive budgétaire de l'Irlande », *Les Échos*, 13 février 2002.

Recommandation du Conseil du 12 février 2001 visant à mettre un terme à la non-conformité des politiques économiques de l'Irlande avec les grandes orientations des politiques économiques (extrait)

« *[...] Le budget de l'Irlande pour 2001 est de nature expansionniste et procyclique, et par conséquent non conforme aux grandes orientations des politiques économiques définies par le Conseil en 2000, qui stipulent que les autorités irlandaises doivent être prêtes, dès 2000, à utiliser la politique budgétaire pour assurer la stabilité économique, étant donné l'ampleur du phénomène de surchauffe dans l'économie, et à établir le budget pour 2001 en conséquence. La Commission estime que des mesures restrictives, équivalant à au moins 0,5 % du PIB, pourraient compenser le caractère expansionniste du budget pour 2001,*

[LE CONSEIL] *RECOMMANDE :*

1. Le gouvernement irlandais doit mettre un terme à la non-conformité du budget pour 2001 avec les grandes orientations des politiques économiques et adopter des mesures budgétaires compensatoires en cours d'année. Selon les hypothèses macroéconomiques retenues dans le nouveau programme de stabilité actualisé, cela devrait permettre d'empêcher toute réduction de l'excédent budgétaire sous-jacent par rapport à 2000.

2. La Commission est invitée à rendre compte durant 2001 de l'évolution économique et budgétaire en Irlande. Le Conseil suivra attentivement cette évolution et évaluera en particulier sa conformité aux grandes orientations des politiques économiques.

L'intervention de la sanction retenue par le traité est jugée trop tardive par le législateur européen. Dès 1997, le PSC a défini un système d'alerte précoce (*early warning system*), en vertu duquel le Conseil peut avertir rapidement un État membre de la nécessité de prendre les mesures budgétaires correctrices indispensables en vue d'empêcher un déficit public de devenir excessif[31]. Cet avertissement consiste en une recommandation adoptée sur la base d'une recommandation de la Commission. Certes, la Commission qui dispose du droit d'initiative peut déclencher le système d'alerte précoce à tout moment ; en même temps, l'exercice comporte une limite de taille : la décision finale d'adresser ou non un avertissement revient au Conseil.

Dans le cadre de la première réforme du PSC en 2005, la Commission contourne l'emprise du Conseil sur la procédure d'alerte précoce en usant de son pouvoir général de formuler des recommandations et des avis sur

31. Articles 6 et 10 du règlement (CE) n° 1466/97 du Conseil.

les matières couvertes par le traité : ce sont les conseils en matière d'élaboration des politiques (*policy advices*). Le traité de Lisbonne confirme ce pouvoir dans le champ de la coordination des politiques économiques en le constitutionnalisant à l'article 121, § 4 du traité FUE. Dorénavant, la Commission peut émettre directement un avertissement aux États dont les politiques présentent un risque pour le bon fonctionnement de l'UEM. Elle ne tarde pas à en faire usage : en mai 2008, le nouveau gouvernement français est rappelé à l'ordre. À quelques mois du début de la présidence française du Conseil de l'Union, ce rappel fut peu apprécié par le président de la République.

Recommandation de la Commission contenant des conseils de politiques économiques et budgétaires à la France (2008) [extraits]

[La Commission recommande par conséquent :]

« *(1) to pursue with determination the ongoing structural reform process aimed at increasing France's growth potential and competitiveness, including through the implementation of the provisions of the draft law on the modernisation of the economy ("Loi de modernisation de l'économie") and of the draft law on the modernisation of the labour market ("Loi de modernisation du marché du travail");*

(2) to carry out the necessary consolidation of public finances in order to support the reform process, inter alia through an ambitious implementation of the recommendations of the General Review of Public Policies, further reform of the health insurance and the review of the pension system (as foreseen in the 2003 pension reform);

(3) to implement rigorously the policy invitations of the Council issued on 12 February 2008 on the updated stability programme of France for the period 2007 to 2012. »

Source : Comm. UE, Recommandation providing a policy advice on the economic and budgetary policy in France, SEC(2008) 1942/3, 27 mai 2008.

Ces améliorations vont dans le bon sens, mais demeurent trop timides pour être efficaces. À la demande principalement de l'Allemagne, le Six-Pack introduit un dispositif de sanctions financières dans la procédure de coordination des politiques économiques. L'article 121 du traité FUE sur lequel est basée la coordination des politiques économiques ne retient aucun régime répressif. Les sanctions sont donc introduites dans la législation sur la double base juridique de l'article 121 et de l'article 136 du traité FUE. Aux termes de ce dernier, des mesures spécifiques peuvent être adoptées par et pour les États membres de la zone euro afin de renforcer la coordination et la surveillance de leurs politiques budgétaires. Le régime de sanction se rajoute au dispositif de *policy advice* de la Commission et d'alerte précoce du Conseil.

L'application d'une sanction financière se réalise en trois phases. La procédure se déclenche dans l'hypothèse où un État reste sourd aux recommandations qui lui sont adressées de prendre les mesures appropriées pour se conformer aux GOPE. Le Conseil, agissant sur recommandation de la Commission, peut adopter une décision établissant qu'il n'y a aucune action suivie d'effet de la part de l'État concerné. Il peut aussi décider de ne pas donner suite à la recommandation de la Commission : ce peut être un geste d'encouragement ou d'apaisement à l'égard des autorités nationales concernées. Cependant, si malgré ce geste l'État persiste à ne pas prendre les mesures appropriées, la Commission peut soumettre à nouveau une recommandation de décision établissant qu'il n'y a pas eu d'action suivie d'effet. Cette fois-ci, la décision est réputée adoptée par le Conseil, sauf si celui-ci rejette la recommandation par vote à la majorité simple dans un délai de dix jours suivant sa présentation (vote à la majorité qualifiée inversée).

Le prononcé d'une sanction financière est cumulable avec l'adoption d'une nouvelle recommandation du Conseil décrivant les orientations à suivre pour l'État concerné. En effet, et c'est le troisième temps, l'adoption par le Conseil de la décision établissant qu'il n'y a aucune action suivie d'effet déclenche automatiquement la procédure répressive. Dans les vingt jours qui suivent, la Commission doit recommander au Conseil d'imposer à l'État membre en faute la constitution d'un dépôt portant intérêt. Son montant ne peut être supérieur à 0,2 % du PIB enregistré l'année précédente. Pour cette décision, le Conseil décide sous le régime de la majorité qualifiée inversée ; l'État concerné par la mesure ne vote pas.

La procédure de sanction dans le volet préventif de la coordination des politiques économiques

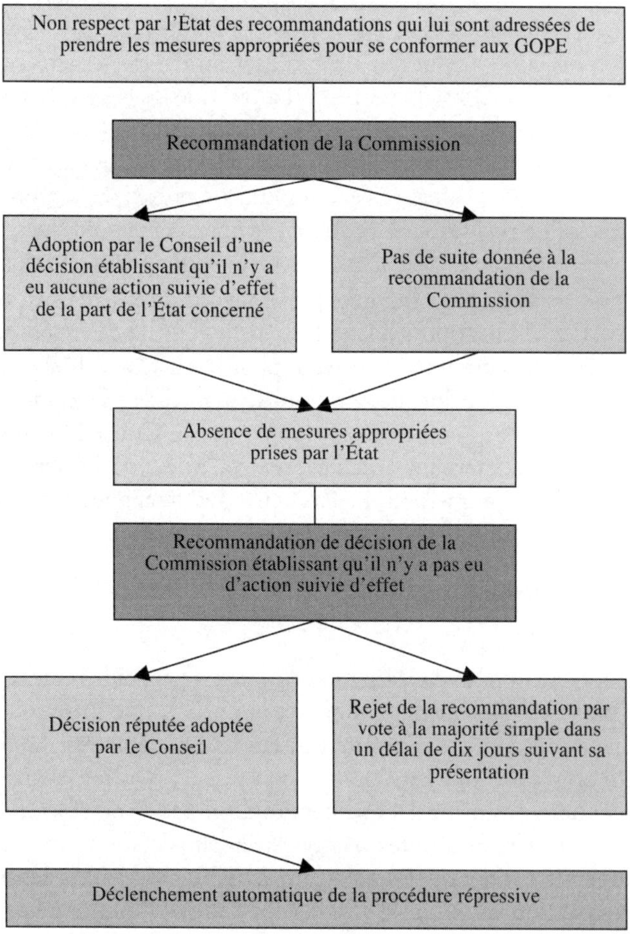

Source : Tableau fait par les auteurs.

La procédure relative aux déséquilibres macroéconomiques comprend un dispositif similaire dans lequel la prévention est renforcée par des sanctions financières pour les États membres de la zone euro. Les faits générateurs de la sanction sont toutefois plus difficiles à réunir et le plafond du montant de l'amende moitié moindre (0,1 % du PIB).

Reste la conciliation entre le souci d'efficacité du régime de prévention-sanction et la politisation de la gouvernance économique. La gestion de la crise des *subprimes* puis des dettes souveraines se caractérise par une implication sans précédent des instances politiques européennes au niveau le plus élevé : celui des chefs d'État ou de gouvernement, réunis ou non au sein du Conseil européen. La réforme de la gouvernance économique amorcée en 2010 conforte cette évolution : le Conseil européen est renforcé dans sa fonction d'impulsion, tandis que le Conseil voit ses pouvoirs élargis sous l'effet de l'extension de la portée de la procédure de coordination. Le risque est alors que les arrangements politiques tiennent lieu de régime de coordination, y compris dans son volet sanction.

Le Six-Pack renforce par conséquent les pouvoirs de la Commission à travers l'insertion d'un dispositif simple, mais ingénieux : la majorité qualifiée inversée. Procédure de votation appliquée au Conseil, elle concerne principalement l'adoption des sanctions financières. Une mesure présentée sur cette base est réputée adoptée par le Conseil, à moins que celui-ci ne décide, statuant à la majorité qualifiée, de rejeter la recommandation de la Commission. Le Conseil a dix jours pour se prononcer à compter de l'adoption de la mesure par la Commission.

3) L'implication des parlements et des autres parties prenantes

Le développement de la coordination *ex ante* est particulièrement conflictuel. Nombre de parlements nationaux ont craint une mise sous tutelle communautaire de leurs pouvoirs législatifs et budgétaires. Le développement d'un régime préventif dont le non-respect pourrait exposer l'État à des amendes administratives ne conduirait-il pas à transformer les parlements en simples chambres d'enregistrement de réformes convenues entre l'exécutif national et les institutions de l'Union ? Déjà sensible lors de la présentation du projet de Six-Pack en 2010, l'inquiétude de nombreux parlements se fait plus forte avec le projet de Two-Pack en 2011, puisque ce dernier renforce le droit de regard de l'Union sur la préparation des budgets annuels[32].

Cette inquiétude des parlements, mais aussi des partenaires sociaux, est réduite dans plusieurs États par un aménagement des dispositifs internes de dialogue et de contrôle entre le Parlement et le gouvernement. Elle conduit aussi à certains rappels utiles de la part des institutions de

32. PE et Cons. UE, règl. (UE) n° 473/2013, précité.

l'Union concernant la portée des nouvelles règles préventives. En l'état actuel du droit de l'Union, ces règles n'affectent pas le pouvoir budgétaire des parlements nationaux[33] (cf. *infra* pour le détail de la procédure de discipline budgétaire).

L'implication du Parlement français dans la procédure de coordination des politiques économiques

Article 10 de la loi organique n° 2012-1403 du 17 décembre 2012 relative à la programmation et à la gouvernance des finances publiques :

« *Lorsque le droit de l'Union européenne institue des procédures de coordination des politiques économiques et budgétaires qui comprennent l'échange et l'examen, à échéances périodiques, de documents produits par le Gouvernement et par les institutions européennes, des débats peuvent être organisés à l'Assemblée nationale et au Sénat aux dates qui permettent la meilleure information du Parlement.*

Des débats peuvent être organisés à l'Assemblée nationale et au Sénat sur toutes décisions du Conseil de l'Union européenne adressées à la France dans le cadre des procédures concernant les déficits excessifs sur le fondement de l'article 126 du traité sur le fonctionnement de l'Union européenne. »

En raison de l'inquiétude des parlements, les considérants du règlement (UE) n° 1175/2011 confirment que le semestre européen respecte les dispositions légales et politiques de chaque État membre, conformément au principe de subsidiarité énoncé à l'article 5 du traité UE. De plus, les parlements nationaux sont dûment associés au semestre européen et à la préparation tant des programmes de stabilité et de convergence que des programmes nationaux de réformes[34].

3. L'élargissement de la coordination : la lutte contre les déséquilibres macroéconomiques

De prime abord, la coordination des politiques économiques est définie en termes suffisamment larges dans les traités pour saisir l'intégralité des politiques ayant pour objectif de modifier le fonctionnement de l'éco-

33. « L'idée d'un vote au niveau européen sur les lois de finances nationales est écartée d'emblée », *Agence Europe*, 20 avril 2010.

34. Considérant (16) du règlement (UE) n° 1175/2011 du Parlement européen et du Conseil, précité.

nomie : politique budgétaire, politique sociale, politique fiscale, politique de compétitivité... Cette approche englobante est à tout le moins celle retenue lors de la rédaction de l'ancien article 145 du traité instituant la Communauté économique européenne de mars 1957 : comme l'observera l'un des négociateurs du traité, l'emploi de l'expression « politiques économiques » évitait d'avoir à énumérer toutes les catégories de politiques concernées[35].

En 1991, le transfert de la souveraineté monétaire à l'échelon européen a amené à reconsidérer la portée de la coordination. D'un côté, le bon fonctionnement de l'UEM en général et de l'union monétaire en particulier accroît les exigences de coordination des politiques économiques afin de garantir un *policy mix* optimal avec la politique monétaire unique. De l'autre côté, privés de l'instrument monétaire, les États membres doivent conserver une certaine autonomie dans la conduite de leurs politiques économiques. La convergence économique qui est exigée préalablement à l'adoption de l'euro ne vise pas à uniformiser les structures et les situations économiques des États membres : elle est censée garantir un degré élevé de compatibilité des politiques économiques. La coordination, telle qu'elle est pensée dans le traité de Maastricht, s'articule par conséquent différemment selon l'incidence des différentes politiques économiques sur la politique monétaire. C'est là une application du principe de subsidiarité qui, rappelons-le, est introduit dans le droit de l'Union également par le traité de Maastricht.

Ainsi, les politiques conjoncturelles (politiques budgétaires), de court terme, font l'objet d'une attention particulière dans le régime de coordination de l'article 121 du traité FUE, et sont soumises à un régime de discipline spécifique défini à l'article 126 du même traité. Les politiques structurelles (flexibilité sur les marchés du crédit, des biens et services, flexibilité sur le marché du travail...), de moyen et long termes, relèvent d'un encadrement plus lâche prenant la forme de stratégies économiques générales et d'une surveillance multilatérale peu exigeante, tant en termes de contenu que de contraintes.

35. Walter Hallstein, *L'Europe inachevée*, Robert Laffont, 1970, p. 125.

A • L'exigence de la coordination des politiques de compétitivité

Pour séduisant qu'il soit sur le papier, ce modèle initial est fragile. Il paraît insuffisant pour faire face à l'apparition et au développement de déséquilibres macroéconomiques entre les économies européennes. Le rapport du comité Delors de 1989 souligne la menace qui porterait sur la viabilité de l'UEM si ce risque n'était pas correctement appréhendé et encadré : « *s'ils n'étaient pas corrigés, des déséquilibres de cette nature deviendraient des déséquilibres régionaux. Des mesures destinées à renforcer la mobilité des facteurs de production et la flexibilité des prix permettraient d'y remédier. [...] Faute de prendre suffisamment en considération les déséquilibres régionaux, l'union économique serait exposée à des risques économiques et politiques graves.* »[36] En réponse, le rapport Delors proposait d'agir selon trois axes :

– l'approfondissement du marché intérieur afin de favoriser l'accès au marché et son bon fonctionnement ;
– le développement des politiques communautaires dans le domaine régional et structurel ;
– la coordination des politiques macroéconomiques budgétaires, à travers « *un système de règles contraignantes régissant le volume et le financement des déficits budgétaires nationaux* » et « *une évaluation d'ensemble commune de l'évolution économique à court et à moyen terme* ».

Les dispositifs mis en place par le traité de Maastricht restent en deçà des attentes et des enjeux exprimés dans le rapport du comité Delors. Les politiques structurelles sont les parents pauvres d'une coordination des politiques économiques centrée sur la dimension budgétaire.

À l'occasion de la réforme du PSC en 2005, le bilan très modeste de la stratégie de Lisbonne démontre à l'envi le peu d'efficacité de la gouvernance économique pour convaincre les autorités nationales de conduire les réformes structurelles nécessaires au bon fonctionnement de l'UEM. Ce n'est pas dire qu'aucune réforme n'est engagée : le gouvernement allemand de Gerhard Schröder engage des réformes d'ampleur du marché du travail, de l'indemnisation chômage (« Hartz IV »), de soutien à l'innovation (« Pacte pour la recherche et l'innovation ») ou de réduction des

36. Comm. CE, Comité pour l'étude de l'Union économique et monétaire, *Rapport sur l'Union économique et monétaire dans la Communauté européenne* [*Rapport Delors*], 12 avril 1989, spéc. points 26 et 27.

coûts administratifs pour le secteur économique. En France, le gouvernement Raffarin réforme le régime des retraites de base en août 2003[37]. Seulement, ces réformes répondent à des impératifs proprement internes et donnent lieu à peu de discussions au niveau européen préalablement à leur mise en œuvre.

En mai 2008, le bilan qu'établit la Commission sur les dix premières années de l'UEM est sévère : la convergence de l'inflation ou des coûts unitaires de main-d'œuvre a cessé entre les États membres depuis le lancement de l'euro. En cause : un manque certain d'ambition et un défaut de coordination des réformes structurelles[38]. La Commission préconise une extension de la coordination aux politiques de compétitivité sous la forme d'examen par les pairs. La proposition reçoit un accueil favorable des ministres des Finances. L'été 2008 est marqué par une flambée des prix des produits pétroliers qui fait craindre une dégradation de la compétitivité européenne. La France, qui exerce la présidence de l'Union, s'inquiète pour sa part des écarts de compétitivité croissants avec l'Allemagne et de la dégradation de sa balance extérieure avec celle-ci.

L'Eurogroupe de juillet 2008 convient d'organiser un examen bisannuel de la compétitivité pays par pays, ou selon un rythme accéléré s'il survient, dans un ou plusieurs pays, un dérapage manifeste de compétitivité par rapport à leurs partenaires de la zone euro. Il s'agit d'assurer l'échange d'informations et d'évaluer collectivement, au niveau ministériel, les politiques nationales de modération salariale, d'allègement de charges, etc. Le système d'examen par les pairs se révèle insuffisant en soi pour corriger les déséquilibres macroéconomiques. Ceux-ci s'accumulent.

Il faut attendre la crise des dettes souveraines de 2010 pour que la question de la compétitivité entre États membres de la zone euro donne lieu à des avancées majeures. La perte de compétitivité de la Grèce par rapport à l'Allemagne et la dégradation des termes de l'échange entre ces deux pays est l'un des éléments-clés des débats entre les autorités des deux pays. Les pays périphériques de la zone euro, ainsi que la France, connaissent une dégradation semblable de leur compétitivité par rapport aux pays du cœur, au premier rang desquels l'Allemagne. Les premiers reprochent aux seconds de leur prendre des parts de marché sous l'effet

37. L. n° 2003-775, 21 août 2003 portant réforme des retraités, dite « loi Fillon sur les retraites », *JO* n° 193, 22 août 2003, p. 14310.

38. Comm. CE, communication *UEM@10 : Bilan de l'Union économique et monétaire dix ans après sa création*, 7 mai 2008, COM(2008) 238 final.

de politiques déflationnistes. Les seconds jugent que les premiers n'ont pas réalisé les réformes nécessaires pour garantir l'amélioration de la compétitivité dans la zone euro[39].

Dans un entretien au *Financial Times* paru en mars 2010, Christine Lagarde, alors ministre française de l'Économie, critique ouvertement la viabilité à long terme du modèle allemand construit sur une contraction des coûts de main-d'œuvre et de la demande intérieure. La réponse d'Angela Merkel ne se fait pas attendre : « *Un gouvernement économique européen doit s'aligner sur les plus rapides, pas sur les plus faibles.* »[40] Pour apaiser le débat, l'Eurogroupe de juillet 2010 charge la France d'examiner la compétitivité allemande.

La divergence de compétitivité entre la France et l'Allemagne (extrait du rapport Coe-Rexecode de janvier 2011)

« *Tous les indicateurs montrent qu'en termes de compétitivité l'Allemagne et la France divergent depuis une dizaine d'années.*

1. Il y a dix ans, les exportations françaises représentaient 55 % des exportations allemandes. Elles en représentent aujourd'hui 40 %.

2. La divergence sur le solde des échanges de marchandises entre la France et l'Allemagne s'élève actuellement à 200 milliards d'euros (soit 10 % du PIB français).

3. Les pertes de parts de marché concernent pratiquement tous les produits et toutes les régions de destination des exportations.

4. Le prix moyen des exportations françaises a progressé entre 2003 et 2008 d'environ 8 % de plus que le prix des exportations allemandes.

5. Les pertes de parts de marché se sont accompagnées d'une contraction relative de notre base industrielle. La valeur ajoutée créée par l'industrie implantée sur notre territoire représentait 50 % de la valeur ajoutée créée sur le territoire allemand en 2000. Ce poids a diminué à 40 % actuellement.

6. De 2000 à 2007, par comparaison avec l'Allemagne, la France a perdu environ 13 % de ses entreprises industrielles. Cette situation inédite n'est satisfaisante ni pour notre pays ni pour la cohésion de la zone euro. »

Source : Coe-Rexecode, Mettre un terme à la divergence de compétitivité entre la France et l'Allemagne, étude réalisée pour le ministère de l'Économie, des Finances et de l'Industrie, 14 janvier 2011.

39. Jean-François Jamet, « Un gouvernement économique européen : du slogan à la réalité ? », *Questions d'Europe*, n° 167 et 168, Fondation Robert Schuman, 26 avril 2010, p. 13.

40. « Lagarde au Conseil des ministres allemand », *LeFigaro.fr*, 30 mars 2010.

La mise en œuvre des politiques d'assainissement à partir de 2010-2011 et le renforcement du PSC font craindre – en particulier aux autorités françaises – une accentuation de la course à la compétitivité et à la modération salariale. Dans ce contexte marqué par un débat vif entre les autorités françaises et allemandes, l'introduction de la surveillance des déséquilibres économiques paraît être la contrepartie du renforcement de la discipline budgétaire. Cette perspective est également favorisée par le groupe de travail du Conseil européen présidé par Herman Van Rompuy.

Plusieurs dispositifs voient le jour à cet effet. Le régime de coordination des politiques économiques est étendu et approfondi aux aspects macroéconomiques. Sur la base de deux propositions de règlements présentées par la Commission le 29 septembre 2010, un nouveau régime de lutte contre les déséquilibres macroéconomiques est adopté en novembre 2011. Le règlement (UE) n° 1176/2011 du Parlement européen et du Conseil sur la prévention et la correction des déséquilibres s'applique à tous les États membres[41]. Le règlement (UE) n° 1174/2011 du Parlement européen et du Conseil, qui traite des sanctions, ne concerne que les États membres de la zone euro[42].

En complément du régime réglementaire, un accord politique est adopté le 25 mars 2011 par l'ensemble des États membres de la zone euro et six autres États membres : le Pacte pour l'euro plus. Il confirme l'inclusion des questions liées à la compétitivité dans les processus de coordination des politiques économiques et de surveillance multilatérale. En mars 2015, la France et l'Allemagne actent le renforcement de leurs échanges sur les réformes et les investissements auxquels elles procèdent à titre national.

41. PE et Cons. UE, règl. (UE) n° 1176/2011, 16 novembre 2011 sur la prévention et la correction des déséquilibres macroéconomiques, *JOUE* n° L 306, 23 novembre 2011, p. 25.

42. PE et Cons. UE, règl. (UE) n° 1174/2011, 16 novembre 2011 établissant des mesures d'exécution en vue de remédier aux déséquilibres macroéconomiques excessifs dans la zone euro, *JOUE* n° L 306, 23 novembre 2011, p. 8.

Enfin, la révision du PSC par le Six-Pack en 2011 renforce les incitations en faveur des réformes structurelles. En mars 2013, la Commission propose deux nouvelles propositions législatives qui développent plus avant la logique incitative à travers la création d'un système d'incitation financière et de contractualisation des réformes structurelles[43]. Ces réformes sont aujourd'hui bloquées au niveau du Conseil.

B • La lutte contre les déséquilibres macroéconomiques

La crise des dettes souveraines a rappelé à tous une évidence : des politiques budgétaires saines sont nécessaires, mais non suffisantes, pour garantir un bon fonctionnement de l'UEM dans la durée ; la lutte contre les déficits budgétaires va de pair avec une lutte contre les déséquilibres macroéconomiques.

La procédure mise en place par les règlements (UE) n° 1176/2011 et n° 1174/2011 concernant les déséquilibres économiques s'inspire de la procédure de déficit public excessif de l'article 126 du traité FUE. Cependant, faute de règles particulières dans les traités de l'Union concernant les déséquilibres macroéconomiques, le règlement (UE) n° 1176/2011 s'appuie sur le régime de coordination et de surveillance des politiques économiques de l'article 121 du traité FUE. Ce dernier est nettement plus pauvre que l'article 126 sur le plan procédural. Le règlement (UE) n° 1176/2011 essaie par conséquent d'exploiter autant que possible la souplesse de la procédure de coordination des politiques économiques, quitte à établir des procédures alambiquées.

Pour éviter une démultiplication des rapports, et afin de souligner le lien étroit entre la coordination des politiques économiques, la discipline budgétaire et les déséquilibres macroéconomiques, la procédure concernant ces derniers est insérée dans le semestre européen. Ce même souci d'éviter toute duplication conduit à ce que la procédure concernant les déséquilibres économiques ne s'applique pas à l'égard des États membres déjà soumis à des programmes d'ajustement macroéconomique au titre de la conditionnalité de l'assistance financière.

---

43. Comm. UE, communications Vers une Union économique et monétaire véritable et approfondie, Création d'un instrument de convergence et de compétitivité, 20 mars 2013, COM(2013) 165 final ; Vers une Union économique et monétaire véritable et approfondie, Coordination préalable des projets de grandes réformes des politiques économiques, 20 mars 2013, COM(2013) 166 final.

À l'inverse du déficit budgétaire, le déséquilibre macroéconomique possède une complexité et une singularité qui interdisent de le saisir au travers d'un indicateur statistique unique. Chaque État membre connaît un environnement économique, des spécificités locales et des interactions avec les autres économies européennes qui interdisent de généraliser ses difficultés comme l'expression d'un déséquilibre type. Le régime de lutte contre les déséquilibres macroéconomiques s'articule de ce fait en trois temps : la détection des éventuels déséquilibres, la prévention puis la correction des déséquilibres excessifs. Dans le cas des États membres de la zone euro, la procédure de correction des déséquilibres excessifs s'enrichit d'un mécanisme de sanctions financières défini par le règlement (UE) n° 1174/2011.

1) La détection des déséquilibres

Un déséquilibre est défini par le règlement (UE) n° 1176/2011 comme « *toute tendance donnant essor à des développements macroéconomiques ayant un effet préjudiciable ou susceptible d'avoir un effet préjudiciable sur le bon fonctionnement de l'économie d'un État membre, de l'Union économique et monétaire ou de l'Union dans son ensemble* ». En soi, une telle définition n'est pas d'une grande utilité pour identifier les déséquilibres. Le règlement établit par conséquent une procédure de détection des déséquilibres avec en son cœur un tableau de bord composé d'indicateurs macroéconomiques et macrofinanciers. À ses débuts, la stratégie de Lisbonne avait eu elle aussi recours à des indicateurs pour jauger les performances des États membres et de l'Union. Leur multiplication au fil du temps les avait rendus illisibles.

En 2010 et 2011, le législateur a voulu se garder de ces maux : il définit des principes directeurs pour l'élaboration des indicateurs et précise les 14 thèmes qu'ils doivent couvrir. La Commission est chargée de détailler ces indicateurs et de les compléter par d'autres, de nature auxiliaire. Elle doit consulter à cet effet le Conseil, le Parlement et le Comité européen du risque systémique (CERS), compte tenu de l'impact du choix des indicateurs sur l'identification et la détection de déséquilibres. À chaque indicateur est associé un seuil d'alerte supérieur et inférieur. Ce point a fait débat, puisqu'il revient à dire que des excédents de la balance des opérations courantes peuvent être caractéristiques d'un déséquilibre. L'Allemagne est clairement pointée du doigt.

Ni les indicateurs ni les seuils ne sont figés dans le temps, et la Commission doit en réévaluer annuellement la pertinence. Il s'agit de prendre en compte la transformation des économies locales sous l'effet de l'intégration européenne et/ou des modifications de l'environnement général. Le tableau de bord et ses modifications sont rendus publics. En 2016, la Commission a ajouté trois indicateurs relatifs à la situation de l'emploi : le taux d'activité, le taux de chômage de long terme et le taux chômage des jeunes.

De façon complémentaire, la France et l'Allemagne, dans une contribution commune présentée le 30 mai 2013, se sont engagées à développer une batterie d'indicateurs contribuant à fournir « *un diagnostic économique généralement accepté de la zone euro et de tous les États membres de l'euro à un stade précoce et sur une base élargie* »[44]. L'objectif poursuivi est de pouvoir mieux évaluer et discuter des déséquilibres qui affectent la compétitivité externe des États. Une attention particulière est portée au marché du travail, au chômage et à l'inclusion sociale, aux politiques de retraite, aux marchés de produits, à la fiscalité, à l'efficacité du secteur public ou encore à l'innovation et au système d'éducation, d'enseignement et de formation professionnelle.

44. François Hollande et Angela Merkel, *La France et l'Allemagne ensemble pour renforcer l'Europe de la stabilité et de la croissance. Contribution pour le renforcement de la compétitivité et de la croissance en Europe*, Paris, 30 mai 2013. Disponible à l'adresse : http://www.elysee.fr/communiques-de-presse/article/contribution-franco-allemande, consultée le 15 janvier 2016.

Indicateurs principaux de la procédure concernant les déséquilibres macroéconomiques (2016)

Indicateurs principaux
Balance du compte des transactions courantes – % du PIB (moyenne sur 3 ans)
Position extérieure globale nette – % du PIB
Taux de change effectif réel – 42 partenaires commerciaux (variation en % sur 3 ans)
Part de marché dans les exportations mondiales – % du total mondial (variation en % sur 5 ans)
Indice du coût salarial unitaire nominal (2010 = 100) (variation en % sur 3 ans)
Indice des prix des logements (2010 = 100) – déflaté (variation en % sur 1 an)
Flux de crédit du secteur privé – consolidé (% du PIB)
Dette du secteur privé – consolidée (% du PIB)
Dette brute des administrations publiques (% du PIB)
Taux de chômage (moyenne sur 3 ans)
Passifs de l'ensemble du secteur financier – non consolidés (variation en % sur 1 an)
Taux d'activité – % de la population totale âgée de 15 à 64 ans (variation en points de pourcentage sur 3 ans)
Taux de chômage de longue durée – % de la population active âgée de 15 à 74 ans (variation en points de pourcentage sur 3 ans)
Taux de chômage des jeunes – % de la population active âgée de 15 à 24 ans (variation en points de pourcentage sur 3 ans)

Source : Comm. UE, « Scoreboard for the surveillance of macroeconomic imbalances », European Economy, Occasional Papers n° 92, février 2012.

Le tableau de bord constitue un outil d'analyse et un mécanisme d'alerte, et non le résultat de l'analyse elle-même. L'ensemble des mesures fournies par le tableau de bord doivent être considérées à la lumière de l'évolution de l'économie réelle : croissance du PIB, évolution des taux d'emploi et de chômage, convergence nominale, etc. Par ailleurs, comme la définition même du déséquilibre l'indique, l'analyse est faite en tendance et s'appuie sur les évolutions et les perspectives les plus récentes. Ce travail d'évaluation repose en premier chef sur la Commission.

L'évaluation de la Commission donne lieu à un rapport annuel sur le mécanisme d'alerte (RMA) transmis au Conseil pour y être discuté. Il est aussi communiqué au Parlement européen et au Comité économique et social européen. Publié courant novembre, ce rapport ouvre le semestre européen. Il nourrit l'examen annuel de croissance rendu public par la Commission au même moment.

Le rapport comprend une description générale de la situation dans l'Union et la zone euro, et rend compte des situations individuelles de l'ensemble des États membres. Il examine plus particulièrement si le franchissement de seuil dans ou un plusieurs États membres signale l'apparition éventuelle de déséquilibres macroéconomiques ou de risques de déséquilibre. Pour chaque État membre, la Commission indique si leur situation mérite une analyse plus détaillée sous la forme d'un bilan approfondi – aussi dénommé *in-depth review* (IDR). Elle tient compte, à cet égard, des informations concernant les réformes structurelles programmées ou envisagées dont les États lui font part.

Commission, *Rapport sur le mécanisme d'alerte* 2016
Situation de la France (extraits)

« In February 2015, the Commission concluded that France experienced excessive macroeconomic imbalances, which require decisive policy action and specific monitoring, in particular involving risks related to a deterioration of competitiveness and the high level of public indebtedness. In the updated scoreboard, a number of indicators remain above their indicative thresholds, namely losses in export market shares, private debt, government debt, unemployment as well as the increase in long-term unemployment.

The current account balance has remained stable showing a moderate deficit while the net international investment position has remained negative and further deteriorated in 2014. Accumulated losses in export market shares remain well above the threshold despite limited annual gains in 2014 laying the ground for improved indicator values in coming years. Labour costs remain high and continue to weigh on the cost-competitiveness of firms. Private debt is above the threshold but deleveraging pressures are limited in a context of mildly positive credit growth. The very high general government sector indebtedness further increased in 2014 and risks from public debt dynamics in a context of low growth and inflation remain. Real house prices are slowly correcting. Adjustment in the labour market is an issue where unemployment has been increasing, and is now beyond the threshold, accompanied by increases in long-term and youth unemployment.

Overall, the economic reading highlights issues linked to competitiveness developments and the high level of general government debt in a context of low growth and low inflation. Therefore the Commission finds it useful, also taking into account the identification of an excessive imbalance in February, to examine further the persistence of macroeconomic risks and to monitor progress in the unwinding of excessive imbalances. »

Source : Comm. UE, rapport sur le mécanisme d'alerte 2016, 26 novembre 2015, COM(2015) 691 final, p. 27.

Le rapport sur le mécanisme d'alerte et ses conclusions sont discutés par le Conseil et par l'Eurogroupe si des États membres sont visés par un bilan approfondi. L'occasion est donnée aux représentants des États concernés de fournir des éléments d'explication sur leurs situations respectives. Compte tenu de ces discussions, la Commission procède à un bilan approfondi pour chaque État membre dont elle considère qu'il connaît un déséquilibre ou qu'il présente un risque de déséquilibre. L'objet est d'évaluer si le déséquilibre est confirmé et s'il présente un caractère excessif.

La situation économique de l'État est passée à la loupe. La Commission examine près de 150 indicateurs statistiques couvrant les aspects macroéconomiques, les marchés financiers, la fiscalité, le marché du travail et la situation sociale, la performance du marché des biens et l'économie verte. Ainsi, les bilans approfondis examinent certains paramètres de l'économie des États membres tels que l'évolution des comptes extérieurs, l'épargne et l'investissement, le taux de change effectif, les parts de marchés d'exportation, la compétitivité des coûts et hors coûts, la productivité, la dette publique et privée, les prix du logement, les flux de crédit, les systèmes financiers, le chômage et d'autres variables. Les facteurs à l'origine des déséquilibres et les risques qu'ils entraînent diffèrent d'un pays à l'autre. Les bilans approfondis tiennent également compte de la dimension « zone euro » des déséquilibres macroéconomiques et des défis potentiels à relever par les pouvoirs publics pour la zone euro dans son ensemble[45].

En complément, la Commission peut mener des missions de surveillance sur place, en impliquant le cas échéant la BCE lorsqu'est concerné un État membre de la zone euro ou un État membre dont la monnaie parti-

45. Comm. UE, communication *Semestre européen 2015 : évaluation des enjeux dans le domaine de la croissance, prévention et correction des déséquilibres macroéconomiques et résultats des bilans approfondis en vertu du règlement (UE) n° 1176/2011*, 26 février 2015, COM(2015) 85 final.

cipe au mécanisme de change européen. Un dialogue permanent est entretenu avec les autorités de l'État membre examiné. Une synthèse de l'ensemble de bilans approfondis est publiée par la Commission en février. Les bilans approfondis pays par pays, de près de 100 pages chacun, sont publiés ultérieurement, en juin.

Le bilan conclut soit à l'absence, soit à l'existence d'un déséquilibre. Dans ce cas, il comprend des préconisations en faveur de l'adoption de mesures ou de politiques appropriées, voire décisives – c'est-à-dire dont un défaut d'application pourra déclencher la mise en œuvre de la procédure pour déséquilibre excessif. Un suivi de la mise en œuvre des préconisations peut être assuré en complément par la Commission au titre de son pouvoir de mission.

En fait, entre la situation d'un État sans déséquilibre et celle où l'État fait l'objet de la procédure pour déséquilibre excessif, la Commission a défini quatre échelons intermédiaires. Ceux-ci laissent aux États membres concernés le temps pour introduire les ajustements adaptés à leur situation en vue de la résorption des déséquilibres détectés.

Les six échelons de la procédure concernant les déséquilibres macroéconomiques

Échelon	Type de déséquilibre	Mesures recommandées
1	Aucun déséquilibre	–
2	Déséquilibre	Suivi et adoption de mesures adaptées
3	Déséquilibre	Suivi et adoption de mesures décisives
4	Déséquilibre	Suivi renforcé et adoption de mesures décisives
5	Déséquilibre excessif	Suivi renforcé et adoption de mesures décisives
6	Déséquilibre excessif	Mesures décisives et activation de la procédure pour déséquilibre excessif

Source : Comm. UE, communication Rapport sur le mécanisme d'alerte 2016, 26 novembre 2015, COM(2015) 691 final, p. 5.

Le bilan approfondi est publié et transmis au Parlement européen et au Conseil. Dans ce dernier cas, la phase de détection laisse la place à la phase de prévention ou de correction, selon la gravité du déséquilibre et la situation économique générale. Les suites exactes que la Commission entend donner au déséquilibre détecté dans un pays sont arrêtées dans la recommandation de recommandation individuelle qu'elle présente au Conseil en mai. Cet intervalle de temps entre la publication du bilan approfondi et celle de la recommandation est décisif. Il fournit l'occasion aux États membres concernés de programmer ou de mettre en œuvre les réformes préconisées par la Commission. Le programme national de réforme et le programme de stabilité (ou de convergence) sont à remettre en avril ; ils doivent présenter les efforts envisagés ou engagés. La bonne volonté des autorités nationales est considérée par la Commission, le Conseil ou l'Eurogroupe au niveau de la nature du suivi et des réformes recommandées.

En février 2015, la Commission estime ainsi que la France, la Bulgarie, la Hongrie, l'Italie et le Portugal connaissent des déséquilibres excessifs qui requièrent l'adoption de mesures décisives et un suivi spécifique. Comme l'indique le commissaire en charge des affaires économiques et monétaires, Pierre Moscovici, en février 2015, « *Nous avons élevé d'un niveau la France dans l'échelle de la procédure des déséquilibres macroéconomiques. […] la France a annoncé plusieurs réformes qui vont dans la bonne direction […] Nous espérons que Paris annoncera un programme ambitieux et plus détaillé de réforme national en avril.* »[46] La menace est explicite : faute de réformes suffisantes, la France sera soumise au volet correctif prévu par la procédure pour déséquilibre excessif.

46. « Brussels demands more ambitious reforms from France », *Euractiv.com*, 26 février 2015.

Synthèse des situations des États membres faisant l'objet d'un bilan approfondi (février 2015)

	Procédure concernant les déséquilibres macroéconomiques (PDM)	Observations
AT	–	–
BE	*Statu quo* : déséquilibres nécessitant l'adoption de mesures et une surveillance	**Pas de PDM ouverte à ce stade** sur la base des facteurs pertinents
BG	**Changement** : déséquilibres excessifs nécessitant l'adoption de mesures décisives et une surveillance particulière	**Passage au stade suivant de la PDM** justifié par les risques accrus résultant des turbulences financières survenues en 2014
CY	–	Bénéficie d'un programme spécial d'assistance financière
CZ	–	–
DE	**Changement** : déséquilibres nécessitant l'adoption de mesures décisives et une surveillance	**Passage au stade suivant de la PDM** justifié par : – la faiblesse persistante des investissements et un excédent élevé du compte courant associé à des mesures insuffisantes – un risque systémique accru pour la zone euro
DK	–	–
EE	–	–
EL	–	Bénéficie d'un programme spécial d'assistance financière
IE	*Statu quo* : déséquilibres nécessitant l'adoption de mesures décisives et une surveillance particulière (surveillance post-programme)	–
ES	*Statu quo* : déséquilibres nécessitant l'adoption de mesures décisives et une surveillance particulière (surveillance post-programme)	–

FR	**Changement** : déséquilibres excessifs nécessitant l'adoption de mesures décisives et une surveillance particulière	**Passage au stade suivant de la PDM** justifié par : – le fait que la détérioration de la compétitivité et de la soutenabilité de la dette publique n'a pas été suffisamment freinée par les mesures annoncées – un risque systémique pour la zone euro Décision concernant l'activation du volet correctif à prendre en mai, à la lumière du programme national de réforme et des autres engagements en faveur des réformes structurelles **PDE** : nouveau délai assorti de jalons stricts et tenant également compte du plan de réforme présenté par la France
HR	*Statu quo* : déséquilibres excessifs nécessitant l'adoption de mesures décisives et une surveillance particulière	Décision PDM concernant l'activation du volet correctif à prendre en mai, à la lumière du programme national de réforme et des autres engagements en faveur des réformes structurelles

Source : Comm. UE, communication 26 février 2015, COM(2015) 85 final, p. 11.

2) La prévention des déséquilibres

Tout déséquilibre n'est pas critique. Il peut être naissant et contenu, sous réserve que les ajustements appropriés soient adoptés par l'État membre concerné. Lorsque la Commission détecte de tels déséquilibres, l'État peut se voir adresser par le Conseil une recommandation l'invitant à adopter les mesures qui s'imposent. Le Conseil se prononce sur la base d'une recommandation de la Commission conformément à la procédure de l'article 121, § 2 du traité FUE. En pratique et par souci de simplicité, cette recommandation est celle proposée par la Commission et adoptée par le Conseil en fin de cycle du semestre européen, à savoir la recommandation individuelle. Par conséquent, elle porte également sur la coordination des politiques économiques en général, la discipline budgétaire et la politique de l'emploi.

Recommandations adressées à la France par le Conseil (2015) [extrait]

« [Le Conseil] *recommande que la France s'attache, au cours de la période 2015-2016, à :*

[...]

3. maintenir les réductions du coût du travail découlant du crédit d'impôt pour la compétitivité et l'emploi et du pacte de responsabilité et de solidarité, notamment en les mettant en œuvre comme prévu en 2016 ; évaluer l'efficacité de ces dispositifs en tenant compte des rigidités du marché du travail et du marché des produits ; réformer, en concertation avec les partenaires sociaux et conformément aux pratiques nationales, le processus de formation des salaires pour que ceux-ci évoluent au même rythme que la productivité ; veiller à ce que les évolutions du salaire minimum soient compatibles avec les objectifs de promotion de l'emploi et de la compétitivité ;

4. d'ici à la fin de 2015, éliminer les obstacles réglementaires à la croissance des entreprises, notamment en révisant les critères de taille fixés dans la réglementation pour éviter les effets de seuil ; éliminer les restrictions d'accès aux professions réglementées autres que juridiques et à l'exercice de celles-ci, notamment en ce qui concerne les professions de santé à partir de 2015 ;

5. simplifier et améliorer l'efficacité du système fiscal, notamment en supprimant les dépenses fiscales inefficaces ; afin de promouvoir l'investissement, prendre des mesures visant à réduire les impôts sur la production et le taux nominal de l'impôt sur les sociétés, tout en élargissant la base d'imposition sur la consommation ; prendre des mesures à partir de 2015 en vue de supprimer les impôts inefficaces dont le produit est nul ou faible ;

6. réformer le droit du travail afin d'inciter davantage les employeurs à embaucher en contrats à durée indéterminée ; faciliter, au niveau des entreprises et des branches, les dérogations aux dispositions juridiques générales, notamment en ce qui concerne l'organisation du temps de travail ; réformer la loi portant création des accords de maintien de l'emploi d'ici à la fin de 2015 en vue d'accroître leur utilisation par les entreprises ; entreprendre, en concertation avec les partenaires sociaux et conformément aux pratiques nationales, une réforme du système d'assurance chômage afin d'en rétablir la soutenabilité budgétaire et d'encourager davantage le retour au travail. »

Source : Cons. UE, recomm. 14 juillet 2015 concernant le programme national de réforme de la France pour 2015 et portant avis du Conseil sur le programme de stabilité de la France pour 2015, *JOUE* C 272, 18 août 2015, p. 51.

Le suivi de la mise en œuvre par l'État membre de la recommandation qui lui est adressée se réalise dans le cadre de la procédure générale de la coordination des politiques économiques. La situation de l'État est réexaminée annuellement et selon qu'elle s'améliore ou se dégrade, l'État descendra ou gravira les échelons de la procédure concernant les déséquilibres macroéconomiques.

Déroulement de la procédure concernant les déséquilibres macroéconomiques

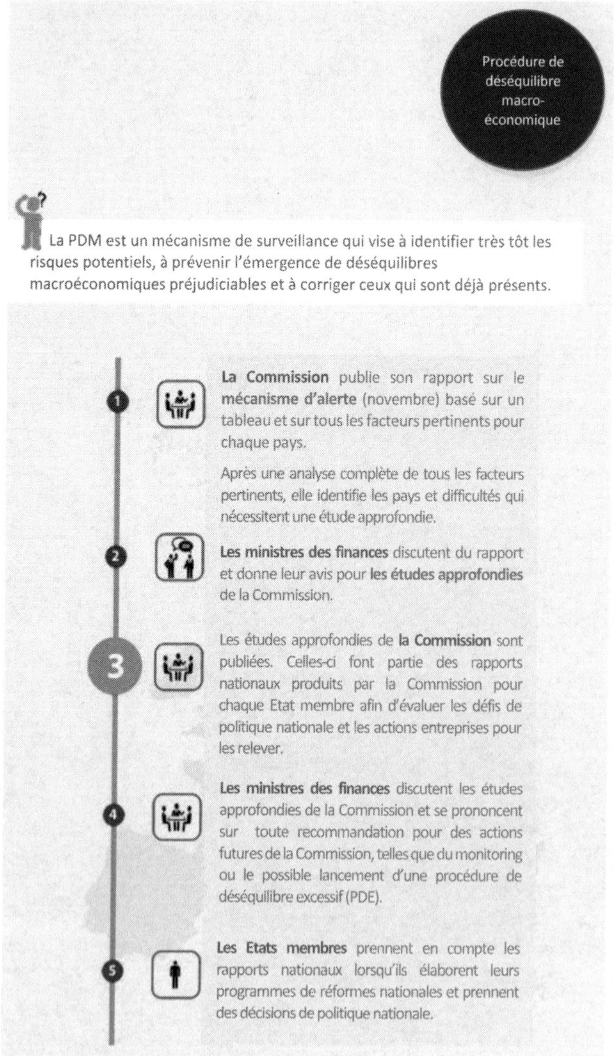

PDM : procédure de déséquilibre macroéconomique
PDE : procédure de déséquilibre excessif

Source : Commission, The MIP framework. Disponible à l'adresse : *http://ec.europa.eu/economy_finance/economic_governance/macroeconomic_imbalance_procedure/mip_framework/index_en.htm*, consulté le 15 janvier 2016.

Au terme de la procédure de réexamen annuel de la mise en œuvre des mesures préventives, la situation d'un État peut se dégrader pour des facteurs internes et/ou externes. L'échec de la prévention ouvre le déclenchement de la procédure pour déséquilibre excessif.

C • La correction des déséquilibres macroéconomiques

Si le bilan approfondi confirme l'existence, dans un État membre, de graves déséquilibres macroéconomiques qui compromettent le bon fonctionnement de l'Union économique et monétaire, la Commission déclenche la procédure de déséquilibres excessifs. Le Parlement européen, le Conseil et l'Eurogroupe sont informés de la situation.

Comme dans le cadre de la procédure pour déficit excessif, l'existence du déséquilibre fait l'objet d'une recommandation du Conseil adoptée sur la base d'une recommandation de la Commission. C'est dire que la mise en œuvre de la phase corrective relève de l'appréciation des ministres. Dans ce cadre, l'État considéré en déséquilibre excessif par la Commission peut parfaitement donner des gages de bonne volonté à ses pairs et obtenir que le Conseil modifie ou rejette la recommandation de recommandation présentée par la Commission. Il restera alors placé ou maintenu dans le volet préventif.

Passer du volet préventif au volet correctif ne revient pas à gravir un échelon de plus. Le législateur a eu le souci d'établir un mécanisme qui garantisse l'appropriation nationale des mesures de correction et leur mise en œuvre. Le régime de surveillance prévu partage de ce point de vue de nombreux traits communs avec le régime appliqué aux États membres soumis à un programme d'ajustement macroéconomique.

La recommandation du Conseil constatant l'existence d'un déséquilibre macroéconomique excessif dans un État membre comprend également des recommandations (*sic*) en matière de politiques à suivre. Elle fixe aussi le délai imparti à l'État membre, non pas pour appliquer quelques mesures précises, mais pour présenter un plan de mesures correctives (PMC). L'on peut penser que le délai varie avec la gravité du déséquilibre, de son impact sur le bon fonctionnement de la zone euro et de la complexité des réponses à apporter.

Avant d'être mis en œuvre, le plan doit être approuvé par le Conseil ; il lui est donc soumis, ainsi qu'à la Commission. Le plan doit définir les actions spécifiques que l'État membre a déjà adoptées, ou celles qu'il envisage, ainsi que le calendrier de ces actions. Si, sur la base d'un rapport de la Commission, le Conseil juge le plan satisfaisant, il en avalise le contenu sous la forme d'une nouvelle recommandation. Celle-ci reprend à son compte les actions spécifiques et les délais pour les entreprendre. Elle définit le calendrier de surveillance.

Le plan de mesures correctives peut aussi être jugé insuffisant par le Conseil, au regard tant des actions que du calendrier proposés. Dans ce cas, sur la base d'une recommandation de la Commission, le Conseil adopte une recommandation afin que l'État membre lui présente un nouveau plan de mesures correctives. La procédure d'évaluation du plan s'applique alors à nouveau, avec la possibilité que le plan soit encore rejeté.

Le plan n'est pas figé dans le temps. Il peut être adapté au regard de l'évolution importante et pertinente de la situation économique, conformément à la procédure relative à son adoption initiale. *A priori*, des difficultés politiques majeures (mouvements sociaux, grèves, etc.) ne constituent pas des facteurs pouvant justifier une révision du plan.

La procédure d'élaboration du plan est à l'évidence lourde. Elle n'écarte pas le risque qu'un État se refuse à suivre les attentes européennes. En l'état actuel du droit, il ne peut en être autrement. Le Conseil ne saurait substituer son autorité à celle de l'État membre qui, faut-il le rappeler, demeure seul compétent pour la définition et la conduite des politiques économiques. Cela emporte une conséquence immédiate. Le dialogue entre l'État membre et les institutions de l'Union est essentiel pour garantir l'élaboration d'un plan qui réponde tant aux problématiques économiques, sociales, financières et politiques nationales qu'aux préoccupations européennes concernant le bon fonctionnement de l'UEM.

Par ailleurs, la nature juridique du plan demeure indéfinie et est laissée à la discrétion de l'État. L'aval donné par le Conseil au plan prend la forme d'une recommandation, acte juridique non contraignant. Dans ce contexte, quelle est l'assurance que les corrections seront effectuées ? La question de l'efficacité du volet correctif n'est pas négligée par le législateur, qui établit un dispositif précis de suivi et d'évaluation des mesures correctives nationales.

La Commission suit la mise en œuvre de la recommandation du Conseil qui approuve le plan national. L'État est tenu à cet effet par une obligation de rapports d'avancement réguliers rendus publics. En complément, la Commission peut effectuer des missions de surveillance sur place.

À l'issue du délai prescrit pour la correction, le Conseil évalue les progrès accomplis. Si les mesures recommandées ne sont pas suivies d'effet, le Conseil adopte une décision faisant état du non-respect, accompagnée d'une recommandation fixant de nouveaux délais. Pour réduire la possibilité de négociations politiques entre les ministres, la décision du Conseil est prise sur recommandation de la Commission en application de la majorité qualifiée inversée. La mesure recommandée est donc réputée adoptée par le Conseil, à moins que celui-ci ne la rejette par un vote à la majorité qualifiée exprimé dans les dix jours qui suivent l'adoption de la recommandation.

Dans le cas des États membres de la zone euro, l'absence de réactions à la suite de deux recommandations du Conseil à agir ou de deux décisions constatant l'inaction les expose à une sanction. Il pourra s'agir d'un dépôt portant intérêt ou d'une amende annuelle dont le montant maximal est, pour chacun, limité à 0,1 % du PIB de l'année précédente. Les sanctions sont prises selon la règle du vote à la majorité qualifiée inversée. L'État membre concerné par les sanctions ne prend pas part au vote.

Si à l'inverse, il est jugé que les mesures correctives ont été prises et que les déséquilibres sont en voie de résorption, la procédure et les mesures correctives peuvent être suspendues ; si le déséquilibre excessif a disparu, le Conseil met un terme à la procédure et abroge les recommandations prises à l'égard de l'État.

La procédure pour déséquilibre excessif

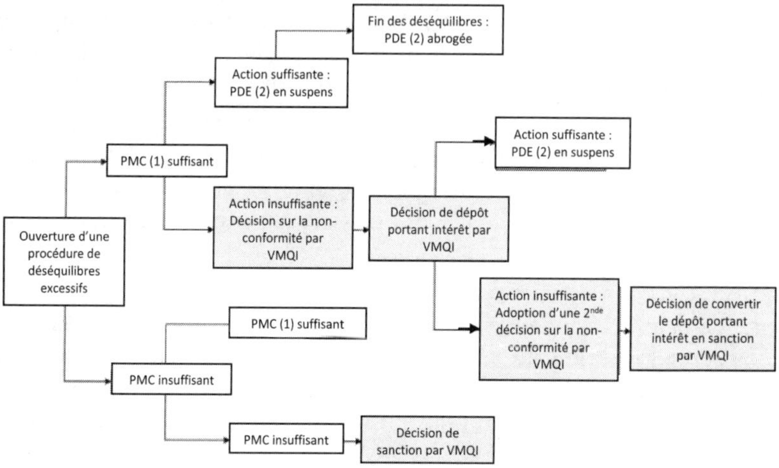

Source : Comm. UE, « Overview of the corrective arm », *Europa.eu*, *http://ec.europa.eu/economy_finance/economic_governance/macroeconomic_imbalance_procedure/mip_framework/index_en.htm*, page consultée le 15 janvier 2016.

Fin 2015, la procédure pour déséquilibre excessif n'a pas encore été appliquée.

D • Le complément intergouvernemental du Pacte pour l'euro plus

Des réformes structurelles dans tel ou tel pays peuvent être nécessaires et pertinentes en considération des déséquilibres qui existent pour le bon fonctionnement de l'UEM et de la zone euro. Replacées dans le contexte national, ces réformes peuvent se révéler en décalage par rapport aux programmes gouvernementaux et/ou aux attentes des populations locales. Et inversement, des réformes conduites sous la seule perspective nationale peuvent constituer un risque au niveau européen. La pression politique des pairs, les recommandations individuelles adressées aux États membres et le système de sanctions financières pour les États récalcitrants sont donc indispensables pour progresser. Cependant, ces dispositifs ne peuvent qu'inviter – et non pas obliger – au changement de politiques ou d'actions par un État. L'Union ne peut que coordonner les politiques économiques nationales et non les imposer de façon contraignante.

Le législateur européen a bien perçu la difficulté à convaincre les autorités nationales à conduire des réformes structurelles dont les conséquences sociales et économiques peuvent constituer des sources de péril politique… Le règlement (UE) n° 1176/2011 tente de tirer le maximum du régime de coordination de l'article 121 du traité FUE sur lequel il se fonde. Cependant, aussi élaborée soit-elle, la procédure concernant les déséquilibres macroéconomiques se heurte inévitablement à la question de la souveraineté des États membres en matière de politique économique.

Quatre ans après l'entrée en vigueur du Six-Pack, la procédure pour déséquilibre macroéconomique connaît un destin proche de celui de la procédure pour déficit public excessif. Les recommandations de politiques ou de mesures se succèdent et se ressemblent, sans jamais être abandonnées mais sans jamais complètement aboutir non plus. Une étude de novembre 2015 du *think tank* Bruegel estime que le taux de mise en œuvre des recommandations relatives à un déséquilibre macroéconomique atteint 32 % sur la période 2012-2014. Légèrement meilleur, celui concernant les recommandations prises au titre de la procédure pour déficit excessif s'élève à 44 %. Une précision tout de même : ce taux va décroissant avec les années passant[47].

Cette préoccupation liée à l'efficacité de la nouvelle procédure concernant les déséquilibres macroéconomiques anime les discussions entre la France et l'Allemagne à compter de l'automne 2010, quoique pour des raisons distinctes.

47. Zolt Darvas et Álvaro Leandro, « The limitations of policy coordination in the euro area under the European semester », *Bruegel Policy Contribution*, n° 2015/19, novembre 2015 ; également : Daniel Gros et Cinzia Alcidi, « Economic Policy Coordination in the Euro Area under the European Semester », *CEPS Special Report*, n° 123, décembre 2015.

Depuis 2007, Paris pointe la situation exceptionnelle de l'Allemagne – à savoir ses excédents commerciaux, construits en grande partie sur la contraction de la demande interne. Pour les pays partenaires, la réduction des écarts de compétitivité exige soit de conduire à leur tour une politique de modération salariale, soit d'amener Berlin à prendre des mesures en faveur de la consommation interne. Du côté allemand, il est observé que de nombreux États, dont les plus grands, temporisent ou revoient régulièrement à la baisse les réformes annoncées : les bénéfices économiques attendus à moyen terme sont réduits, ce qui exerce une pression sur la politique budgétaire. Comment s'assurer que chacun prenne mieux en compte les préoccupations de ses partenaires ?

Quoique mentionnée à l'automne 2010, une révision substantielle des traités substituant l'exercice partagé des souverainetés à leur seule coordination ne constituera jamais une perspective crédible. Le temps et la volonté font défaut. Le dépassement des limites juridiques du régime de coordination se réalise par conséquent par la voie intergouvernementale. Le 4 février 2011, le président français et la chancelière allemande proposent à leurs partenaires de la zone euro l'adoption d'un nouvel instrument politique, un pacte de compétitivité, afin de renforcer la discipline et la coordination. « *Nous voulons dire clairement que sur le plan politique, nous voulons progresser ensemble. Cela signifie une coopération économique plus étroite* », déclare Angela Merkel devant la presse. L'idée est retenue. Les chefs d'État ou de gouvernement de la zone euro adoptent le pacte pour l'euro le 11 mars 2011. Sous la pression notamment de la Pologne, le pacte est soumis au Conseil européen des 24 et 25 mars 2011 afin de permettre aux États membres n'appartenant pas à la zone euro d'y adhérer s'ils le souhaitent ; ce sera le cas de six pays : la Bulgarie, le Danemark, la Lettonie, la Lituanie, la Pologne et la Roumanie. Le pacte pour l'euro est renommé « Pacte pour l'euro plus ». Les seuls États membres restant en dehors du dispositif sont le Royaume-Uni et la République tchèque.

L'objectif prioritaire du pacte est d'améliorer la compétitivité, et d'atteindre ainsi un taux de croissance et de convergence plus élevé. Il se concentre tout spécifiquement sur « *les domaines qui relèvent de la compétence nationale et qui sont cruciaux pour renforcer la compétitivité et éviter tout déséquilibre préjudiciable* »[48]. En cela, le pacte témoigne d'une volonté agréée au plus haut niveau politique de progresser sur le terrain de la coordination des politiques macroéconomiques et des réformes structurelles. Il s'inscrit dans les négociations alors en cours du Six-Pack.

Aux termes du pacte, les États participants s'engagent :

– à prendre toutes les mesures nécessaires pour favoriser la compétitivité et l'emploi ;

– à continuer de contribuer à la viabilité à long terme des finances publiques ;

– à renforcer la stabilité financière.

Pour éviter que ces engagements ne s'ajoutent à la liste des vœux pieux, le texte détaille les sujets qui appellent une attention toute particulière :

– les dispositifs de fixation des salaires (dont les mécanismes d'indexation) ;

– les accords salariaux dans le secteur public ;

– l'ouverture des secteurs protégés ;

– le marché du travail (avec le renforcement de la flexisécurité) ;

– la réduction des charges fiscales pesant sur le travail ;

– l'adaptation du système de retraite à la situation démographique ;

– l'introduction des règles budgétaires du pacte de stabilité et croissance dans la législation nationale, etc.

À l'occasion de l'adoption du pacte le 11 février 2011, les États de la zone euro s'engagent, en signe de bonne volonté, à soumettre chacun au Conseil européen de printemps (24-25 mars 2011) la liste des mesures nationales qu'ils entendent prendre pour réaliser les objectifs du pacte.

48. Pacte Euro-plus, *Coordination renforcée des politiques économiques pour la compétitivité et la convergence*, Annexe I des conclusions du Conseil européen, 24 et 25 mars 2011, EUCO 10/11 REV 1.

Lettre du président de la République française au président du Conseil européen concernant les engagements de la France au titre du Pacte pour l'euro plus (23 mars 2011) [extraits]

Mesures pouvant être annoncées par la France au Conseil européen du 24 mars 2011

c. Emploi – Accroître la participation au marché du travail

La France s'engage à accroître la participation au marché du travail des tranches d'âge extrêmes : les jeunes et les seniors. S'agissant des jeunes, la transition du système éducatif vers l'emploi est identifiée comme l'obstacle majeur à l'insertion des jeunes dans l'emploi, aussi le gouvernement se fixe ainsi comme objectif de renforcer les dispositifs d'alternance, pour porter le nombre de jeunes formés en alternance de 600 000 à 800 000 ne 2015. L'embauche des demandeurs d'emploi de plus de 45 ans en contrat de professionnalisation va bénéficier d'incitations supplémentaires. Le renforcement de l'accompagnement des demandeurs d'emploi de longue durée est également prioritaire. La France s'engage à mobiliser le Service public de l'emploi qui doit organiser dans un délai de trois mois un entretien systématique avec un conseiller de Pôle emploi avec tous ceux qui sont au chômage depuis plus d'un an sans aucune activité dans les trois mois à venir.

En outre, afin de favoriser également la participation des femmes au marché du travail et de permettre une meilleure conciliation de la vie professionnelle et de la vie familiale, un objectif de création de 200 000 solutions de garde supplémentaires pour l'accueil des jeunes enfants a été fixé d'ici 2012 (100 000 pour l'accueil collectif et 100 000 pour l'accueil chez une assistante maternelle).

d. Compétitivité – Université et investissements d'avenir

La France s'est engagée à accentuer ses efforts de renforcement et de rénovation de l'enseignement supérieur et de la recherche, en prévoyant un programme « investissements d'avenir » doté de 35 milliards d'euros, dont 21,9 milliards d'euros destinés à l'enseignement supérieur et à la recherche.

Les établissements d'enseignement supérieur ou les organismes de recherche recevront en 2011, 3,6 milliards d'euros de crédits nouveaux et le programme « initiatives d'excellence » (doté de 7,7 milliards d'euros) aura pour vocation de faire émerger 5 à 10 pôles d'excellence pluridisciplinaires d'enseignement supérieur et de recherche. Ce projet comprend également le lancement des premiers chantiers de l'opération Campus, l'achèvement du passage à l'autonomie de la totalité des universités d'ici la fin 2012 et l'accélération des regroupements universitaires.

La France s'engage également à renforcer son potentiel de recherche et à en tirer le meilleur parti en matière d'innovation et d'impact sur l'économie nationale grâce à la « stratégie nationale de recherche et d'innovation », destinée à optimiser les efforts de recherche et développement, et qui s'achèvera en 2012.

e. Compétitivité – Simplification administrative, en particulier les PME

La France s'engage à mettre en œuvre un programme de simplifications administratives ambitieux en faveur des PME qui résultera du processus des assises de la simplification qui a été engagé par le Gouvernement. Cette démarche participative permettra de renouveler l'ambition qui a d'ores et déjà permis de mettre en œuvre la dématérialisation intégrale de la procédure de création d'entreprise « guichet entreprises » et un régime social et fiscal ultra simplifié pour les micro-activités (« l'auto-entrepreneur »).

Depuis le lancement de la révision générale des politiques publiques (RGPP), plus de 400 mesures, couvrant l'ensemble des ministères, ont été décidées. L'un des objectifs de la RGPP est d'améliorer la qualité des services publics pour les rendre plus accessible par les usagers et plus facile pour les fonctionnaires eux-mêmes.

À ce titre, trois axes principaux sont mis en œuvre :

– des guichets uniques physiques sur les principales démarches des usagers : pour le contribuable (guichets fiscaux uniques), pour le demandeur d'emploi (Pôle emploi) ou pour les entreprises (directions régionales des entreprises, de la concurrence, de la consommation, du travail et de l'emploi ; guichet unique national pour la formalité du commerce extérieur ; « guichet entreprise » pour faciliter les démarches des créateurs d'entreprise) ;

– un plan de dématérialisation des 100 démarches prioritaires. À ce stade, 65% de ces démarches sont accessibles en ligne et 80% le seront à la fin de l'année 2011, contre 30% en 2007. À titre d'exemple, un portail a été créé pour chaque catégorie d'usagers (particuliers, professionnels et associations). Outre la dématérialisation des démarches prioritaires, une démarche de simplification des obligations déclaratives a été engagée : suppression des déclarations de taxe d'apprentissage et de la participation à l formation professionnelle (2,2 millions de déclarations par an), et bientôt division par 4 du nombre d'informations demandées au titre des déclarations d'embauches ;

– une transparence accrue entre la publication semestrielle d'un baromètre de la qualité des services publics portant sur une quinzaine d'indicateurs (qualité de l'accueil, des réclamations et délai de traitement).

Parallèlement, un effort sans précédent a été conduit pour mutualiser les principales fonctions supports de l'État. Il s'agit d'un exercice de professionnalisation de ces fonctions supports qui conduit à la fois à une rationalisation et à une simplification des procédures.

La poursuite d'une convergence renforcée entre les économies des États participants révèle une innovation méthodologique. Les États ne sont plus à appeler à atteindre quelques valeurs abstraites, comme c'est le cas en matière de discipline budgétaire. Chacun est invité à s'inspirer des meilleures pratiques et à prendre comme références les pays les plus performants. Le pacte reste muet quant à la définition précise des critères d'évaluation de performance.

Le pacte ne dispose pas des ressorts juridiques internes pour garantir par lui-même l'effectivité de ses engagements. Il constitue une déclaration politique sans valeur juridique, et son efficacité est conditionnée par celle des instruments de gouvernance économique existants en droit de l'Union. Les engagements pris par les États participants au titre du pacte doivent être conformes notamment aux objectifs de la stratégie Europe 2020 et du pacte de stabilité et de croissance. Ils sont formalisés et insérés dans les programmes de stabilité (ou de convergence), ainsi que dans les programmes nationaux de réforme. L'examen de leur pertinence et de leur application se réalise par le sommet de la zone euro et l'Eurogroupe dans le cadre du semestre européen.

L'adoption du Six-Pack et l'entrée en vigueur du règlement (UE) n° 1176/2011, en particulier, ont entamé l'intérêt du Pacte pour l'euro plus. Se mêlant aux autres instruments et procédures, le pacte se confond finalement avec ceux-là mêmes qu'il était censé renforcer sous l'effet de l'autorité politique de ses auteurs. La cellule stratégique de la Commission, l'European Political Strategy Center (EPSC), fait ainsi part de son amertume : « *Four years into its implementation, there is a clear ownership deficit on the part of the Member States which see the Euro Plus Pact as part of a broader set of EU-level obligations, without recognizing its special role. In fact, the Pact was meant to encourage Member States to undertake more ambitious reforms in a way that creates positive-sum at the EU level. Hence, the main weakness of the Pact lies in the insufficient recognition of its bottom-up character and lack of incentives for Member States to take action.* »[49]

49. Comm. UE, European Political Strategy Center, « The Euro Plus Pact, How Integration into the EU Framework can Give New Momentum for Structural Reforms in the Euro Area », n° 3/2015, 8 mai 2015. De la même façon, quelques semaines avant la publication de la note de l'EPSC, le président Donald Tusk appelle, à l'issue du Conseil européen informel du 12 février 2015, à ce que « *des réformes structurelles [trouvent] un important écho politique au niveau national* » ; voir Donald Tusk, « Déclaration à la presse du président Tusk après la réunion informelle des chefs d'État ou de gouvernement », *Europa.eu*, 12 février 2015, http://www.consilium.europa.eu/fr/press/press-releases/2015/02/150212-remarks-tusk-after-informal-euco/, page consultée le 15 janvier 2016.

Plus direct, le rapport des « cinq présidents » du 22 juin 2015, *Completing Europe's Economic and Monetary Union*[50], appelle à donner un nouvel élan au Pacte pour l'euro plus, tant celui-ci a largement échoué à livrer les résultats attendus.

Cela étant, le pacte permet d'exprimer une volonté commune en faveur du renforcement de la coordination des politiques économiques nationales, qui se traduit notamment par l'ouverture en décembre 2011 d'un dialogue structuré entre les États participants sur le thème des politiques fiscales[51]. Au sein d'un groupe de travail établi à cet effet, les participants ont pu procéder à des échanges de points de vue sur la lutte contre la fraude et l'évasion fiscales, ou encore la planification fiscale agressive. Le groupe de travail a servi aussi d'enceinte pour discuter des propositions législatives de l'Union dans le domaine fiscal sous le prisme des réformes structurelles[52].

E • Les incitations aux réformes structurelles

Un État peut-il se faire sanctionner sur le terrain de la discipline budgétaire en raison de réformes structurelles mises en œuvre conformément aux grandes orientations des politiques économiques (GOPE) ou au Pacte pour l'euro plus ? La question peut surprendre à un double titre. Chargé de la coordination des politiques économiques, le Conseil est censé organiser la mise en cohérence des différents objectifs macroéconomiques et adopter une approche transversale et globale. La stratégie Europe 2020 et les GOPE constituent les instruments matériels de cette mise en cohérence.

1) L'aménagement du PSC en faveur des réformes structurelles

Le PSC, tel que formulé en 1997, se concentre sur la politique budgétaire. Les autres mesures de politique économique et leur impact sur les comptes publics ne sont envisagés qu'à la marge par la Commission et le Conseil[53]. Des circonstances spéciales peuvent être invoquées par les

50. Rapport « Completing Europe's Economic and Monetary Union », *Europa.eu*, http://ec.europa.eu/news/2015/06/20150622_fr.htm, page consultée le 15 janvier 2016.

51. Cons. ECOFIN, concl. 9 décembre 2011, EUO 139/1/11 REV 1, point 6.

52. Cons. UE, Report by Finance Ministers on Tax issues in the framework of the euro plus pact, 9 décembre 2015, 15188/15.

53. Cons. UE, *Report by Finance Ministers on Tax issues in the framework of the euro plus pact*, 9 décembre 2015, 15188/15.

autorités nationales pour justifier le non-respect de leurs objectifs budgétaires et éviter le déclenchement du volet correctif de la procédure pour déficit excessif[54]. Afin qu'il n'y soit pas recouru de façon abusive, ces circonstances sont comprises dans un sens restrictif par les institutions communautaires : elles doivent être inhabituelles et indépendantes de la volonté des États membres. Les réformes structurelles, même si elles ont pour effet de dégrader à court ou moyen terme les finances publiques, ne relèvent pas des circonstances inhabituelles. Dès lors que ces réformes visent à améliorer la compétitivité économique à long terme ou la viabilité des finances publiques, la perspective restrictive du pacte paraît contradictoire et contre-productive.

Ce conflit d'objectifs ne tarde pas à se manifester lors de l'application à l'automne 2003 de la procédure pour déficit excessif à l'égard de l'Allemagne et de la France. Les réformes structurelles engagées ou envisagées par ces deux pays sont peu considérées par la Commission dans la définition de la trajectoire d'ajustement budgétaire. Trop automatique et uniforme, la procédure manque aussi de logique économique. Le Conseil dédit la Commission et refuse de déclencher l'étape supérieure de la procédure de correction, provoquant un drame juridico-politique qui se solde devant la Cour de justice[55]. Perdant sur les aspects procéduraux, le Conseil obtient gain de cause sur le fond. S'exprimant devant le Parlement européen quelques jours après la séance contestée du Conseil ECOFIN, son président, le ministre de l'Économie et des Finances italien Giulio Tremonti, se réjouit du résultat : « *Le pacte peut être mis en œuvre en adaptant la discipline budgétaire de manière encore plus rationnelle aux cycles économiques positifs ou négatifs et en encourageant les réformes structurelles visant à développer le potentiel de croissance.* »[56]

Cette exigence d'une meilleure conciliation entre objectifs budgétaires et réformes structurelles est reprise à son compte par la Commission en septembre 2004[57], puis par le projet de traité constitutionnel européen, dans

54. Considérant (14) du règlement (CE) n° 1466/97 du Conseil, *JOCE* L 209, 2 août 1997, p. 1.

55. CJCE, 13 juillet 2004, *Commission contre Parlement*, aff. C-27/04, Rec. I, p. 6649.

56. Giulio Tremonti, intervention devant le Parlement européen, débat sur les déclarations du Conseil et de la Commission sur le pacte de stabilité et de croissance, *Europa.eu*, 3 décembre 2003, http://www.europarl.europa.eu/sides/getDoc.do?pubRef=-//EP//TEXT+CRE+20031203+ITEM-007+DOC+XML+V0//FR, page consultée le 15 janvier 2016.

57. Comm. CE, communication *Renforcer la gouvernance économique et clarifier la mise en œuvre du pacte de stabilité et de croissance*, 3 septembre 2004, COM(2004) 581 final.

la déclaration de la conférence intergouvernementale relative à l'article III-184. La réforme du PSC en juin 2005 accorde un intérêt accru aux réformes structurelles majeures.

Au niveau du volet préventif, les programmes de stabilité et ceux de convergence doivent dorénavant contenir « *une analyse coûts/bénéfices détaillée des réformes structurelles majeures qui entraînent des économies directes de coûts à long terme – y compris en renforçant la croissance potentielle* »[58]. Cette analyse est prise en considération par la Commission et le Conseil au niveau de la définition de la trajectoire d'ajustement budgétaire. La mise en œuvre d'une réforme structurelle majeure justifie une révision de l'objectif budgétaire ; c'est-à-dire qu'un État peut bénéficier d'un ajustement budgétaire allégé pour réaliser son objectif budgétaire à moyen terme au cas où il engagerait des réformes structurelles majeures. Le règlement (CE) n° 1466/97 révisé exige cependant que « *ces réformes* [aient] *une incidence vérifiable sur la viabilité à long terme des finances publiques* ». La mise en œuvre d'une réforme structurelle majeure peut aussi justifier une révision de l'objectif budgétaire à moyen terme.

Dans un contexte démographique marqué par le vieillissement annoncé de la population des États membres, le PSC présente les réformes structurelles qui bénéficieront d'une présomption de compatibilité avec les exigences budgétaires : celles portant sur les régimes de retraite et qui prévoient l'introduction d'un pilier obligatoire financé par capitalisation, en complément de celui financé par répartition.

Au niveau du volet correctif de la discipline budgétaire, la révision du PSC de 2005 est plus discrète s'agissant du poids à accorder aux réformes structurelles. Celles-ci constituent des facteurs pertinents à considérer par les institutions de l'Union pour décider de l'existence d'un déficit public excessif et, le cas échéant, des délais nécessaires à la correction du déficit.

Le Six-Pack, comme on l'a vu, établit une nouvelle procédure de discipline centrée sur les réformes structurelles. L'impact des réformes à engager par un État au titre de cette procédure peut être considérable du point de vue des finances publiques. Il doit être considéré sous l'angle de la discipline budgétaire, sous peine d'un problème de cohérence des différents volets de la nouvelle gouvernance économique. Une cohésion est opérée sur le terrain institutionnel. Les différentes documentations à pro-

58. Article 3, § 2, litera c et 7, § 2, litera c du règlement (CE) n° 1466/97 du Conseil, tel que révisé par le règlement (CE) n° 1055/2005 du Conseil du 27 juin 2005.

duire par les États membres (les programmes de stabilité ou de convergence pour les aspects budgétaires, les programmes nationaux de réforme pour les aspects structurels) sont transmises et examinées par la même direction générale de la Commission (Affaires économiques et financières) et la même formation du Conseil (Économie et Finances). Sur le terrain procédural, le semestre européen permet une analyse croisée et intelligente des objectifs budgétaires et de réformes.

De façon complémentaire, le Six-Pack prévoit que les États membres indiquent dans leurs programmes de stabilité ou de convergence des informations sur leur cohérence avec leurs programmes nationaux de réforme. Pour le reste, les autres éléments de flexibilité introduits en 2005 demeurent inchangés.

Le traité sur la stabilité, la coordination et la gouvernance (TSCG) et le Two-Pack s'attachent à renforcer la liaison entre les réformes budgétaires et structurelles au niveau du volet correctif du PSC, en tirant les conclusions des difficultés des États membres à rétablir durablement des finances publiques équilibrées en l'absence de réformes appropriées des structures de leurs économies.

Le TSCG comme le règlement (UE) n° 473/2013 du Parlement européen et du Conseil exigent des États membres de la zone euro en situation de déficit public excessif la présentation d'un programme de partenariat économique. Ce document doit détailler les mesures et les réformes structurelles nécessaires pour assurer une correction effective et durable du déficit excessif. C'est là une évolution remarquable et bienvenue qui devrait être étendue à tous les États membres, indépendamment de la situation budgétaire. En effet, pour la première fois, un programme unique réunit toutes les mesures qui, jusqu'alors, étaient présentées séparément dans le programme de stabilité et le programme national de réformes.

2) L'exploitation des éléments de flexibilité du PSC

Le nouveau cadre de discipline des politiques macroéconomiques est paru insuffisant pour amener les États membres à engager des réformes structurelles majeures. La procédure concernant les déséquilibres macroéconomiques ne se traduit pas par des résultats concrets significatifs ; les recommandations individuelles adressées par le Conseil en ce domaine sont peu suivies. Cependant, l'examen de l'efficacité du Six-Pack et du Two-Pack réalisé par la Commission en décembre 2014 ne conclut pas à la nécessité d'une réforme de la législation, faute de recul suffisant.

Le *statu quo* n'est pas non plus envisageable, d'autant moins que l'environnement économique est dégradé par un taux de croissance atone, un taux de chômage élevé et une menace de déflation. Au Parlement européen, le groupe Socialistes & Démocrates fait aussi pression pour que le PSC ne devienne pas un carcan pour la croissance. Enfin, la France se trouve dans une situation délicate à l'issue de l'examen de son projet de budget pour 2015. De nombreuses incertitudes règnent concernant sa capacité à réduire son déficit public sous le seuil des 3 % du PIB pour 2015 ; la Commission reporte à mars 2015 la remise de son avis sur le respect par la France de ses obligations budgétaires, Paris s'étant engagé à présenter le détail des réformes pour améliorer sa situation. La Belgique et l'Italie présentent également des situations macroéconomiques et budgétaires fragiles.

C'est dans ce contexte délicat que la Commission explicite les possibilités de flexibilité ouvertes par le PSC concernant la mise en œuvre des réformes structurelles dans une communication du 13 janvier 2015. L'exercice est périlleux. L'institution bruxelloise est prise entre le souci de conserver son autorité à la discipline budgétaire et l'exigence de soutenir la croissance et les réformes structurelles favorables à la compétitivité. Le résultat obtenu donne lieu à des interprétations opposées. Analysée comme une « *volte-face tout à fait historique* » pour les uns[59], l'interprétation fournie par la Commission est présentée comme respectueuse des règles existantes pour les autres[60].

La communication de la Commission de janvier 2015 insiste sur deux éléments importants au niveau du volet préventif. Les réformes « majeures » ne se réduisent pas aux seules réformes des systèmes de retraite, mais recouvrent les paquets de réformes globaux et bien conçus (sic). Cette formulation ne brille pas par sa clarté. Elle désigne les ensembles de réformes qui, collectivement, produisent un effet positif majeur sur les finances publiques. Il peut s'agir de réformes de la structure administrative de l'État, associées à des réformes du marché du travail, du système d'indemnisation chômage ou des marchés des biens et services. Pour être prises en compte au titre du volet préventif, ces réformes doivent être intégralement mises en œuvre. En pratique, cette

59. « Flexibilité du Pacte, le groupe S&D se réjouit et veut aller plus loin », *Bulletin Quotidien Europe*, 15 janvier 2015.

60. « Mettre le Pacte au service des réformes et de l'investissement », *Bulletin Quotidien Europe*, 14 janvier 2015. L'intitulé de la communication de la Commission prend soin d'indiquer qu'elle porte sur une utilisation de la flexibilité offerte par les règles existantes.

condition est respectée selon la Commission sitôt qu'un plan détaillant les réformes et un calendrier crédible lui est soumis. Il en est de même au niveau du volet correctif pour les réformes retenues au titre des facteurs pertinents.

Résumés concernant les réformes structurelles dans le cadre des volets préventif et correctif

(extrait de la communication de la Commission du 13 janvier 2015)

Volet préventif

« La Commission tiendra compte de l'incidence budgétaire positive des réformes structurelles dans le volet préventif du pacte, pour autant que ces réformes
(i) soient de grande ampleur,
(ii) entraînent des effets budgétaires positifs vérifiables et directs à long terme, notamment une augmentation de la croissance durable potentielle, et
(iii) soient intégralement mises en œuvre.

Pour que les mesures de réforme soient considérées comme préalablement éligibles, les États membres devront présenter un plan de réformes structurelles spécifique contenant des informations détaillées et vérifiables, assorti de délais crédibles d'adoption et de réalisation. La Commission examinera le plan de réformes avant de recommander d'autoriser un écart temporaire par rapport à l'OMT ou à la trajectoire d'ajustement qui doit permettre de l'atteindre. Elle suivra de près la mise en œuvre des réformes et, en cas de défaut de mise en œuvre, prendra les mesures nécessaires. »

Volet correctif

« La Commission tiendra compte de l'existence d'un plan de réforme structurelle spécifique, fournissant des informations détaillées et vérifiables, ainsi que des délais crédibles d'adoption et de réalisation, lorsqu'elle recommandera un délai pour la correction du déficit excessif ou un éventuel report de ce délai. La Commission suivra de près la mise en œuvre des réformes et, en cas de défaut de mise en œuvre, prendra les mesures nécessaires. »

3) L'incitation financière en faveur des réformes structurelles

À travers deux communications publiées le 20 mars 2013, la Commission a souhaité renforcer encore les incitations en faveur de la réalisation des réformes structurelles[61]. Après le bâton, la carotte…

61. Comm. UE, communications *Vers une union économique et monétaire véritable et approfondie, Création d'un instrument de convergence et de compétitivité*, 20 mars 2013, COM(2013) 165 final ; *Vers une union économique et monétaire véritable et approfondie, Coordination préalable des projets de grandes réformes des politiques économiques*, 20 mars 2013, COM(2013) 166 final.

Dans le TSCG, les États signataires s'engagent à veiller à débattre de toutes les grandes réformes des politiques économiques, voire à les coordonner au préalable ; les meilleures pratiques serviraient alors de point de référence pour les autorités nationales[62]. La coordination s'appuiera sur les institutions de l'Union dès lors que le droit de l'Union prévoit une procédure à cet effet.

Dans cette perspective, la Commission préconise, dans sa communication COM(2013) 166 final, d'élargir la procédure de coordination à l'évaluation *ex ante* des grandes réformes de politique économique. Seules les réformes les plus signifiantes seraient considérées. Intégrée au sein du semestre européen, la nouvelle procédure épouserait les principes généraux de la coordination des politiques économiques : les États membres devraient détailler leurs réformes dans les programmes nationaux de réforme ou informer immédiatement la Commission en cas de situation urgente. La Commission serait chargée d'une évaluation des réformes, le Conseil et l'Eurogroupe étant responsables pour conclure sur le caractère adéquat ou non des réformes envisagées et pour proposer d'éventuels aménagements à l'État concerné. Si la communication de la Commission n'en dit rien, on peut penser que le refus d'un État de revoir ses réformes conformément aux recommandations du Conseil aurait une incidence négative sur la procédure concernant les déséquilibres macroéconomiques.

Le deuxième dispositif incitatif est plus innovant. Il lie la réalisation des réformes structurelles au soutien financier.

Le nouveau règlement (UE) n° 1303/2013 du Parlement européen et du Conseil portant dispositions communes relatives aux fonds structurels et d'investissement européens (fonds ESI)[63] établit une relation plus étroite entre la politique de cohésion et la gouvernance économique de l'Union : la conduite de politiques économiques saines est jugée renforcer l'efficacité de la politique de cohésion.

62. Article 11 du traité budgétaire.

63. PE et Cons. UE, règl. (UE) n° 1303/2013, 17 décembre 2013 portant dispositions communes relatives au Fonds européen de développement régional, au Fonds social européen, au Fonds de cohésion, au Fonds européen agricole pour le développement rural et au Fonds européen pour les affaires maritimes et la pêche, portant dispositions générales applicables au Fonds européen de développement régional, au Fonds social européen, au Fonds de cohésion et au Fonds européen pour les affaires maritimes et la pêche, et abrogeant le règlement (CE) n° 1083/2006 du Conseil, *JOUE* L 347, 20 décembre 2013, p. 320.

Le soutien apporté par les Fonds ESI aux États membres doit tenir compte des recommandations individuelles formulées par le Conseil au titre de la coordination des politiques économiques et de la politique de l'emploi[64].

La mise en œuvre des programmes dont bénéficie un État membre au titre des Fonds ESI peut être révisée, afin de favoriser l'application des réformes de politique économique recommandées par le Conseil. Une attention particulière est portée aux réformes structurelles préconisées dans le volet correctif de la procédure concernant les déséquilibres macroéconomiques[65]. À défaut d'adaptation aux recommandations individuelles adressées par le Conseil, l'État membre concerné s'expose à une suspension des paiements à venir. La suspension est, à titre de principe, limitée à 50 % des paiements relatifs à chacun des programmes concernés ; elle peut être élevée de façon exceptionnelle à 100 % si l'État membre se garde de prendre les mesures adaptatives.

Le fait pour un État membre de ne pas prendre les mesures ou actions requises en application de certains dispositifs – notamment les volets correctifs de la procédure pour déficit public excessif et la procédure concernant les déséquilibres macroéconomiques ou, dans le cas des États sous assistance financière, les programmes d'ajustement macroéconomique – l'expose également à une suspension des paiements ou des engagements budgétaires.

Dans la lignée de ce dispositif et du rapport Van Rompuy du 5 décembre 2012[66], la Commission a proposé, dans une deuxième communication publiée le 20 mars 2013, la création de l'instrument de convergence et de compétitivité (ICC). Celui-ci repose sur l'idée d'une contractualisation de la récompense. La réalisation des réformes structurelles ouvrirait droit à un soutien financier, le tout en application d'un arrangement contractuel conclu entre l'État concerné et l'Union européenne. L'on retrouve ici la logique de conditionnalité à l'œuvre pour le versement de l'assistance

64. Article 4 du règlement (UE) n° 1303/2013, précité.

65. Article 23 du règlement (UE) n° 1303/2013, précité.

66. Prés. Cons. UE, rapport établi en étroite collaboration avec le président de la Commission européenne, le président de l'Eurogroupe et le président de la Banque centrale européenne, Vers une véritable Union économique et monétaire, 5 décembre 2012. Herman Van Rompuy retient l'établissement d'arrangements de nature contractuelle qui porteraient sur « les réformes destinées à promouvoir la compétitivité, la croissance et l'emploi que [l]es pays s'engagent à mettre en œuvre ».

financière : le soutien financier ne serait octroyé que si les réformes inscrites dans l'arrangement ont été mises en œuvre intégralement et dans les délais impartis.

Les réformes concernées par cet arrangement se fonderaient sur les recommandations individuelles formulées par le Conseil dans le cadre du semestre européen. Le détail même de l'arrangement serait négocié par l'État et la Commission. Le dispositif pourrait constituer un nouvel élément du volet préventif de la procédure concernant les déséquilibres macroéconomiques : obligatoire pour les États membres de la zone euro, il serait facultatif pour les autres.

Innovantes, les deux communications de la Commission du 20 mars 2013 demeurent à ce jour bloquées au niveau du Conseil, malgré l'intérêt porté par le Conseil européen des 19 et 20 décembre 2013. L'ICC constitue une première marche vers une capacité budgétaire de la zone euro[67]. L'identification de ressources financières additionnelles pour financer des réformes structurelles nationales, réclamées de longue date par le Conseil pour certaines d'entre elles, constitue un exercice délicat, voire impossible lorsqu'il intervient en période de croissance faible et de restrictions budgétaires[68]. En outre, d'aucuns craignent l'application généralisée du régime de troïka à l'ensemble des États membres. À l'inverse, d'autres critiquent l'union de transfert que l'ICC dessine en creux. De fait, le rapport des « cinq présidents » publié le 22 juin 2015 se garde d'évoquer les propositions de la Commission parmi les pistes d'avenir pour compléter l'Union économique et monétaire. Ce silence est regrettable.

67. Eulalia Rubio, « Quel instrument financier pour faciliter les réformes structurelles dans la zone euro ? », *Notre Europe – Institut Jacques Delors*, Policy Paper, n° 104, décembre 2013.

68. Un groupe de haut niveau, présidé par Mario Monti, a été établi en février 2014 par la Commission afin de réfléchir à de nouveaux modes de financement de l'Union européenne. Il doit rendre son rapport en 2016.

Conclusions du Conseil européen des 19 et 20 décembre 2013 (extraits)

« 30. *Des progrès considérables ont été réalisés ces dernières années en ce qui concerne la gouvernance économique. La stratégie Europe 2020 et le Semestre européen constituent un processus intégré de coordination des politiques visant à promouvoir une croissance intelligente, durable et inclusive en Europe. Dans la zone euro, il est nécessaire de continuer à renforcer la coordination des politiques économiques afin d'assurer à la fois la convergence au sein de l'UEM et des niveaux de croissance durable plus élevés. Une coordination plus étroite des politiques économiques permettra de détecter les faiblesses économiques à un stade précoce et d'y remédier en temps utile.*

31. *Pour y parvenir, il est essentiel de relever le niveau d'engagement à l'égard des politiques et réformes économiques dans les États membres de la zone euro et de renforcer l'adhésion à celles-ci ainsi que leur mise en œuvre, sur la base d'une légitimité démocratique forte et de l'obligation de rendre compte au niveau auquel les décisions sont prises et appliquées.*

32. *Dans ce contexte, il est indispensable de faciliter et soutenir les réformes des États membres dans des domaines qui revêtent une importance capitale pour la croissance, la compétitivité et l'emploi et qui sont essentiels pour le bon fonctionnement de l'UEM dans son ensemble. Des partenariats reposant sur un système d'arrangements contractuels arrêtés d'un commun accord et de mécanismes de solidarité associés contribueraient à favoriser et appuyer des politiques saines avant qu'un pays ne soit confronté à de graves difficultés économiques.*

33. *Ce système serait intégré dans le Semestre européen, ouvert aux États membres ne faisant pas partie de la zone euro et pleinement compatible avec le marché unique à tous les égards. Il serait applicable à l'ensemble des États membres de la zone euro, à l'exception de ceux faisant l'objet d'un programme d'ajustement macroéconomique.*

34. *Les arrangements contractuels arrêtés d'un commun accord engloberaient un large éventail de politiques et de mesures destinées à favoriser la croissance et l'emploi, notamment en ce qui concerne le fonctionnement des marchés du travail et des produits, l'efficacité du secteur public, ainsi que la recherche et l'innovation, l'éducation et la formation professionnelle, l'emploi et l'inclusion sociale. Ils refléteraient les priorités en matière de politique économique recensées dans l'analyse commune de la situation économique dans les États membres et la zone euro en tant que telle, réalisée par le Conseil européen, et tiendraient compte des recommandations par pays.*

35. *Le système de partenariats comprendrait des mécanismes de solidarité associés visant à soutenir, si besoin est, les États membres participant à des arrangements contractuels arrêtés d'un commun accord, ce qui permettrait d'encourager les investissements dans des politiques destinées à favoriser la croissance et l'emploi.* »

La question de l'accompagnement des réformes structurelles nationales n'est pas close pour autant. Le rapport des « cinq présidents » jette un pavé dans la mare : il défend l'établissement d'un système des autorités de compétitivité. Dans le respect de leur identité constitutionnelle, chaque État membre est invité à se doter d'un organe indépendant chargé de surveiller les politiques et les performances nationales dans le domaine de la compétitivité. L'objectif serait d'améliorer la convergence et la coordination entre les politiques de compétitivité nationale et de renforcer l'appropriation nationale des objectifs et recommandations arrêtées à l'échelon européen.

Ces organes nationaux formeraient avec la Commission un système européen d'autorités de la compétitivité. Leur avis pourrait être pris en compte lors de la préparation de l'examen annuel de croissance ou lors du déclenchement de la procédure concernant les déséquilibres macroéconomiques[69].

Dans la foulée, la Commission a présenté le 21 octobre 2015 au Conseil une recommandation de recommandation sur le sujet[70]. Visant les États membres de la zone euro, cette recommandation précise les missions et les caractéristiques principales que devraient présenter les conseils nationaux de la compétitivité. Le schéma retenu est similaire à celui prévu en matière de discipline budgétaire par le Two-Pack ; ce dernier impose aux États membres de la zone euro d'établir des organismes indépendants chargés du suivi des règles budgétaires.

69. Président du Conseil européen, rapport *Vers une véritable Union économique et monétaire*, précité.

70. Comm. UE, recomm. Cons. UE sur la création de conseils nationaux de la compétitivité dans la zone euro, 21 octobre 2015, COM(2015) 601 final.

Les missions des conseils nationaux de la compétitivité

« Chaque État membre devrait mettre en place un conseil de la compétitivité chargé de :

a) suivre l'évolution de la compétitivité dans l'État membre concerné, en tenant compte des facteurs susceptibles d'influer à court terme sur les prix et la qualité des biens et des services par rapport à ceux des concurrents mondiaux (y compris les coûts de la main-d'œuvre) ainsi que des déterminants à plus long terme tels que la productivité et la capacité d'innovation, importantes non seulement pour la performance relative d'une économie, mais aussi pour son potentiel de croissance, et la capacité de celle-ci à attirer les investissements, les entreprises et le capital humain ;

b) contribuer au processus de fixation des salaires au niveau national en fournissant des informations pertinentes ;

c) suivre les politiques liées à la compétitivité dans l'État membre concerné, y compris en contribuant à leur évaluation ex post ; et

d) évaluer les défis politiques et formuler des conseils sur les politiques à mener dans le domaine de la compétitivité. Les conseils de la compétitivité devraient prendre en considération la dimension plus large de la zone euro et de l'Union dans cette fonction consultative. Ils devraient, entre autres, fournir des conseils sur la mise en œuvre des recommandations par pays adressées à l'État membre concerné par le Conseil dans le cadre du semestre européen. »

Source : Prés. Comm. UE, rapport « Vers une véritable Union économique et monétaire », 5 décembre 2012.

Conclusion

« [La coordination], écrit Jean Monnet dans ses Mémoires, *est une méthode qui favorise la discussion, mais elle ne débouche pas sur la décision. Elle ne permet pas de transformer les rapports entre les hommes et entre les pays dans les circonstances où l'union est nécessaire. Elle est l'expression du pouvoir national, tel qu'il est ; elle ne peut pas le changer, elle ne créera jamais l'unité.* »[71]

Quarante ans après sa formulation, le propos de l'inspirateur de la construction européenne demeure vrai : la coordination constitue, dans une large mesure, un exercice de « whishful thinking ». L'intégration des problématiques communes dans l'élaboration et la mise en œuvre des politiques nationales par chaque État membre suppose un processus de

71. Jean Monnet, *Mémoires*, Fayard, 1976, p. 35, à propos du projet d'union entre le Royaume-Uni et la France « *One Parliament, One Cabinet, One Army* ».

légitimation de l'action collective qui déborde et prime celui supportant l'action nationale. De fait, si les États membres sont bien représentés au sein du Conseil – l'institution cardinale en matière de coordination –, les citoyens ne le sont pas[72]. Ainsi, les gouvernements représentés au sein du Conseil sont démocratiquement responsables devant leurs parlements nationaux ou devant leurs citoyens, alors que le Conseil, en tant qu'institution, n'est responsable devant personne. Tout au plus est-il tenu à quelques obligations d'information à l'égard du Parlement européen ou à expliquer, à l'invitation de la commission aux affaires économiques et monétaires du Parlement européen, les mesures qu'il a prises en matière de politique économique. Dans ce contexte, quel gouvernement national irait conduire des réformes structurelles politiquement délicates, surtout lorsqu'elles ne relèvent pas de réformes inscrites dans son programme de gouvernement ? Et pourquoi ?

Face à cette situation, l'impression générale est que la coordination débouche sur une impasse. La coordination n'a pas les moyens de ses ambitions. C'est bien là le sentiment qui prévaut à la veille de la crise des *subprimes*, et plus encore de la crise des dettes souveraines. « *Much ado for nothing* ».

Le droit de l'Union est flexible et le régime de la coordination des politiques économiques n'échappe pas à cette qualité. Et c'est tant mieux. En effet, la crise des dettes souveraines a souligné les fragilités de la gouvernance économique, dont la faible efficacité de la coordination. Le développement d'une coordination renforcée et élargie devient un impératif, porté non plus seulement par la Commission, mais partagé également par les États membres. Une réforme substantielle des traités est interdite : si, en période normale, la révision des traités constitue un exercice incertain lorsqu'elle appelle l'organisation d'un référendum, elle devient simplement irréaliste en période de crise. Les législateurs communautaires vont donc exploiter toutes les marges d'évolution offertes par les traités.

Le résultat atteint est saisissant, surtout lorsque l'on se souvient de l'état de la coordination avant le Six-Pack et le Two-Pack. Il ne s'agit pas pour autant d'intégration : aucun transfert de compétences n'a été réalisé du niveau national au niveau européen.

72. Les citoyens européens sont représentés au Parlement européen. Dans l'UEM, celui-ci est impliqué à la marge, même si une évolution (modeste) est en cours à travers le « dialogue économique ».

Cependant, la coordination actuelle possède sur certains aspects une proximité avec l'intégration, en particulier dans sa capacité nouvelle à impulser le changement et à favoriser la prise en compte de l'intérêt commun, et non exclusivement l'intérêt national.

La coordination issue des réformes des six dernières années vise de moins en moins à mettre en dialogue les politiques nationales, elle organise aussi leur harmonisation. Les objectifs sont plus précis, et les procédures pour atteindre ces objectifs sont mieux outillées pour convaincre les États membres de modifier leurs comportements. Cette évolution est marquée aussi par le renforcement de la Commission en tant qu'institution essentielle pour la surveillance des engagements communs par les États membres. La dimension intergouvernementale et nationale de la coordination est mise en second plan pour l'exécution effective de la coordination, au profit de la logique supranationale. Reste à savoir si cette coordination au goût d'intégration peut apporter pleine satisfaction à long terme.

Chapitre 2
LA DISCIPLINE BUDGÉTAIRE

Introduction

Le chapitre du traité sur le fonctionnement de l'Union européenne intitulé « La politique économique » possède un potentiel d'application important : le terme de « politique économique » y est indéfini. Cette imprécision volontaire laisse ouverte la porte à une coordination étendue. Jusqu'aux réformes récentes de la gouvernance économique, ce potentiel est resté inexploité. La politique économique s'est concentrée sur les politiques budgétaires et la procédure de coordination des politiques économiques mise principalement au service de la stabilité budgétaire : en pratique, la procédure de surveillance multilatérale a composé le volet préventif de la procédure de discipline budgétaire[1].

Ce biais budgétaire reproduit la structure même du chapitre du traité FUE consacré à la politique économique. Cinq des sept articles que ce dernier compte traitent des questions financières et budgétaires. Une mention spéciale doit être faite de l'article 126 du traité FUE, qui décrit la procédure concernant les déficits publics excessifs en quatorze paragraphes. Dans tout le traité, seul l'article 294 sur la procédure législative ordinaire fait mieux avec quinze paragraphes ! Ce biais est conforté par les critères de convergence dont le respect conditionne l'adoption de la monnaie unique par les États membres[2]. Ils délaissent les aspects purement économiques au profit des aspects monétaires et financiers. Un critère renvoie explicitement à la situation budgétaire, laquelle ne doit pas accuser de déficit public excessif. Un autre critère y est relié implicite-

1. Frédéric Allemand, « La gouvernance économique de l'Union européenne : entre permanence et transformation », *Études européennes*, juillet 2012, http://www.etudes-europeennes.eu/images/stories/La_crise_de_la_zone_euro/La_gouvernance_conomique_de_UEM_final.pdf, page consultée le 15 janvier 2016.

2. Article 140 du traité FUE.

ment à travers l'examen de la convergence des taux d'intérêt à long terme[3]. Enfin, les deux règlements composant le PSC détaillent le régime et les procédures applicables aux positions budgétaires des États membres.

L'attention particulière que le traité et la législation portent aux politiques budgétaires peut surprendre, dans la mesure où les États membres conservent leurs compétences en ce domaine. L'on aurait pu s'attendre à des procédures plus sommaires qui prennent acte de la souveraineté budgétaire des États.

Ce traitement paradoxal s'éclaire et puise sa justification dans les interactions complexes qui existent, d'une part, entre les politiques budgétaires nationales sous la forme d'externalités et de préservation de bien public (*policy mix*, stabilité financière, bon fonctionnement de l'UEM)[4] et, d'autre part, entre ces dernières et la politique monétaire unique. Dans ce dernier cas, les politiques budgétaires peuvent exercer notamment une incidence sur la politique monétaire par des effets de demande ou en influant les taux d'intérêt à long terme[5].

Le souci du détail attaché à la discipline budgétaire répond quant à lui au besoin de respecter la compétence budgétaire des États et de garantir la compatibilité des différentes politiques (budgétaires, budgétaires/monétaires) entre elles. La discipline budgétaire se développe selon une dialectique « règles contre discrétion » : la responsabilité reconnue aux États membres et aux institutions de type intergouvernemental se réalise dans le respect de règles collectives.

Bien avant la crise financière et la crise des dettes souveraines, nombreux étaient les commentateurs à considérer que l'UEM était conçue pour marcher sur l'eau. Le volet préventif de la discipline budgétaire réserve une part trop grande au pouvoir discrétionnaire des États et du Conseil pour être efficace ; il se concentre sur les mesures budgétaires déjà prises et non sur celles à prendre. La discipline budgétaire ne guide pas – ou peu – le comportement budgétaire des États membres, mais en prend acte. La coordination se réalise de façon fortuite, au gré des circonstances économiques ou des majorités politiques gouvernementales. Quant au

3. Aux termes du protocole (n° 13) sur les critères de convergence, ces taux sont calculés sur la base d'obligations d'État à long terme ou de titres comparables.

4. Pour une présentation éclairante : Joël Bourdin et Yvon Collin, *Rapport d'information fait au nom de la délégation du Sénat pour la planification sur la coordination des politiques économiques*, Sénat, 5 décembre 2007, session ordinaire de 2007-2008, rapport n° 113.

5. « Les interactions entre la politique monétaire et les politiques budgétaires au sein d'une union monétaire », *Bulletin mensuel de la BCE*, juillet 2012, p. 51.

volet répressif, son déclenchement une fois l'état d'endettement excessif constaté en rend la mise en œuvre très hypothétique. De fait, « *deux tiers des améliorations budgétaires planifiées*, remarque la Commission en juin 2008, *n'ont pas été opérés, et trois quarts des objectifs en matière de dépenses publiques n'ont pas été respectés. De plus, les corrections budgétaires ont souvent été reportées, transformant les objectifs budgétaires à moyen terme en objectifs mobiles au lieu d'ancrer la politique budgétaire* »[6]. Plus que de coordination, il faut parler d'une « incoordination » des politiques budgétaires, comme le proposent les sénateurs Joël Bourdin et Yvon Collin fin 2007[7].

Face à la crise des dettes souveraines, la réponse s'organise en parallèle sur deux terrains :

- gérer les difficultés d'accès des États membres aux marchés de capitaux pour couvrir leurs besoins de financement ;
- établir les bases d'un nouveau régime de discipline budgétaire pour éviter que les errements passés ne se reproduisent.

Dans les deux cas, l'intensité de l'encadrement de la liberté budgétaire des États membres est reconsidérée. Cependant, faute de modification des traités et de la répartition des compétences en matière de politique budgétaire, les autorités politiques et législatives européennes doivent faire preuve d'imagination pour exploiter tout le potentiel des articles contenus dans le chapitre sur la politique économique. Un rééquilibrage subtil s'opère alors entre le pouvoir discrétionnaire et la force de la règle au bénéfice de cette dernière, aussi bien au niveau du volet préventif que du volet correctif de la discipline budgétaire. Et lorsque la limite de la flexibilité du droit de l'Union est atteinte, les États se tournent vers des instruments internationaux : le TSCG.

6. Comm. CE, communication *Les finances publiques dans l'UEM – 2008. Rôle de la qualité des finances publiques dans le cadre de la gouvernance de l'UE*, 24 juin 2008, COM(2008) 387 final, p. 4.

7. *Rapport d'information fait au nom de la délégation du Sénat pour la planification sur la coordination des politiques économiques*, précité.

États membres ayant ratifié le TSCG (janvier 2016)

États membres	Signature	Date d'entrée en vigueur
Autriche (€)	Oui	01/01/2013
Belgique (€)	Oui	**01/04/2014**
Bulgarie	Oui	**01/01/2014**
Chypre (€)	Oui	01/01/2013
République tchèque	Non	01/01/2013
Allemagne (€)	Oui	**01/01/2013**
Danemark	Oui	01/01/2013
Estonie (€)	Oui	01/01/2013
Espagne (€)	Oui	01/01/2013
France (€)	Oui	01/01/2013
Grèce (€)	Oui	01/01/2013
Hongrie	Oui	01/06/2013
Croatie	Non	–
Italie (€)	Oui	01/01/2013
Irlande (€)	Oui	01/01/2013
Lituanie (€)	Oui	01/01/2013
Luxembourg (€)	Oui	01/06/2013
Lettonie (€)	Oui	01/01/2013
Malte (€)	Oui	01/07/2013
Pays-Bas (€)	Oui	01/11/2013
Portugal (€)	Oui	01/01/2013
Pologne	Oui	01/09/2013
Roumanie	Oui	01/01/2013
Suède	Oui	01/06/2013
Royaume-Uni	Non	–
Finlande (€)	Oui	01/01/2013
Slovénie (€)	Oui	01/01/2013
Slovaquie (€)	Oui	01/02/2013

Source : Secrétariat gén. Cons. UE, *Europa.eu*, http://www.consilium.europa.eu/fr/documents-publications/agreements-conventions/agreement/?aid=2012008, page consultée le 15 janvier 2016.

Il serait erroné de penser que toute discrétion a disparu au sein de la nouvelle gouvernance économique. Si elle en demeure en effet une composante importante, l'espace où elle s'exerce s'est, en revanche, déplacé. Dorénavant restreint au niveau de l'exécution du droit de l'Union, le pouvoir discrétionnaire des États se déploie dans une mesure inégalée sur le terrain des engagements politiques. Avec la crise, les chefs d'État ou de gouvernement trouvent l'occasion de réinvestir le champ politique européen, comme les y invite le traité de Lisbonne. Les réunions au sommet connaissent une fréquence inédite, des configurations pratiques nouvelles voient le jour (le sommet de la zone euro), des groupes d'État réunis par le partage de préoccupations communes se font et se défont...

1. La prévention de l'indiscipline budgétaire

« *La dépense publique est, avec la fiscalité, l'un des principaux instruments de l'action financière de l'État* »[8]. À cela s'ajoute la circonstance selon laquelle les États peuvent être créanciers à l'infini : ils sont établis pour une durée indéfinie et sont détenteurs de l'exercice de la puissance publique. L'illusion que les États puissent être également débiteurs à l'infini se nourrit de ces constats et aussi, dans le cas des pays occidentaux, du fait qu'aucun défaut ne soit intervenu depuis les années 1950. La crise grecque constitue un retour brutal à la réalité : l'État « *ne peut être débiteur qu'à un certain degré ; et quand on est parvenu à passer ce degré, le titre de créancier s'évanouit* », pour reprendre les Encyclopédistes.

Le droit de l'Union, et le régime de discipline budgétaire en particulier, n'interdit pas l'endettement public ; celui-ci constitue un mode traditionnel de financement des besoins de l'État. Son interdiction pure et simple serait même une absurdité. Les calendriers de recouvrement des recettes et d'exécution des dépenses ne sont pas synchronisés, ce qui provoque des besoins de trésorerie. De plus, faute de stabilisateurs macroéconomiques et d'un budget d'un montant approprié au niveau européen, les États doivent conserver la possibilité d'agir sur la dépense publique en cas de choc économique.

8. Michel Bouvier, « La maîtrise de la dépense publique au cœur d'un projet de société ? », *RFFP*, 1er février 2014, n° 125.

Préservé, le droit des États membres de s'endetter est soumis au respect d'un double régime de discipline : discipline par le marché et discipline par des règles de prudence.

A • La discipline des politiques budgétaires par le marché

Aux termes de l'article 120 du traité FUE, les États membres conservent leurs compétences dans le domaine des politiques budgétaires. Il leur appartient notamment de définir leurs stratégies budgétaires, leurs politiques budgétaires et d'opter entre les différents modes de financement de leurs dépenses publiques.

Puisant dans la pensée libérale, le rapport du comité Delors et, à sa suite, les négociateurs du traité de Maastricht ont attaché des vertus disciplinaires aux forces du marché. « *Les marchés financiers, les consommateurs et les investisseurs réagiraient à des différences dans l'évolution macroéconomique des divers pays et régions, évalueraient leur situation budgétaire et financière, sanctionneraient les écarts par rapport aux orientations budgétaires arrêtées en commun ou aux accords salariaux, et exerceraient donc une pression en faveur de politiques plus saines.* »[9] Les marchés constituent dans cette perspective un contre-pouvoir aux gouvernements tentés de laxisme budgétaire lorsqu'ils sont soumis à la pression de revendications catégorielles ou aux échéances électorales[10] ; ils compensent, d'une certaine façon, l'absence d'un gouvernement économique européen.

Dans cette perspective, le traité FUE :

- organise la soumission des États à la surveillance des marchés ;
- définit le régime des rapports entre les États et les marchés pour assurer que cette surveillance n'est pas manipulée ou faussée par les autorités publiques.

À titre de principe, l'article 120 du traité FUE enjoint les États membres à agir « *dans le respect du principe d'une économie de marché où la concurrence est libre, favorisant une allocation efficace des ressources* ». Ce principe exprime deux préoccupations distinctes, mais liées :

- l'accès des États aux marchés financiers doit se réaliser conformément aux conditions du marché, c'est-à-dire sans recours aux pouvoirs exorbitants de la puissance publique. Il s'agit de ménager une concurrence égale, juridiquement, entre emprunteurs ;

9. Comité pour l'étude de l'Union économique et monétaire, *Rapport sur l'union économique et monétaire dans la Communauté européenne*, 12 avril 1989, p. 22.

10. Denis Kessler, « La marge de manœuvre des États. La dictature des marchés ? », *Pouvoirs*, 2012/3, n° 142, p. 90.

– le financement par l'emprunt sur les marchés via la mise en circulation d'obligations publiques ne doit pas se développer au détriment du financement du secteur privé. Il s'agit ici de réduire l'effet d'éviction.

Trois interdictions définies aux articles 123 à 125 du traité FUE matérialisent ces exigences.

Les deux premiers articles suppriment les privilèges légaux des États en matière d'accès aux différentes sources de financement, à commencer par le financement monétaire. L'article 123 du traité fait ainsi interdiction aux États membres de s'adresser à la BCE et aux banques centrales nationales. L'interdiction concerne tout accord le découvert ou tout autre type de crédit accordé par une banque centrale à un État membre, ainsi que l'acquisition directe d'instruments de dette publique par la BCE (Banque centrale européenne) ou les BCN (banques centrales nationales) des États membres. La notion d'instrument de dette au cœur de l'interdiction n'est pas autrement définie, ce qui confère une large portée à l'interdiction. Tout au plus, le règlement (CE) n° 3603/93 du Conseil précise-t-il ce qu'ils ne sont pas : les placements non négociables du Trésor auprès des banques centrales. Ces derniers peuvent être acquis directement auprès du secteur public sous certaines conditions ; l'acquisition doit notamment permettre de les transformer en titres négociables soumis aux conditions de marché. Ce faisant, il s'agit d'accroître les éléments de dette soumis à la discipline de marché. Les institutions monétaires ne sauraient participer à la négociation de la naissance des titres de créance sur le marché primaire. En revanche, elles peuvent réaliser toutes opérations financières (achat/vente, prise/mise en pension, prêt/emprunt) sur les créances et les titres négociables, dont les instruments de dette émis par les États membres échangés sur les marchés de capitaux. Ces opérations doivent être nécessaires à la BCE et aux BCN de l'Eurosystème pour atteindre les objectifs du Système européen de banques centrales (SEBC) et accomplir ses missions, et doivent être opérées conformément aux principes et conditions du marché. Sur ce point, l'article 123 du traité FUE doit être lu en liaison avec l'article 130 du traité FUE relatif à l'indépendance de la BCE et des BCN dans l'exercice de la politique monétaire. Le respect du principe d'indépendance exclut que les autorités budgétaires puissent exiger des banques centrales une politique monétaire accommodante dont l'effet principal serait de réduire le service de la dette. C'est souligner que les opérations de rachat sur le marché secondaire, quel qu'en soit le motif, ne doivent pas être un moyen de contourner l'interdiction de financement monétaire.

L'achat massif de titres de dette publique sur le marché secondaire par la BCE dans le cadre du programme d'opérations monétaires sur titres – *Outright monetary transactions* (OMT) – n'est admis qu'en tant qu'il contribue à la stabilité des prix et qu'il exige le respect d'une stricte conditionnalité de la part des États dont les titres sont rachetés. Il s'agit de « garantir la discipline budgétaire » et limiter l'aléa moral. En cela, un certain laps de temps doit être respecté entre l'émission des titres éligibles aux OMT et leur rachat sur le marché secondaire par la BCE, sous peine de fausser la formation des prix sur le marché primaire[11].

Pour éviter que l'appel au marché et le signal qu'il donne sur la qualité de la dette soient faussés, les États membres ne peuvent pas se ménager un accès privilégié aux institutions financières, hors le cas des mesures justifiées pour des raisons d'ordre prudentiel (article 124 du traité FUE). Un établissement bancaire ne saurait légalement être contraint d'accorder un crédit à l'État et/ou de le lui consentir selon des modalités qui ne ressortiraient pas d'une libre négociation entre les parties. Comme il fut expliqué dès les premiers travaux sur l'unification monétaire européenne au début des années 1950 (!), les États, privés du financement monétaire, peuvent être tentés de « *trouver dans la politique des emprunts à court terme, dans celle des Caisses d'épargne ou des Instituts d'assurances nationales, les moyens techniques leur permettant d'utiliser les ressources monétaires de leurs nationaux à des fins d'intérêt public* »[12].

Le règlement (CE) n° 3604/93 du Conseil distingue cependant entre :

- les mesures nationales ou communautaires qui fausseraient la libre négociation, sur le marché primaire, entre l'émetteur public et les *primary dealers* concernant l'acquisition des titres de dette ;
- les mesures de captation forcée de l'épargne pour le financement des logements sociaux, des ménages ou des réparations des dommages des catastrophes naturelles[13].

11. Cour de justice, arrêt du 16 juin 2015, *Peter Gauweiler e.a. contre Deutscher Bundestag*, aff. C-62/14, *Rec. ECLI:EU:C:2015:400* ; et Frédéric Allemand, « Crise des dettes souveraines : la contestation, par des particuliers, de certaines mesures adoptées par la B.C.E. », *Journal de droit européen*, 15 mars 2016, n°227.

12. Edmond Giscard d'Estaing, « Le système monétaire de l'Europe fédérée », *Economia Internazionale, n° 1-2 ; Actes du congrès international pour l'étude des problèmes économiques de la Fédération européenne*, 11-14 septembre 1952, p. 158.

13. Cons. CE, règl. (CE) n° 3604/93, 13 décembre 1993.

L'article 125 du traité FUE – la clause de non-renflouement (ou clause de *no bail-out*) – parachève le dispositif de responsabilisation budgétaire des États membres. Chaque État membre doit répondre seul de ses engagements sous peine d'altérer l'efficacité même de la discipline de marché. Ni l'UE ni un État ne peuvent prendre à leur charge la dette d'un autre État membre. Inversement, un État membre ne peut demander qu'un autre État ou l'UE se porte en garant de ses propres dettes. L'article 125 n'interdit que les cas de transfert de dette entre institutions : un prêt d'États ou de l'Union au bénéfice d'un autre État membre est autorisé tant qu'il préserve le sens des responsabilités du débiteur. Le prêt doit être conditionné, c'est-à-dire être non concessionnel.

La place cardinale de l'article 125 dans le régime de responsabilité des États face à leur dette est apparue avec force à l'occasion de la gestion des crises des dettes souveraines et des mécanismes d'assistance financière établis à compter du printemps 2010. Si cette disposition devait être remise en cause, l'évaluation du sens des responsabilités aurait peu d'intérêt tant pour l'État garanti que pour l'État garant :

- dans le premier cas, l'État n'assume pas l'intégralité de la responsabilité devant sa dette ;
- dans le second, l'État assume plus que sa propre dette.

De façon complémentaire, l'interdiction d'un accès privilégié d'un État membre aux institutions financières de son ressort perdrait en efficacité :

- l'appel de garantie d'un État bénéficiant d'un accès au crédit à des conditions financières plus favorables produirait un effet proche de l'accès privilégié aux établissements de crédit ;
- la pertinence et l'efficacité de la procédure pour déficit excessif de l'article 126 du traité FUE en seraient également affectées ; en effet, serait-il conforme à l'esprit du traité d'ouvrir une procédure à l'encontre d'un pays garant dont le déficit a dépassé le seuil de 3 % du PIB en raison de l'appel de garantie ? Et inversement, *quid* de l'État dont l'amélioration de la situation financière résulterait de la mise en œuvre de la garantie à son bénéfice ? L'on comprend ainsi que toute altération de la portée ou de l'intensité de la clause de *no bail-out* porterait un coup profond au régime de discipline budgétaire dans son ensemble.

L'attribution d'une assistance financière considérable à la Grèce ou à l'Irlande a inquiété, en particulier certains milieux économiques, juridiques ou politiques allemands. L'assistance financière constitue un contournement manifeste de la clause de non-renflouement, une suspension implicite de la règle de droit et, *in fine*, une remise en cause manifeste de l'esprit même de l'UEM, ainsi que le défend notamment le très médiatique directeur de l'institut économique allemand CESifo, Hans-Werner Sinn.

Saisie par la *High Court* irlandaise à la suite d'un recours déposé par le député irlandais Thomas Pringle, la Cour de justice va détailler les conditions auxquelles l'assistance financière accordée à des États membres faisant face à des difficultés financières est compatible avec l'article 125 du traité FUE. La légalité des mesures d'assistance s'apprécie à la lumière des conditions attachées à une telle assistance : celles-ci doivent être de nature à inciter ce dernier à mettre en œuvre une politique budgétaire saine. Un État ne parvenant plus à se financer de façon régulière sur les marchés est donc autorisé à se tourner vers ses partenaires européens et/ou les mécanismes d'assistance financière disponibles. Les besoins de financement des dépenses publiques et le paiement des échéances des dettes contractées antérieurement seront assurés par le recours… à d'autres emprunts (!) conclus à des conditions garantissant le retour à terme de l'État assisté sur les marchés financiers. Les conditions de prêt se veulent donc proches de celles que les marchés accorderaient à l'État concerné en situation normale. La conditionnalité visée par la Cour n'est pas seulement d'ordre financier : elle vise aussi les réformes de toute nature que le pays doit engager pour être en mesure de se financer sur les marchés et de rembourser les créanciers publics. L'assistance financière ne saurait être perpétuelle ou aboutir à un abandon de dette de la part des États membres ou à des mécanismes d'assistance, sous peine de violer la clause de non-renflouement.

Arrêt de la Cour de justice du 27 novembre 2012, Pringle (extraits)

« *134. L'interdiction prévue à l'article 125 TFUE trouve son origine dans l'article 104 B du traité CE (devenu article 103 CE), qui a été inséré dans le traité CE par le traité de Maastricht.*

135. Or, il ressort des travaux d'élaboration de ce dernier traité que l'article 125 TFUE vise à assurer que les États membres respectent une politique budgétaire saine (voir le projet de traité portant révision du traité instituant la Communauté économique européenne en vue de la mise en place d'une Union économique et monétaire, Bulletin des Communautés européennes, supplément 2/91, p. 22 et 52). En effet, l'interdiction énoncée à l'article 125 TFUE garantit que les États membres restent soumis à la logique du marché lorsqu'ils contractent des dettes, celle-ci devant les inciter à maintenir une discipline budgétaire.

Le respect d'une telle discipline contribue à l'échelle de l'Union à la réalisation d'un objectif supérieur, à savoir le maintien de la stabilité financière de l'Union monétaire.

136. Eu égard à cet objectif poursuivi par l'article 125 TFUE, il convient de considérer que cette disposition interdit à l'Union et aux États membres l'octroi d'une assistance financière qui aurait pour effet de porter atteinte à l'incitation de l'État membre bénéficiaire de cette assistance à mener une politique budgétaire saine. Ainsi qu'il ressort du point 5 de l'avis de la BCE sur le projet de décision du Conseil européen modifiant l'article 136 du traité sur le fonctionnement de l'Union européenne en ce qui concerne un mécanisme de stabilité pour les États membres dont la monnaie est l'euro, l'activation d'une assistance financière au titre d'un mécanisme de stabilité tel que le MES n'est compatible avec l'article 125 TFUE que lorsqu'elle s'avère indispensable pour préserver la stabilité financière de la zone euro dans son ensemble et qu'elle est subordonnée à des conditions strictes.

137. En revanche, l'article 125 TFUE n'interdit pas l'octroi d'une assistance financière par un ou plusieurs États membres à un État membre qui demeure responsable de ses propres engagements à l'égard de ses créanciers et pourvu que les conditions attachées à une telle assistance soient de nature à inciter ce dernier à mettre en œuvre une politique budgétaire saine. »

Ces préoccupations juridiques et économiques expliquent l'inclusion dans l'article 136 du traité UE d'un nouveau paragraphe consacré à la conditionnalité de l'assistance financière lorsque se négociait la création du Mécanisme européen de stabilité (MES) : « *3. Les États membres dont la monnaie est l'euro peuvent instituer un mécanisme de stabilité qui sera activé si cela est indispensable pour préserver la stabilité de la zone euro dans son ensemble. L'octroi, au titre du mécanisme, de toute assistance financière nécessaire, sera subordonné à une stricte conditionnalité.* »[14]

Si cette modification ne confère en soi aucun titre de compétence à l'UE pour créer le MES, elle constitue en revanche un rappel symboliquement et politiquement important d'une exigence déterminante pour garantir la légalité de l'assistance financière avec l'article 125 du traité FUE.

Nécessaire pour permettre aux États membres en difficulté de faire face à leurs engagements financiers et de financer le fonctionnement de leurs services publics ou des biens publics, l'assistance financière telle qu'elle est organisée dans le traité n'en demeure pas moins fragile à terme. La

14. Cons. UE, déc. 25 mars 2011 modifiant l'article 136 du traité sur le fonctionnement de l'Union européenne en ce qui concerne un mécanisme de stabilité pour les États membres dont la monnaie est l'euro (2011/199/UE), *JOUE* L 91, 6 avril 2011, p. 1.

conditionnalité qui s'y attache et l'interdiction de renflouement produisent cet effet curieux – et dont le paroxysme est illustré par le cas grec, où une dette est remplacée par une autre. De plus, il appartient au seul pays assisté et endetté de trouver les ressources politiques, économiques et financières pour y faire face. En valeur absolue, la dette publique de ce pays s'est établie à 315 milliards d'euros au troisième trimestre 2015, un niveau identique à celui mesuré au deuxième trimestre 2010 lors de l'adoption du premier plan d'assistance financière en sa faveur. La valeur relative de la dette publique rapportée au PIB est passée quant à elle de 127 % à 176 %. Sur la même période, les mesures d'ajustement budgétaire se sont élevées à 62 milliards d'euros, provoquant une chute du PIB de 31 %. La différence entre 2010 et 2015 tient à l'identité des détenteurs de titres de dette du pays : de privée, la détention est devenue publique.

Ce changement d'identité modifie la nature de la relation entre le débiteur et les créanciers. D'économique et financière, cette relation devient politique pour concerner directement les États membres. Une situation que cherchait justement à éviter la clause de non-renflouement de l'article 125 du traité FUE.

B • La discipline par les règles

Le traité ne fait pas de la discipline par les marchés le mécanisme exclusif de prévention ou de correction des situations d'endettement excessif. Ainsi que le relève le rapport du comité Delors en avril 1989, « *L'expérience montre toutefois que les perceptions du marché ne génèrent pas nécessairement des signaux puissants et contraignants et que l'accès à un vaste marché des capitaux peut même, pendant un certain temps, faciliter le financement des déséquilibres économiques. Plutôt que de conduire à une adaptation progressive des coûts de financement, l'appréciation portée par le marché sur le statut des emprunteurs officiels a tendance à se modifier de façon brusque et à entraîner la fermeture de l'accès au financement du marché.* »

De fait, l'efficience informationnelle supposée des marchés se heurte en pratique, dans certaines circonstances, au « paradoxe de l'action collective » : une somme de choix rationnels au niveau individuel génère une irrationalité collective et précipite la chute générale. Cette irrationalité retient l'attention lorsqu'elle conduit à la fermeture des financements.

Elle se constate aussi lors de la distribution des financements. Le cas typique est celui de la Grèce. Jusqu'à la fin décembre 2009, les écarts de taux appliqués à ses emprunts à 10 ans étaient presque nuls avec ceux dont bénéficiait l'Allemagne. Que les performances économiques, financières et institutionnelles soient relativement éloignées ne constitua pas un facteur dirimant pour les investisseurs !

La discipline budgétaire par les règles s'exprime en premier lieu à travers un principe directeur simple : les États membres doivent présenter « des finances publiques *saines* ». Il ressort des grandes orientations de politiques économiques adoptées par le Conseil depuis 1994 que la notion désigne des politiques budgétaires préparant la voie vers plus d'investissement et de croissance et présentant un caractère soutenable[15] ou viable – les deux qualificatifs étant employés de façon indifférente.

Ce principe est matérialisé par une règle de prudence financière énoncée en termes généraux à l'article 126 du traité FUE et précisée par un protocole révisable à l'unanimité. Des détails additionnels sont apportés dans le Pacte de stabilité et de croissance (PSC) adopté en juin 1997 : une politique budgétaire est saine lorsque le ratio solde budgétaire/PIB et/ou le ratio dette publique/PIB demeurent sous les seuils respectifs de 3 % et de 60 %.

Le choix fait dans le traité de Maastricht (que reprend inchangé le traité de Lisbonne) en faveur du ratio relatif au solde budgétaire, c'est-à-dire sur le seul résultat comptable des revenus et des recettes des administrations publiques, ne va pas de soi. Ce choix, peu informatif sur les modalités de financement du budget et sur la pertinence des dépenses publiques, présente cependant un mérite : il conforte l'autonomie budgétaire des États, qui « *gard*[ent] *leur liberté quant au niveau et à la structure aussi bien des dépenses publiques que des recettes publiques et restaient responsables de la définition et des conséquences de leurs politiques des finances publiques qui continueront à ressortir des prérogatives des Parlements nationaux* »[16]. Cet objectif chiffré présente aussi cet autre mérite : être a priori facile à mesurer et à surveiller.

15. Cons. CE, recomm. 94/480/CE, 11 juillet 1994 concernant les GOPE des États membres et de la Communauté, *JOUE* L 200, 3 août 1994, p. 38.

16. J. Cloos, G. Reinesch, D. Vignes et J. Weyland, *Le Traité de Maastricht : genèse, analyse, commentaires*, Bruylant, 1993, p. 193.

L'accélération des interdépendances entre les politiques budgétaires à compter de l'établissement de la zone euro appelle, dans les traités, une coordination renforcée entre elles. En 1995-1996, le ratio du solde budgétaire apparaissait insuffisant pour juger du caractère sain ou malsain des « finances publiques ». La définition d'un seuil de déclenchement de la correction invitait les États membres à se placer en dessous des valeurs de référence, mais ne les incitait pas à aller au-delà des prescriptions légales. Or, en cas de retournement de conjoncture, un État doit pouvoir laisser filer ses déficits sous l'effet des stabilisateurs macroéconomiques, faute de dispositifs de redistribution budgétaire substantiels au niveau européen. En maintenant des déficits publics trop proches de la valeur cible de 3 % du PIB, les États membres s'exposaient à son dépassement régulier, voire continu. Il est toujours plus aisé d'accumuler les déficits que de les réduire. À ce constat général, s'en ajouta un second, spécifique aux États membres partageant la monnaie unique. La qualification pour la zone euro exigeait la mise en place de politiques d'austérité afin de présenter une situation budgétaire soutenable. Sitôt l'objectif atteint, la tentation pouvait être grande de la part des autorités politiques nationales de relâcher l'effort.

Cette inquiétude a justifié que le ministre des Finances allemand, Theo Waigel, demande en septembre 1995 que les pays participant à la monnaie unique signent un pacte les engageant à réduire leur déficit public au-delà des 3 % fixés dans le traité de Maastricht, ce qui fit sensation. L'objectif d'un déficit de 1 % du PIB était préconisé ; le seuil de 3 % serait conservé pour le seul déclenchement des mesures correctives.

S'il n'obtint pas intégralement gain de cause, Theo Waigel parvint à convaincre les partenaires de l'Allemagne à souscrire à cette approche. Dans sa version originale de juin 1997, le PSC exige que les États membres parviennent à moyen terme à une « *position budgétaire à l'équilibre ou excédentaire* »[17]. Comme le justifie la résolution du Conseil européen d'Amsterdam, il s'agit « *de permettre à tous les États membres de faire face aux fluctuations conjoncturelles normales tout en maintenant le déficit public dans la limite de 3 % du PIB* »[18]. Ce faisant, l'attention s'est déplacée du déficit budgétaire annuel vers un autre indicateur-clé : la ***position budgétaire***. Celle-ci correspond au solde budgétaire annuel

17. Articles 3, § 2 et 7, § 2 du règlement (CE) n° 1466/97 du Conseil, précité.

18. Considérant (1) de la résolution du Conseil européen relative au pacte de stabilité et de croissance, Amsterdam, précité.

corrigé des variations conjoncturelles, déduction faite des mesures ponctuelles et temporaires (ou solde structurel). Il s'agit d'évaluer la structure du budget sous des conditions économiques ***normales***. Ainsi que l'expliquait la Bundesbank dans son bulletin mensuel d'avril 1997, « *Particularly in the context of the cyclical trend, there is an interdependence between the economic ups and downs and the size of the budget deficit ; for that reason, the financial balance has features both of a determinant and of a resultant. That makes it harder to identify the "true causes" when interpreting statistical financial balances. Thus it is possible, for example, that a basically weak public finance situation may be masked temporily by a strong economic position, so that the budget balance statistics present too favourable a picture, whereas during a recession, conversely, the deficit is "overstated" on account of cyclical factors.* »[19]

La préoccupation liée à un stock de dette élevé (si ce n'est excessif) est secondaire – formellement déjà, avec la mention à l'article 126 du traité FUE du critère relatif au ratio d'endettement après celui relatif au solde budgétaire. Sur le plan conceptuel, la nature accessoire de la dette paraît justifiée par la relation de cause à effet entre déficit et dette : celle-ci n'est-elle pas la résultante de l'accumulation de déficits publics et des charges d'intérêt ? Partant, la correction des déficits en vue de parvenir à une position budgétaire proche de l'équilibre ou excédentaire doit stabiliser le ratio de la dette publique, voire le placer sur une trajectoire descendante. En outre, la convergence des taux d'intérêt à long terme, l'intégration croissante des marchés financiers et la suppression du risque de change doivent réduire mécaniquement la charge de la dette.

19. Bundesbank, « Problems associated with calculating "structural" budget deficits », *Deutsche Bundesbank Monthly Report*, avril 1997, p. 32.

Enfin, un élément contextuel propre à la phase de préparation au passage à la monnaie unique doit être considéré : à trop insister sur le ratio d'endettement, le risque ne consiste-t-il pas à interdire l'entrée de la zone euro au 1er janvier 1999 à la Belgique et à l'Italie, deux pays dont les ratios d'endettement sont compris entre 110 % et 120 % du PIB ? De façon significative, la résolution du Conseil européen d'Amsterdam relative au PSC ne fait aucune mention de la dette publique, pas plus que le règlement (CE) n° 1466/97 du Conseil. Le règlement (CE) n° 1467/97 du Conseil n'en fait état qu'au titre des éléments informatifs à indiquer dans les programmes de stabilité ou de convergence.

La réforme du PSC du printemps 2005 confirme l'importance attachée au solde budgétaire corrigé et à l'efficacité de cet indicateur par rapport au niveau de déficit public pour évaluer les performances budgétaires des États : le solde structurel est placé au cœur du dispositif de discipline budgétaire de l'UE. Le règlement (CE) n° 1055/2005 du Conseil plafonne l'objectif budgétaire à moyen terme (OBMT) vers lequel chaque État doit orienter sa position budgétaire. Le plafond est fonction du niveau d'autonomie monétaire et budgétaire des États membres. Il est de -1 % du PIB pour les États membres participant à la zone euro ou participant au mécanisme de change européen[20]. Tant que leur position budgétaire ne correspond pas à l'OMT, ces États doivent améliorer leur solde structurel de 0,5 % du PIB par an – l'effort budgétaire peut être accentué ou assoupli pour tenir compte de la situation favorable ou défavorable de la conjoncture[21]. Cet effort annuel correspond à la « trajectoire d'ajustement ». S'agissant des autres États membres, leur OBMT peut dépasser – 1 % du PIB tant qu'il prévoit une marge de sécurité pour ce qui concerne la limite de 3 % du PIB fixée pour le déficit public. Ils doivent aussi définir une trajectoire d'ajustement, sans que le règlement exige un seuil spécifique. Selon l'état de la conjoncture, le niveau d'ajustement annuel peut être modifié[22]. Les seules sanctions possibles à l'égard d'un État qui connaît un « dérapage » et s'abstient de prendre les mesures appropriées consistent en l'adoption d'une recommandation du Conseil éventuellement rendue publique[23]. L'attention des marchés financiers et des citoyens

20. Article 2 *bis* du règlement (CE) n° 1466/97 du Conseil, tel que révisé par le règlement (CE) n° 1055/2005 du Conseil du 27 juin 2005, *JOUE* L 174, 7 juillet 2005, p. 1.

21. Articles 5, § 1, 2e alinéa, et 9, § 1, 2e alinéa du règlement (CE) n° 1466/97 du Conseil, tel que révisé en 2005.

22. Article 9, § 1, 2e alinéa du règlement (CE) n° 1466/97 du Conseil, tel que révisé en 2005.

23. Articles 6, § 3, et 10, § 3 du règlement (CE) n° 1466/97 du Conseil, tel que révisé en 2005.

est suscitée, dans le double espoir que les primes de risque exigées par les investisseurs incitent les autorités budgétaires à plus de prudence et que les électeurs soucieux de préserver leur pouvoir d'achat dans le temps fassent pression en faveur de politiques budgétaires plus saines.

La réforme de 2005 a été l'occasion de réintroduire, quoique très modestement, le ratio de dette publique/PIB parmi les éléments caractérisant des finances publiques saines et viables. Cela n'a pas eu d'impact en pratique, et ce d'autant moins que le Conseil n'est pas parvenu à se mettre d'accord sur la question du rythme auquel le ratio de dette devait baisser pour être considéré comme « satisfaisant » aux termes de l'article 126 du traité FUE.

Quoiqu'elle définisse de façon plus précise l'OBMT et la trajectoire d'ajustement à appliquer, la réforme du PSC de 2005 laisse les États membres libres de la stratégie budgétaire à mettre en œuvre. Or, face à une dégradation des comptes publics, une majorité d'États membres tend à ajuster les soldes budgétaires en favorisant des hausses fiscales plutôt que des économies budgétaires. Par-delà la question des effets négatifs supposés ou prouvés de la fiscalité sur l'activité économique, une telle stratégie expose les pays concernés à une détérioration brutale de leur solde budgétaire en cas de contraction de l'activité économique[24]. En outre, au cas où la pression fiscale serait déjà élevée, les États sont amenés à recourir de façon accrue à l'épargne disponible sur les marchés de capitaux, c'est-à-dire à accroître leur endettement[25].

Dans un contexte d'accumulation de dette publique et de marges de manœuvre fiscales de plus en plus modestes, la capacité des États à lever l'impôt pour financer leurs dépenses et rembourser les dettes tombant à échéance peut se trouver interrogée par les investisseurs, avec à la clé un renchérissement du coût du crédit *via* une augmentation de la prime de risque exigée sur leurs titres de dettes.

D'où l'invitation répétée des institutions communautaires aux États membres de maîtriser le niveau des dépenses publiques, et ce depuis les premières GOPE[26]. Cette invitation est devenue au fil du temps une

24. Voir l'analyse très critique de la situation française par le Sénat en 2009 : Philippe Marini, rapport d'information n° 549 (2008-2009) fait au nom de la commission des finances, *La France en état d'apesanteur financière : retrouver des repères pour préparer la sortie de crise*, 8 juillet 2009.

25. *Idem* ; également : Comm. UE, Eurostat, *Taxation trends in the European Union*, éd. 2012, OPOCE, 2012, p. 19.

26. Par exemple, Cons. CE, recomm. 94/7/CE, 22 décembre 1993 concernant les GOPE des États membres et de la Communauté, *JOCE* L 7, 11 janvier 1994, p. 9.

incantation, entendue par les autorités budgétaires, mais peu suivie dans les faits. C'est sur ce point que le règlement (UE) n° 1175/2011 du Conseil a introduit une innovation fondamentale par rapport à la situation antérieure : le concept de « croissance prudente des dépenses ».

Depuis la réforme du PSC de 2011, l'évaluation des progrès accomplis par un État membre pour réaliser l'OBMT conserve la notion de solde structurel comme élément principal de référence, mais elle intègre dorénavant une analyse des dépenses[27]. Pour les États membres qui ont atteint leur OBMT, l'augmentation annuelle des dépenses ne doit pas dépasser le taux de référence pour la croissance potentielle du PIB à moyen terme. Pour les autres, la règle de prudence est plus exigeante à un double titre :

- d'une part, la croissance des dépenses ne doit pas dépasser un taux inférieur au taux de référence pour la croissance potentielle, de sorte que l'écart entre le taux de croissance des dépenses et de la croissance potentielle est tel qu'il permet la convergence vers l'OBMT ;
- d'autre part, les « cadeaux fiscaux » demeurent autorisés, mais doivent être compensés par des réductions de dépenses, une augmentation discrétionnaire d'autres recettes ou les deux à la fois[28]. L'observation d'un écart important par rapport à la trajectoire d'ajustement ouvre une procédure de correction[29], voire de sanction si l'État concerné ne procède pas aux ajustements requis[30].

L'on pourrait regretter que l'examen du rythme de croissance des dépenses privilégie une approche quantitative et ne s'attache pas plus aux éléments qualitatifs, à l'exception de l'attention qui doit être portée aux coûts des réformes des systèmes de retraite[31].

La maîtrise des dépenses publiques gagne en efficacité si elle s'accompagne d'une réorientation des dépenses des secteurs improductifs vers les secteurs présentant les rendements les plus forts en termes de croissance

27. Nouveaux articles 3, § 2, litera a, et 7, § 2, litera a du règlement (CE) n° 1466/97, tel que révisé par le règlement (UE) n° 1175/2011. La notion de « dépenses » écarte les dépenses d'intérêt, les dépenses liées au programme de l'Union financées intégralement par les fonds européens, ainsi que la composante conjoncturelle des dépenses de chômage.

28. Nouveaux articles 5, § 1, 3e alinéa et 9, § 1, 3e alinéa du règlement (CE) n° 1466/97 du Conseil, tel que modifié par le règlement (UE) n° 1175/2011.

29. Article 6, § 1 et 2 du règlement (CE) n° 1466/97, tel que modifié par le règlement (UE) n° 1175/2011.

30. Article 4 du règlement (UE) n° 1173/2011 du Parlement européen et du Conseil.

31. Article 5, § 1, 8e alinéa du règlement (CE) n° 1466/97, tel que modifié par le règlement (UE) n° 1175/2011 du Parlement européen et du Conseil.

(infrastructure, éducation, innovation et recherche et développement). Cette ambition anime la stratégie Europe 2020 adoptée lors du Conseil européen de juin 2010 : elle définit les grands domaines sur lesquels concentrer les investissements sur la décennie présente, tandis que les GOPE en détaillent le contenu. Les États membres sont invités à réorienter leurs dépenses au regard des priorités de la stratégie commune[32]. Cependant, la stratégie Europe 2020 repose sur des instruments juridiques non contraignants. L'intégration de cette dimension qualitative dans la discipline budgétaire lui eût conféré une force normative particulièrement précieuse.

Enfin, la crise des dettes souveraines aidant, la dette publique a reçu une attention plus marquée dans la discipline budgétaire révisée. La soutenabilité des finances publiques ne saurait se confondre avec la seule réduction du déficit public sous le seuil de 3 % du PIB, tant il a dorénavant été démontré qu'un niveau de dette très largement supérieur au seuil de 60 % du PIB constituait un facteur de fragilisation de l'économie. Dans ce contexte, la soutenabilité ou la viabilité des finances publiques constitue un objectif politique central dont la réalisation doit s'appuyer sur deux piliers : le niveau de la dette et le niveau du déficit.

S'agissant de la dette publique, le traité prévoit que les États membres doivent présenter un niveau d'endettement inférieur à 60 % du PIB, à moins que ce rapport ne diminue suffisamment et ne s'approche de la valeur de référence à un rythme satisfaisant. Faute de précision, le caractère « suffisant » de la baisse du niveau de la dette est laissé à l'appréciation de la Commission et du Conseil. Cette marge d'interprétation présenta un fort intérêt lorsqu'il s'est agi d'examiner le degré de convergence durable atteint par l'Italie, la Belgique ou la Grèce dans le cadre de la procédure d'adoption de la monnaie unique. Au moment de leur entrée dans la zone euro, ces pays présentaient alors respectivement un niveau de dette publique égal à 121,6 %, 122 % et 104,4 % du PIB. Ce niveau diminuait sans permettre pour autant de rapprocher significativement le niveau de la dette de la valeur de référence. La révision de 2011 permet de combler cette lacune, en insérant un nouvel article 1 *bis* au règlement (CE) n° 1467/97. Le rapport entre la dette publique et le PIB est considéré comme diminuant suffisamment et s'approchant de la valeur de

32. Cons. UE, concl. 13-14 décembre 2012, EUCO 205/12, point 2, lorsque sont rappelées « *les possibilités offertes par le cadre budgétaire existant de l'UE pour trouver un équilibre entre les besoins en matière d'investissements publics productifs et les objectifs de la discipline budgétaire [qui] peuvent être exploitées dans le cadre du volet préventif du PSC* ».

référence de 60 % du PIB à un rythme satisfaisant, si l'écart par rapport à la valeur de référence s'est réduit sur les trois années précédentes à un rythme moyen d'un vingtième par an.

C • La prévention des situations de déficit public excessif

La procédure de surveillance budgétaire des États membres s'inscrit dans le cadre général de la coordination des politiques économique et de surveillance multilatérale de l'article 121 du traité FUE. L'importance de la coordination des politiques budgétaires pour le bon fonctionnement de l'UEM conduit à ce que ce cadre général s'enrichisse d'une procédure spécifique décrite à l'article 126 du traité FUE, comprenant un volet préventif et correctif.

La liaison entre les deux procédures du traité est opérée par l'un des deux règlements du PSC : le règlement (CE) n° 1466/97 du Conseil. Adopté sur la base de l'article 121 du traité FUE, ce règlement porte sur le renforcement de la surveillance des positions budgétaires et des politiques économiques. Les modalités opérationnelles de la procédure et des documents à transmettre dans son cadre sont définies dans un code de conduite adopté par le Conseil ECOFIN sur la base d'un avis préparé par le comité économique et financier, en liaison avec la Commission européenne.

En complément des dispositifs appliqués au niveau de l'Union, les États membres ont été invités par la directive 2011/85/UE du Conseil du 8 novembre 2011 et le TSCG à se doter d'outils internes censés renforcer la prévention des risques budgétaires.

1) Le pilier européen de la prévention

Ce double emploi de la procédure de surveillance multilatérale de l'article 121 aux fins de coordination des politiques économiques et des positions budgétaires rend compte de la liaison entre les différentes politiques, l'exigence de cohérence entre les objectifs généraux définis pour les politiques économiques et ceux plus spécifiques concernant les politiques budgétaires et... d'un besoin d'économie et de simplicité en termes de procédures.

L'article 126 du traité s'ouvre sur un commandement : « *Les États membres évitent les déficits publics excessifs.* » Le traité n'interdit pas l'existence de déficits, mais exige des États membres qu'ils agissent avec prudence en matière budgétaire et prennent toute mesure utile (économique et budgétaire) pour présenter une position budgétaire en deçà de la valeur de référence de 3 % du PIB et, le cas échéant, pour se ménager des marges de manœuvre budgétaires afin d'anticiper toute dégradation des comptes publics à la suite d'un retournement de conjoncture. La procédure de discipline budgétaire entend accompagner les États membres dans leurs efforts d'une saine gestion des finances publiques.

Jusqu'aux réformes introduites par le Six-Pack, le déroulement de la procédure de prévention des déficits se fond et se confond avec la procédure de coordination et de surveillance multilatérale des politiques, voire la phagocyte même, et ce au détriment des autres politiques, dont les politiques structurelles.

La prévention se développe selon un rythme annuel marqué par des événements-clés :

- le Conseil européen de printemps où les priorités dans le champ des politiques économiques sont débattues ;
- la publication des rapports de stabilité (ou de convergence) – y compris des plans budgétaires nationaux à moyen terme – par les États membres à la mi-avril (et au plus tard le 30 avril) ;
- les réunions du Conseil européen en juin et du Conseil ECOFIN en juillet où sont discutées puis arrêtées les recommandations adressées aux États membres.

Peu considéré, un autre temps fort est celui des notifications fiscales. Avant le 1er avril et le 1er octobre de chaque année, les États membres doivent notifier à la Commission (Eurostat) leur déficit public et leur niveau de dette publique prévus pour l'année en cours, ainsi que les déficits et les dettes publics effectifs des quatre années passées. Ces données constituent un matériau essentiel pour Eurostat qui lui permet de déceler les erreurs comptables, volontaires ou non. Enfin, le règlement (UE) n° 473/2013 du Parlement européen et du Conseil a ajouté une nouvelle date importante pour les États membres de la zone euro : la transmission de leur projet de plan budgétaire pour l'année suivante au plus tard le 15 octobre.

La procédure de l'article 121 du traité FUE désigne le Conseil comme l'autorité en charge de la surveillance de l'évolution économique dans chacun des États membres et dans l'Union. En revanche, en matière de discipline budgétaire, il revient à la Commission de surveiller l'évolution de la situation budgétaire et du montant de la dette publique, en prenant pour points de repère les valeurs de référence de 3 % du PIB et de 60 % du PIB retenues respectivement pour le déficit et la dette publics. La dimension technique et statistique de la matière budgétaire n'est pas étrangère à ce choix en faveur de l'exécutif bruxellois. Dans cette logique, la Commission dispose aussi d'une plus grande autonomie pour alerter les États dont elle estime qu'ils connaissent ou présentent le risque de connaître un déficit public excessif. Contrairement au cadre de la coordination générale des politiques économiques, la Commission n'a pas à attendre que le Conseil se prononce sur la conformité des politiques nationales par rapport aux orientations économiques générales[33] ; elle peut agir de sa propre initiative au regard des conclusions tirées de la surveillance budgétaire réalisée. Tout au plus la Commission doit-elle informer le Conseil de ce qu'elle a adressé un avis à un État[34].

Le règlement (UE) n° 473/2013 enrichit la mission de surveillance budgétaire de la Commission. Il la charge d'examiner les projets de plan budgétaire des États membres, c'est-à-dire les grandes lignes du projet de loi de finances pour l'année suivante. La Commission doit remettre un avis sur les projets avant le 30 novembre au plus tard (en pratique, à la mi-novembre). Dans le cas où la Commission juge le projet de plan non conforme au PSC et aux recommandations adressées par le Conseil en juillet, elle peut demander à l'État concerné de lui soumettre un projet de plan révisé dans un délai de trois semaines maximum. À réception, la Commission dispose de trois semaines pour émettre un nouvel avis. Celui-ci est rendu public et transmis à l'Eurogroupe. De façon générale, l'Eurogroupe est destinataire de l'ensemble des avis adoptés par la Commission. Leur examen au niveau des ministres des Finances de la zone euro fournit l'occasion d'une discussion (une négociation) entre pairs et de lever les éventuelles inquiétudes qu'a pu exprimer la Commission à l'égard d'un ou plusieurs membres.

33. Article 121, § 4 du traité FUE.

34. Article 126, § 5 du traité FUE.

Échanges de lettres entre Jyrki Katainen, commissaire aux affaires économiques et monétaires, et Michel Sapin, ministre des Finances, lors du processus d'évaluation du projet de loi de finances pour 2015 (22-27 octobre 2014)

Extraits de la lettre de Jyrki Katainen adressée à Michel Sapin le 22 octobre 2014

« À partir de la proposition française, il ressort que l'ébauche de proposition budgétaire [draft budgetary plan] ne prévoit pas de ramener le déficit public global sous la barre des 3 % du PIB définie par les traités d'ici 2015, qui correspond à la date butoir fixée par le Conseil dans ses recommandations du 21 juin 2013 – avec l'objectif de mettre fin à la procédure de déficit public excessif pour la France. »

« D'après notre analyse préliminaire (...), l'ajustement du déficit structurel devrait ressortir à un niveau bien inférieur au niveau recommandé. Dès lors, tout porte à croire que l'ébauche de programme budgétaire pour 2015 prévoit de manquer aux obligations budgétaires qui découlent des recommandations du Conseil, sous la procédure de déficit public excessif. »

Extraits de la lettre de Michel Sapin adressée en réponse à Jyrki Katainen le 27 octobre 2014

« Je tiens à vous redire que la France est attachée au respect des règles budgétaires que nous nous sommes collectivement fixées et à une application uniforme de ces règles à l'ensemble des pays concernés, dans une stricte égalité de traitement. Dans ce contexte, il nous semble décisif d'adapter le rythme de réduction des déficits publics en Europe et en France à la situation de très faible croissance économique et de très faible inflation, dans le respect des règles qui nous lient et des flexibilités qu'elles comportent.

En ce qui concerne le projet de plan budgétaire français, les informations les plus récentes dont nous disposons nous permettent de réviser un certain nombre de nos estimations, qu'il s'agisse principalement des moindres charges d'intérêt dans un contexte de baisse continue des taux depuis l'été, ou d'un moindre prélèvement sur recettes à venir au titre du budget de l'Union européenne, annoncé par votre collègue en charge du budget.

Par ailleurs, le Gouvernement a décidé, dans le cadre de l'élaboration du projet de loi de finances rectificatif de fin d'année 2014, de continuer et d'amplifier la réforme fiscale entamée depuis le début du quinquennat. C'est pourquoi il a décidé de mettre en œuvre de nouvelles mesures pour accélérer et renforcer la lutte contre la fraude et l'optimisation fiscale. L'ensemble de ces propositions sont complétées de quelques dispositions de justice qui, au total, nous permettent de présenter un ajustement budgétaire structurel supérieur à 0,5 point de PIB en 2015, dès lors que sont bien pris en compte les effets du changement de référentiel comptable européen, qui, facialement et transitoirement, dégrade d'un peu plus de 0,1 point de PIB notre effort en 2015 du fait du traitement comptable du CICE.

Notre démarche est donc en ligne avec nos règles communes et les flexibilités qu'elles contiennent. Elle est aussi adaptée à la situation macroéconomique de la zone euro. »

Source : Mediapart, 24 octobre 2014.

Dans sa mission de surveillance, la Commission dispose d'un nouveau levier d'action avec le règlement (UE) n° 1173/2011 du Parlement européen et du Conseil. Celui-ci introduit un régime de sanction au niveau du volet préventif de la procédure de discipline budgétaire. L'activation du dispositif répressif suppose qu'un État membre ait fait l'objet préalablement :

- d'une recommandation du Conseil l'invitant à mettre fin à un dérapage budgétaire ;
- d'une seconde recommandation du Conseil constatant qu'aucune mesure n'a été prise.

Dans cette hypothèse, la Commission peut recommander au Conseil l'adoption d'une décision qui impose à l'État réfractaire aux réformes un dépôt portant intérêt et s'élevant au maximum à 0,2 % du PIB enregistré l'année passée.

Il ne faudrait pas croire pour autant que le volet préventif de la discipline budgétaire constitue le terrain d'exercice exclusif de la Commission européenne. Le Conseil demeure l'institution centrale pour assurer la prévention au titre de sa compétence générale en matière de coordination des politiques économiques[35] :

- il prépare les réunions du Conseil européen et lui fait rapport ;
- il adopte les mesures législatives détaillant le régime de discipline budgétaire du traité FUE ;
- il est destinataire des programmes de stabilité (ou de convergence) des États membres, ainsi que des rapports et avis établis par la Commission ;
- il examine les OBMT et les trajectoires d'ajustement présentés par les États ;
- il suit la mise en œuvre des programmes de stabilité (ou de convergence)…

35. Article 5, § 1 du traité UE.

Plus fondamentalement, le développement des différentes étapes du volet préventif de la discipline budgétaire repose sur des actes juridiques, contraignants ou non, adoptés par le Conseil.

L'identification d'un écart entre la stratégie budgétaire conduite par un État et la trajectoire d'ajustement convenue entre cet État et les institutions de l'Union fait l'objet d'une recommandation du Conseil. Celui-ci y invite l'État concerné à adopter les mesures appropriées et fixe un délai n'excédant pas cinq mois pour remédier à l'écart. À défaut de mesures prises par l'État, le Conseil peut adopter une décision établissant qu'il n'y a pas eu d'action suivie d'effet. Cette décision s'accompagne d'une recommandation sur les mesures à prendre par l'État et le délai pour les engager. Elle active aussi le prononcé de sanctions financières. Cette recommandation pourra être révisée par la suite. Au cas où la situation financière de l'État se dégrade de telle sorte que la valeur de référence est dépassée, la phase préventive laisse la place à la phase corrective.

Pour chaque mesure, le Conseil se prononce à la majorité qualifiée, sur recommandation de la Commission, sans tenir compte du vote de l'État concerné. Cela signifie que le Conseil peut rejeter la proposition de la Commission ou la modifier contre sa volonté à la majorité qualifiée. Le risque est que la procédure s'enlise dans les négociations politiques et que le scénario de la crise de l'automne 2003 se réitère. À l'époque, le Conseil avait décidé de suspendre la procédure pour déficit public excessif engagée contre la France et l'Allemagne, contre la position de la Commission. Le Six-Pack prend acte de ce risque et établit de nouvelles modalités de vote au Conseil pour l'adoption des mesures sensibles : c'est la majorité qualifiée inversée. Cette dernière s'applique notamment pour l'adoption de la décision constatant qu'aucune mesure suivie d'effet n'a été prise par un État. Au cas où la recommandation de décision présentée par la Commission est rejetée une première fois par le Conseil, la Commission peut resoumettre le texte. La décision est réputée adoptée par le Conseil, à moins que celui-ci ne décide, statuant à la majorité simple, de rejeter la recommandation dans un délai de dix jours à compter de son adoption par l'exécutif bruxellois[36].

Le TSCG appuie le principe du vote à la majorité qualifiée. Les États membres participants se sont engagés à soutenir les propositions ou recommandations de la Commission présentées sous cette procédure de vote.

36. Article 6, § 2 du règlement (CE) n° 1466/97, tel que modifié par le règlement (UE) n° 1175/2011.

Les différentes étapes du volet préventif de la procédure de discipline budgétaire

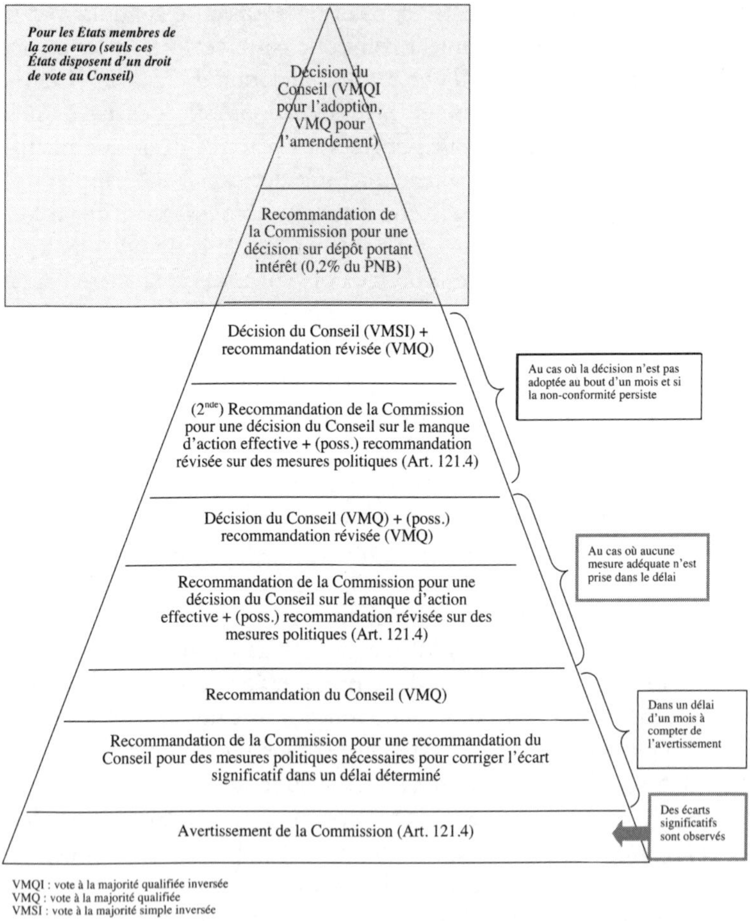

Source : Comm. UE, 2015.

L'ensemble des évolutions du volet préventif de la procédure de discipline budgétaire sont bienvenues. Certaines étaient réclamées par la Commission depuis la première crise du PSC en 2003-2004[37]. Pourront-elles contribuer de façon efficace à ce que les États membres évitent les déficits publics excessifs ? Entre 1999 et 2012, les États membres participant à la monnaie unique ont présenté un déficit public supérieur à la valeur seuil de 3 % du PIB à 77 reprises, y compris en période de conjoncture favorable ! Seuls le Luxembourg, l'Estonie et la Suède n'ont jamais fait l'objet d'une procédure pour déficit public excessif. Fin décembre 2015, neuf États membres relèvent du volet correctif de la procédure de discipline budgétaire.

Évolution des déficits publics de l'UE, de la zone euro, de l'Allemagne, de la Grèce, de la France et de l'Italie (1999-2014)

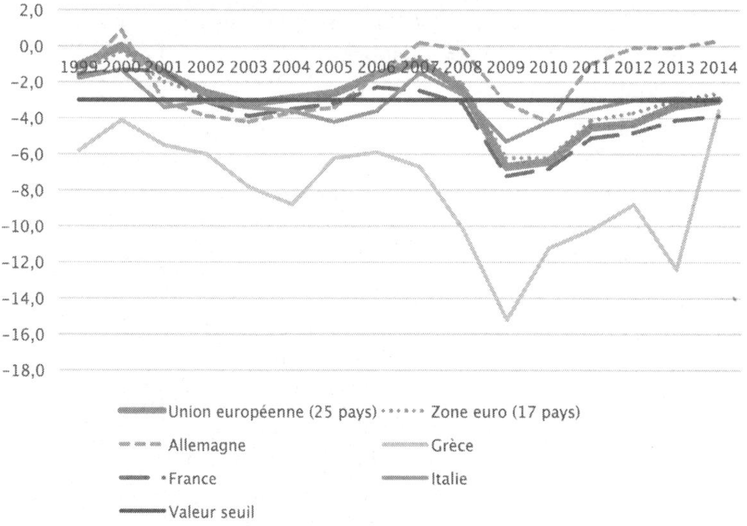

Source : Eurostat, page consultée le 15 janvier 2016.

37. Voir en particulier Comm. CE, communications *Les finances publiques des États membres en 2004*, 24 juin 2004, COM(2004) 425 final ; *Renforcer la gouvernance économique et clarifier la mise en œuvre du pacte de stabilité et de croissance*, 3 septembre 2004, COM(2004) 581 final. Également : PE, rés. sur les finances publiques dans l'UEM – 2004, P6_TA(2005)0035, *JOUE* C 304 E, 1er décembre 2005, p. 132.

2) Le pilier national de la prévention

Les améliorations apportées au volet préventif ne modifient pas la nature des rapports entre l'Union et les États membres au sein du pilier économique de l'UEM : la discipline budgétaire et macroéconomique, aussi renforcée soit-elle, demeure une politique de coordination, comme en atteste la conservation d'un rôle central aux institutions représentant les intérêts nationaux. Elle ne pénètre pas les ordres juridiques. Elle préserve l'emprise des États sur l'application des règles de droit et des engagements définis en commun… ou sur leur inapplication.

Par prudence, les États membres ont jugé nécessaire de doubler le régime communautaire de la discipline budgétaire d'auxiliaires nationaux. La « nationalisation » des exigences communautaires doit favoriser une adhésion renforcée des institutions nationales, mais aussi des citoyens et des partis politiques locaux aux objectifs de finances publiques saines. C'est-à-dire qu'elle doit permettre leur appropriation par tout un chacun. Une pression nouvelle, interne celle-ci, doit s'exercer à l'égard des autorités publiques en faveur de la discipline.

Le principe d'une « béquille nationale » n'est pas neuf. Le traité de Maastricht le mentionne dans le protocole sur la procédure concernant les déficits excessifs : les États doivent veiller à ce que les procédures nationales en matière budgétaire leur permettent de remplir les obligations qui leur incombent dans ce domaine en vertu des traités. De fait, la quasi-totalité des États membres se dotent à compter de 1997 de règles de contrôle de la dépense publique, allant de l'engagement politique sans mesure de contrôle *ex post* à l'inscription, dans une norme constitutionnelle, d'un objectif sur l'évolution de la dépense publique, doublé d'un dispositif de contrôle *ex post* assuré par des organismes indépendants[38]. Si elle est plus rare, cette dernière approche paraît produire des résultats plus efficaces, comme le relève la Commission en 2004 en plein débat sur la révision du PSC[39].

La révision de la stratégie de Lisbonne et du PSC en mars 2005 est l'occasion de relancer la réflexion sur la contribution des cadres budgétaires nationaux à la réalisation des objectifs du PSC. La marge de manœuvre est étroite. La définition au niveau de l'Union de cadres nationaux budgétaires dont les États doivent se munir n'est admissible juridiquement et

38. Comm. CE, « Public finances in EMU – 2003 », *European Economy*, n° 2/2003, p. 177.

39. Comm. CE, communication *Renforcer la gouvernance économique et clarifier la mise en œuvre du pacte de stabilité et de croissance*, 3 septembre 2004, COM(2004) 581 final, p. 10.

politiquement qu'à la double condition qu'elle « *respecte le principe de subsidiarité prévu par le traité et* [qu'elle ne porte pas] *atteinte aux prérogatives des gouvernements nationaux d'arrêter leurs politiques structurelles et budgétaires* »[40]. En outre, la diversité des situations budgétaires et des structures politiques et constitutionnelles interdit toute solution universelle.

Trop sensible politique, cette évolution ne connaît aucune traduction juridique lors de la première révision du PSC par les règlements (CE) n° 1055/2005 et n° 1056/2005 du Conseil. Chaque État membre se dote de cadres nationaux à son rythme. Ces améliorations sont régulièrement soulignées et soutenues par le Conseil et la Commission par la suite[41]. Ainsi, le Conseil soutient-il par exemple l'établissement de budgets axés sur les performances et l'évaluation des dépenses, et les arrangements faisant intervenir des organes d'évaluation externes[42].

La gravité de la crise des dettes souveraines revitalise le débat sur les cadres budgétaires nationaux et leur pertinence. Promue à nouveau par la Commission au printemps 2010, l'idée est retenue par le groupe de travail sur la gouvernance économique présidé par Herman Van Rompuy et approuvée par le Conseil européen du 17 juin 2010. Les règles en matière de discipline budgétaire doivent être renforcées de telle sorte que « *tous les États membres aient des règles budgétaires nationales et des cadres budgétaires à moyen terme conformes au pacte de stabilité et de croissance* »[43].

Le principe se matérialise sous la forme d'une proposition de directive au sein du Six-Pack. Les chefs d'État ou de gouvernement de la zone euro vont se montrer soucieux de prendre des engagements politiques concrets en ce domaine notamment. La crise des dettes souveraines bat son plein et les négociations sur le Six-Pack se durcissent entre les deux colégislateurs. Les États membres de la zone euro conviennent de traduire dans leur législation les règles budgétaires de l'UE figurant dans le PSC. Vingt ans après la signature du traité de Maastricht, il était temps !

---

40. Cons. ECOFIN, rapport au Conseil européen, 20 mars 2005, précité.

41. Voir Cons. ECOFIN, concl. sur la qualité des finances publiques, 2804e session, 5 juin 2007, 10319/07 (Presse 126). Voir également : Comm. CE, communication *Les finances publiques dans l'UEM – 2008. Rôle de la qualité des finances publiques dans le cadre de la gouvernance de l'UE*, 24 juin 2008, COM(2008) 387 final. Également, l'analyse substantielle réalisée par le CPE en 2008 : Economic Policy Committee, « The Quality of Public Finances », *European Economy, Occasional Papers*, n° 37, mars 2008.

42. Cons. ECOFIN, concl. sur la qualité des finances publiques, 2866e session, 14 mai 2008, 8850/08 (Presse 113).

43. Cons. UE, concl. 17 juin 2010, EUCO 13/10.

Inclus dans le pacte pour la zone euro du 11 mars 2011, cet engagement est repris à l'identique dans le Pacte pour l'euro plus.

La directive (UE) 2011/85/UE du Conseil du 8 novembre 2011 formalise juridiquement l'obligation nouvelle de tous les États membres de se doter d'un cadre budgétaire national conformément aux exigences qu'elle décrit[44]. Sur un certain nombre de points, elle laisse une importante marge de manœuvre aux États membres. Le TSCG, puis le règlement (UE) n° 473/2013 du Parlement européen et du Conseil comblent les imprécisions et rognent ce faisant l'autonomie budgétaire des États.

Le Pacte pour l'euro plus du 25 mars 2011 (extraits)

« *Les États membres conserveront le choix de l'instrument juridique à utiliser au niveau national, mais veilleront à ce qu'il soit par nature suffisamment contraignant et durable (par exemple, la Constitution ou une législation cadre). La formulation exacte de la règle sera également arrêtée par chaque pays (il pourrait par exemple s'agir d'un "frein à l'endettement", d'une règle liée au solde primaire ou d'une règle portant sur les dépenses), mais elle devrait garantir la discipline budgétaire tant au niveau national qu'aux niveaux inférieurs. La Commission aura la possibilité, tout en respectant pleinement les compétences des parlements nationaux, d'être consultée, avant son adoption, sur la formulation précise de la règle budgétaire, afin de s'assurer qu'elle est compatible avec les dispositions européennes et contribue à leur réalisation.* »

Sur le fond, l'encadrement communautaire de la gouvernance budgétaire nationale s'articule autour de deux éléments-clés :

- la définition d'un objectif à travers une règle budgétaire chiffrée ;
- des règles procédurales garantissant la réalisation de l'objectif. Le tout compose le cadre budgétaire national.

Le principe d'une règle constitutionnelle qui garantisse un budget équilibré est issu de la doctrine néoclassique libérale des années 1970. Dans le droit de l'Union, cette règle se trouve exprimée dans le règlement (CE) n° 1466/97 sous la forme de l'objectif budgétaire à moyen terme (OBMT). La directive 2011/85/UE fait obligation aux États membres de se doter de règles budgétaires chiffrées qui leur sont propres (*sic*) et qui favorisent effectivement le respect de leurs obligations découlant du traité FUE dans le domaine budgétaire et des valeurs de référence pour le déficit public et la dette publique en particulier. Chacun demeure ainsi libre de la forme à donner à sa règle budgétaire chiffrée (« frein à l'endettement » ou « *debt brake* », règle liée au solde primaire ou règle portant

44. *JOUE* L 306, 23 novembre 2011, p. 41.

sur les dépenses). La directive conserve aussi le silence le plus complet concernant la nature de la règle budgétaire nationale chiffrée. La retenue du législateur cède toutefois sur un point : l'étendue des clauses dérogatoires au respect des règles budgétaires chiffrées. Dans certains pays, les dérogations sont si généreuses qu'elles interrogent l'effectivité et l'intérêt même de la règle budgétaire. La directive appelle par conséquent à ce que les circonstances justifiant des écarts par rapport à la trajectoire d'ajustement soient cohérentes avec les circonstances prises en compte dans le PSC[45].

Cherchant à contraindre sans contrarier les États, la directive multiplie les ambiguïtés. Utile, elle n'est pas un outil suffisant pour garantir l'efficacité de la discipline budgétaire dans la zone euro. Le couple franco-allemand va faire pression pour que des précisions rapides soient apportées. Le renforcement de la discipline constitue un préalable autant qu'un complément au renforcement des mécanismes d'assistance financière.

Lettre commune d'Angela Merkel, chancelière de la République fédérale d'Allemagne, et de Nicolas Sarkozy, président de la République française, à Herman Van Rompuy, président du Conseil européen, 17 août 2011 (extraits)

« [...] L'Union économique et monétaire doit s'appuyer sur une coordination encore plus étroite des politiques nationales budgétaires et économiques.

Cette coordination sera encore renforcée par les propositions suivantes :

– en s'appuyant sur les engagements qu'ils ont pris dans le cadre du Pacte pour l'Euro-plus, tous les États membres de la zone euro incluront d'ici l'été 2012 une règle d'équilibre budgétaire dans leur législation nationale. Par principe, la règle d'équilibre budgétaire devra être incluse dans la constitution des États membres ou dans une législation de niveau équivalent afin d'assurer la stabilité et de lui donner la primauté sur les budgets annuels. La règle doit mettre en œuvre les objectifs du Pacte de stabilité et de croissance et garantir que chaque État membre de la zone euro présente le plus rapidement possible un budget équilibré. Elle garantira ainsi une réduction du niveau de la dette en cas de dépassement du niveau de référence (60 % du PIB). [...] »

Le Pacte pour l'euro plus puis le TSCG préconisent que la règle budgétaire nationale soit suffisamment contraignante et durable et inscrite à ce titre dans la constitution ou dans une loi-cadre. Le TSCG précise le contenu même de la règle que les États membres contractants doivent inscrire dans leur ordre juridique interne : la situation budgétaire de

45. Article 6, § 2 de la directive.

l'État doit être en équilibre ou en excédent. C'est ce que la presse a rapidement appelé, à tort, la « règle d'or » ; le TSCG préfère l'expression « règle d'équilibre budgétaire ». Cet objectif est réputé atteint, est-il précisé, lorsque le solde structurel annuel correspond à l'OBMT spécifique à chaque pays. L'OBMT ne peut être inférieur à un déficit structurel égal à 0,5 % du PIB. Le TSCG va donc plus loin que le PSC et le règlement (CE) n° 1466/97 du Conseil : celui-ci retient comme valeur cible un déficit structurel égal à 1 % du PIB. La version du règlement (UE) n° 473/2013 proposée par la Commission prévoyait aussi que les États intègrent l'OBMT tel que défini par le PSC dans leur droit national. Avec l'adoption du TSCG, cette obligation a été supprimée lors des négociations législatives. Dans sa version finale, le règlement rappelle avec force qu'il n'impose pas aux États membres d'autres exigences ou obligations que les règles budgétaires chiffrées spécifiques à chaque pays[46]. Le droit de l'Union s'efface devant le droit international. La différence n'est pas seulement technique : elle est politique. Que les États membres décident souverainement de se lier les mains est une chose, que l'Union impose une règle budgétaire précise dans les constitutions nationales, une autre !

La transposition du TSCG en droit français : la loi organique relative à la programmation et à la gouvernance des finances publiques

Dans sa décision n° 2012-653 DC du 9 août 2012, le Conseil constitutionnel a établi que la ratification du traité et sa mise en œuvre, notamment l'inscription de la règle relative à l'équilibre budgétaire dans le droit national, ne nécessitaient pas de révision de la Constitution. En revanche, la modification de la procédure d'élaboration et du contenu de la loi de programmation des finances publiques et des projets de lois financières implique de prendre des dispositions de nature organique ; c'est l'objet de la loi organique relative à la programmation et à la gouvernance des finances publiques du 17 décembre 2012.

Cette loi organique modifie les procédures budgétaires conformément aux principes du TSCG. Elle a par ailleurs anticipé la mise en œuvre du « Two-Pack », entré en vigueur quelques mois plus tard, le 30 mai 2013, qui prévoit notamment qu'un organisme indépendant valide les prévisions macroéconomiques retenues pour la construction des budgets des États membres.

Source : Direction du Budget, « Le TSCG et la gouvernance au sein de l'UEM : Focus sur les dispositions budgétaires », Forum de la performance, *Europa.eu*, http://www.performance-publique.budget.gouv.fr/, page consultée le 15 janvier 2016.

46. Considérant (18) du règlement.

3) Les dispositifs nationaux de surveillance budgétaire

Plus une règle budgétaire devient contraignante, plus les astuces comptables se développent. L'adoption d'une règle budgétaire n'a d'intérêt que si son respect s'appuie sur une procédure de surveillance. Les exemples des échanges âpres entre la Commission et les États membres à propos des projets de loi de finances ou des programmes de stabilité rappellent, s'il le fallait, que la surveillance est mieux acceptée et respectée lorsqu'elle cultive l'entre-soi. Il en est espéré une meilleure compréhension quant aux difficultés éventuellement rencontrées.

Le cadre budgétaire désigne l'ensemble de mesures, de procédures, de règles et d'institutions qui sous-tendent la conduite de la politique budgétaire des administrations publiques[47]. Cette définition fourre-tout est peu opérationnelle en soi, mais permet, par sa généralité, de viser l'ensemble des dispositifs intervenant dans l'élaboration, l'adoption et l'exécution des lois de finances. Les grands principes de ce cadre sont posés par la directive 2011/85/UE du Conseil. Le TSCG puis le règlement (UE) n° 473/2013 la complètent.

Les exigences concernant le cadre budgétaire portent sur quatre aspects :
- le système comptable et statistique ;
- les prévisions ;
- la programmation budgétaire pluriannuelle ;
- les modalités d'organisation de la décentralisation budgétaire.

Dans chacun de ces domaines, il s'agit d'imposer aux autorités nationales qu'elles fournissent aux parties intéressées (institutions de surveillance de l'Union, marchés, société civile) des informations budgétaires sincères, fiables et transparentes. À ce titre, les États membres doivent publier, en plus des notifications fiscales semestrielles, leurs principales données budgétaires (notamment celles du sous-secteur de l'administration centrale) selon un rythme mensuel ou trimestriel[48]. Les prévisions macroéconomiques – souvent dénoncées pour leur optimisme, notamment en France – donnent lieu à un encadrement sévère : les prévisions, les méthodologies, les hypothèses et paramètres pertinents sont confrontés à ceux de la Commission et donnent lieu à un dialogue technique entre l'État et l'institution bruxelloise ; ils font également l'objet d'une évaluation *ex ante* et *ex post* rendue publique.

47. Article 2 de la directive.

48. Article 3 de la directive.

La directive entend éviter que la décentralisation budgétaire propre à certains États ne forme un obstacle à la mise en œuvre du cadre budgétaire et/ou permette des manipulations comptables : les États doivent prévoir des mécanismes de coordination entre les sous-secteurs des administrations publiques des différents échelons territoriaux.

La discussion des OBMT et des trajectoires d'ajustement repose pour l'essentiel sur des hypothèses, des prévisions, des projections macroéconomiques. Chaque État membre, chaque direction du Trésor dispose à cet effet de ses propres modèles macroéconomiques pour éclairer la définition de ses objectifs budgétaires et sa trajectoire d'ajustement. Les écarts constatés régulièrement entre les projections proposées par les États et la Commission peuvent autant relever de différences méthodologiques que de l'introduction de biais. Dans ce débat où la technique financière rejoint les choix politiques, la directive 2011/85/UE et le règlement (UE) n° 473/2013 introduisent un nouvel acteur pour dépolitiser le débat : des organismes fondés sur des dispositions juridiques nationales, indépendants ou jouissant d'une autonomie fonctionnelle par rapport aux autorités budgétaires[49]. Ils doivent être dotés de pouvoirs d'évaluation et d'avis, ainsi que de moyens matériels et humains propres.

Ces organismes ont pour responsabilité de réaliser des analyses fiables et indépendantes sur les règles budgétaires adoptées par les États au titre du cadre budgétaire national. Ils en surveillent à ce titre le respect et peuvent procéder à toute évaluation publique concernant les écarts et les justifications des écarts entre la situation budgétaire et les règles budgétaires.

Enfin – et cet élément est introduit par le TSCG –, les États membres qui en sont parties doivent introduire dans leur droit national un mécanisme de correction. Celui-ci doit se déclencher automatiquement si des écarts importants sont constatés par rapport à l'OBMT ou à la trajectoire d'ajustement propre à permettre sa réalisation. Les États membres doivent être tenus, en vertu de ce dispositif, à appliquer les mesures visant à corriger les écarts constatés.

49. Article 6 de la directive 2011/85/UE et article 2 du règlement (UE) n° 473/2013.

Le Haut Conseil des finances publiques

En France, la loi organique n° 2012-1403 du 17 décembre 2012 relative à la programmation et à la gouvernance des finances publiques[50] prise en application du TSCG consacre le « Haut Conseil des finances publiques » (HCFP) comme organisme indépendant de surveillance et de conseil placé auprès de la Cour des comptes et présidé par le Premier président de la Cour des comptes.

Agissant sur saisine du gouvernement, le HCFP est appelé à rendre des avis publics sur les projets de loi de programmation des finances publiques, en particulier sur la cohérence de la programmation envisagée au regard de l'OBMT spécifique national et aux engagements européens de la France. Le HCFP doit aussi se prononcer sur les projets de loi de finances et les projets de loi de financement de la sécurité sociale, les projets de loi rectificative et les projets de loi de règlement.

Dans ses avis, le HCFP est tout particulièrement invité à évaluer les prévisions macroéconomiques établies par le gouvernement et l'estimation du produit intérieur brut. Dans le cadre de l'examen du projet de loi de règlement, le HCFP doit, le cas échéant, identifier dans son avis les écarts importants entre les résultats de l'exécution budgétaire et les orientations pluriannuelles de solde structurel définies dans la loi de programme des finances publiques.

Dans l'exercice de ses missions, le Haut Conseil des finances publiques peut procéder à l'audition des représentants de l'ensemble des administrations compétentes dans le domaine des finances publiques, de la statistique et de la prévision économique. Il peut faire appel à des organismes ou des personnalités extérieures à l'administration, notamment pour apprécier les perspectives de recettes, de dépenses, de solde et d'endettement des administrations publiques et de chacun de leurs sous-secteurs. Le Gouvernement répond aux demandes d'information que lui adresse le Haut Conseil dans le cadre de la préparation de ses avis.

Source : Synthèse établie par les auteurs sur la base de la loi organique précitée.

2. La correction de l'indiscipline budgétaire

Le rapport du comité Delors préconisait que la discipline budgétaire repose sur une série de règles contraignantes :

– l'imposition d'un plafond effectif aux déficits budgétaires ;
– la limitation du recours à l'emprunt extérieur en monnaies étrangères ;
– l'interdiction du financement monétaire.

50. *JO* n° 0294, 18 décembre 2012, p. 19816.

L'introduction d'un dispositif de correction obligatoire pour les déficits excessifs fut aussi discutée par la Commission.

Le traité de Maastricht retient quelques-unes de ces différentes prescriptions sans aller jusqu'au bout de la démarche. Aux plafonds obligatoires en matière de déficits, il a préféré des règles de prudence budgétaires plus protectrices de l'autonomie budgétaire des États et respectueuses du principe de subsidiarité. Les États doivent éviter les déficits publics excessifs, est-il ainsi indiqué en ouverture de l'article 126 du traité FUE. La portée de cette prescription est double :

- les États doivent tâcher de présenter une situation budgétaire qui demeure dans les limites des valeurs de référence du déficit et de la dette publique ;
- si l'une et/ou l'autre de ces valeurs sont dépassées, les États doivent adopter toute mesure nécessaire pour mettre fin à la situation de déficit excessif, avec le soutien de l'Union et des autres États membres et sous la pression des marchés.

Dans ce modèle, la prévention des déficits publics excessifs est faillible, mais non la correction. Cela ne signifie pas que le traité de Maastricht – ou le traité de Lisbonne à sa suite – envisage que la correction se réalise aisément : des sanctions financières sont prévues pour les États qui ne réalisent pas les ajustements nécessaires pour faire cesser la situation d'indiscipline. Mais, fut-ce avec du temps, la correction doit et va se réaliser. L'hypothèse que la correction soit inadaptée à la gravité de la situation économique, financière et budgétaire d'un État membre et que celui-ci se retrouve en situation de défaut de paiement n'est pas évoquée par les traités.

Une exception toutefois : une assistance financière figure à l'origine dans le traité de Maastricht et a été conservée à l'article 122 du traité FUE. Elle vise l'hypothèse où un État connaît des difficultés – ou une menace sérieuse de graves difficultés – en raison de catastrophes naturelles ou d'événements exceptionnels échappant à son contrôle (actes de terrorisme, explosion d'une centrale nucléaire...). La solidarité entre États membres exige qu'une assistance financière soit apportée dans ces hypothèses où la question de la discipline – ou de l'indiscipline – budgétaire n'est pas en cause. Cette disposition a été mobilisée au profit de la Grèce en mai 2010. L'extériorité des faits ayant conduit à la crise financière de la Grèce pourrait être discutée...

Avec la crise des dettes souveraines, le régime de discipline budgétaire apparaît dessiné pour des temps heureux. Il faut le réarmer. La réforme se réalise en deux phases :

- une phase empirique, tout d'abord, lorsqu'il s'agit d'organiser une assistance d'urgence à la Grèce à compter de mai 2010 ;
- puis une phase d'adaptation des règles et procédures budgétaires à travers l'adoption du Six-Pack, du Two-Pack et du TSCG.

En fin de compte, deux dispositifs de correction coexistent aujourd'hui : un régime ordinaire et un régime d'exception, dont le déclenchement est fonction de l'incidence de la situation budgétaire de l'État sur la stabilité financière de l'Union et de la zone euro.

A • Le dispositif de correction ordinaire

Le dispositif de correction « pour les temps heureux » est défini à l'article 126, § 6 à 13 du traité FUE. Il est détaillé dans le PSC par le règlement (CE) n° 1467/97 du Conseil et le règlement (UE) n° 473/2013 du Parlement européen et du Conseil. Les aspects plus opérationnels sont arrêtés par le Conseil dans le code de conduite concernant la mise en œuvre du PSC. Le TSCG a apporté également d'utiles compléments à travers l'obligation faite aux États membres participants d'inscrire un mécanisme de correction automatique dans leur droit interne.

1) Le déclenchement du volet correctif

L'identification de l'existence d'un déficit public excessif dans un État membre revient à la Commission au titre de sa fonction de surveillance et d'analyse technique. Lorsque l'institution relève qu'un État membre présente une situation budgétaire non conforme aux exigences des critères de discipline, elle établit un rapport circonstancié. Le rapport est examiné par le comité économique et financier, l'organe préparatoire des travaux du Conseil. Ce rapport est en général émis dans le cadre du processus de prévention, à l'issue de la présentation par les États membres de leurs programmes de stabilité ou de convergence. Il peut aussi intervenir à tout autre moment de l'année, sitôt que le non-respect de l'un ou l'autre critère de discipline est patent ou très probable. C'est le cas notamment après le vote d'une loi de finances ou après l'adoption de son programme de gouvernement par une majorité nouvellement élue.

À la suite de la publication de son rapport et de sa discussion avec le comité économique et financier, la Commission soumet au Conseil une proposition de décision afin que l'état de déficit public excessif soit constaté. L'adoption de cet acte juridique contraignant par le Conseil entraîne un changement de statut de l'État concerné à compter de son entrée en vigueur : l'État fait l'objet d'une procédure pour déficit public excessif, et il est invité à prendre des mesures d'ajustement définies dans une recommandation du Conseil complémentaire de la décision. L'État demeure responsable de sa politique budgétaire. Il lui est loisible de ne pas donner suite aux recommandations adressées par le Conseil. Dans ce cas, il s'expose à une série de sanctions dont l'intensité est croissante.

À ce jour, toutes les propositions de décision sur l'existence d'un déficit public présentées par la Commission ont été adoptées par le Conseil, sans exception. Il ne faut y voir cependant aucun automatisme. La décision du Conseil constitue un acte à très forte connotation politique, même si son adoption est aujourd'hui banale. Sa dimension politique s'exprime à travers la marge d'interprétation que le traité et le règlement (CE) n° 1467/97 laissent à la Commission – et surtout au Conseil – dans l'analyse de la situation. Le PSC prévoit des circonstances exceptionnelles, et ménage une discussion explicative entre l'État visé par une procédure pour déficit public excessif, la Commission et les autres États membres.

Le dépassement des valeurs de référence retenues pour le déficit public et la dette publique ne conduit pas à une application aveugle du volet correctif. L'objectif poursuivi est avant tout de discipliner les États aux comportements impécunieux. De plus, la procédure est potentiellement lourde de conséquences politiques, réputationnelles et financières pour les États concernés. La correction est inadaptée pour les États qui, sans attendre, ont déjà pris les mesures correctives pertinentes, et dont le niveau de déficit public diminue de manière substantielle et constante en s'approchant de la valeur de référence de 3 % du PIB. La correction est aussi inappropriée pour les États dont le creusement du déficit public puise sa cause hors de leur volonté, c'est-à-dire si les États ont fait face à des circonstances exceptionnelles ou à un environnement économique dégradé.

Cependant, pour éviter que ces circonstances ne constituent une échappatoire commode à la mise en œuvre du volet correctif, le législateur en a détaillé les conditions d'admissibilité et a visé deux hypothèses : l'existence d'une circonstance inhabituelle et le contexte d'une grave récession économique.

La circonstance inhabituelle doit présenter plusieurs caractéristiques pour être retenue. Elle doit être exceptionnelle et temporaire. Le caractère exceptionnel ressort d'une circonstance qui est indépendante de la volonté de l'État concerné, imprévisible et grave, c'est-à-dire ayant des effets sensibles sur la situation des administrations publiques. Comme pour l'assistance financière de l'article 122 du traité FUE, cette circonstance peut consister en des actes terroristes, une catastrophe naturelle, la recapitalisation massive du secteur bancaire[51] ou l'afflux massif de réfugiés. En plus d'être exceptionnelle, la circonstance doit être temporaire. Tel est le cas si, selon les prévisions de la Commission, le dépassement se rétracte sous la valeur de référence une fois la circonstance inhabituelle ou la grave récession économique disparue.

La Commission juge que les dépenses liées à la crise des réfugiés peuvent être considérées comme une circonstance exceptionnelle au titre du PSC

En conférence de presse à l'issue de la réunion (du Conseil ECOFIN du 10 novembre 2015), le Luxembourgeois Pierre Gramegna a relevé que le sujet du coût de la crise des réfugiés avait été une nouvelle fois évoqué par les ministres alors que la Commission a rendu son analyse sur le traitement des dépenses liées à cette crise au titre du Pacte de stabilité et de croissance (PSC).

Pour rappel, la Commission, qui avait été chargée de mener une analyse économique et financière de l'impact de la crise des réfugiés lors de la réunion informelle des ministres européens de l'Économie et des Finances à Luxembourg le 11 septembre 2015, avait été invitée par la Présidence à analyser dans quelle mesure cette crise pouvait être considérée comme une « circonstance exceptionnelle » au titre du PSC (ce qui aurait pour effet la neutralisation de ces dépenses au regard des règles européennes sur le déficit budgétaire).

« *La Commission reste pleinement engagée à appliquer le PSC* », a encore indiqué le commissaire, mais « *cela inclut également la flexibilité prévue par le Pacte pour réagir à des événements inhabituels hors du contrôle de l'État membre concerné et qui ont un impact majeur sur les finances publiques* », a-t-il poursuivi.

Source : Cons. ECOFIN, « Les ministres s'accordent sur le financement-relais du Fonds de résolution unique dans le contexte de l'Union bancaire », *EU2015lu.eu*, http://www.eu2015lu.eu/fr/actualites/articles-actualite/2015/11/10-conseil-ecofin/index.html, page consultée le 15 janvier 2016.

51. Dans le cadre de l'Union bancaire, la recapitalisation fait dorénavant partie d'un dispositif spécifique. Voir chapitre 5, « L'union bancaire ».

La deuxième hypothèse est celle d'une grave récession économique qui, par le jeu des stabilisateurs macroéconomiques, conduit à une dégradation des comptes publics. Jusqu'à sa réforme en juin 2005[52], le PSC distingue deux niveaux de gravité :

- une diminution annuelle du PIB en termes réels comprise entre 0,75 % et 2 % peut être invoquée par un État membre comme circonstance exceptionnelle, mais son bénéfice n'est pas automatique. Le Conseil examine notamment si l'État membre suit sa trajectoire d'ajustement, ou s'il a engagé les réformes structurelles nécessaires pour rebondir plus facilement en cas de crise ;
- à l'inverse, une récession annuelle de plus de 2 % du PIB est qualifiée automatiquement de récession économique grave.

Cette définition de la notion de « grave récession économique » se révèle trop stricte et n'a jamais pu être mise en œuvre, ce qui conduit à interroger sa pertinence. Faute de pouvoir faire reconnaître ses difficultés comme circonstances exceptionnelles, le risque est alors que l'État concerné adopte une position obstructive au niveau des étapes suivantes de la procédure. C'est le cas avec la France et l'Allemagne, qui parviennent à bloquer au niveau du Conseil les sanctions que la Commission recommande aux ministres de l'Économie et des Finances d'adopter contre ces deux pays. L'autre risque est qu'une interprétation trop souple des règles de déclenchement du volet correctif se développe au sein du Conseil, sous la pression de tel ou tel État membre.

Que restera-t-il alors des exigences de la discipline si chacun peut s'en libérer par l'invocation du premier ralentissement économique ? Pour maintenir un cadre et des règles uniques et égales entre les États, la circonstance relative à la situation économique est assouplie, mais prudemment.

Depuis juin 2005, le dépassement du seuil de 3 % du PIB par le déficit public consécutif à une grave récession économique est exceptionnel s'il résulte :

- soit d'un taux de croissance annuel négatif du PIB ;
- soit d'une baisse cumulative de la production pendant une période prolongée de croissance annuelle très faible du PIB par rapport au potentiel de croissance (hypothèse de la « croissance molle » promue par la France).

52. Voir Cons. CE, règl. (CE) n° 1056/2005, 27 juin 2005 modifiant le règlement (CE) n° 1467/1997 visant à accélérer et à clarifier la mise en œuvre de la procédure concernant les déficits excessifs, *JOUE* L 174, 7 juillet 2005, p. 5.

Dans ce débat complexe, le dépassement du critère relatif au niveau d'endettement public mérite quelques commentaires. Ce critère est en effet très largement déconsidéré. Jusqu'à la crise des dettes souveraines, l'attention s'est ainsi portée sur le déficit et non sur la dette, c'est-à-dire sur le flux et non sur le stock de dette. L'hypothèse sous-jacente aux critères budgétaires est simple : avec un taux d'inflation nominal annuel de 5 %, le maintien du déficit public sous la barre de 3 % permet de stabiliser le niveau de la dette à 60 % du PIB. Dès lors que la dette est la résultante de l'accumulation de déficit, agir sur le déficit revient à agir également sur la dette. Le respect du critère de la dette a donc longtemps été interprété de façon très compréhensive, y compris dans le cadre de la procédure d'adoption de la monnaie unique, à l'occasion des examens de convergence.

Conformément à l'article 126 du traité FUE, le volet correctif doit être déclenché si un État membre présente une dette publique d'un niveau supérieur à 60 % du PIB, à moins que ce niveau ne diminue suffisamment et ne s'approche de la valeur de référence à un rythme satisfaisant. L'imprécision des notions de « diminution suffisante » et de « rythme satisfaisant » a été discutée lors de la révision du PSC en juin 2005, mais n'a pas été tranchée. L'enjeu consistait en effet à parvenir à placer la dette sur une dynamique descendante, sans que la baisse du stock s'appuie sur des efforts budgétaires politiquement et économiquement irréalistes.

Parce que ce sujet ne pouvait plus être reporté ou ignoré, le Six-Pack a quantifié les deux notions dans une formule qui ne se distingue guère par sa clarté : l'exigence tenant au niveau de la dette publique est réputée satisfaite si l'écart par rapport à la valeur de référence de 60 % du PIB s'est réduit sur les trois années précédentes à un rythme d'un vingtième par an (5 %) !

Dans ce contexte général, la discussion et l'échange entre les différentes parties prenantes occupent une bonne place. Même hors le cas de l'invocation d'une circonstance exceptionnelle et temporaire, l'État menacé de correction est invité à expliquer son dépassement, et à convaincre la Commission et ses partenaires de sa bonne foi. À la façon des procédures judiciaires contradictoires, le traité prévoit que le Conseil tient compte des observations éventuelles de l'État membre. Ce dernier pourra notamment mettre en avant les efforts d'ajustement entrepris, la qualité des dépenses publiques, les difficultés de l'environnement économique...

Nombre d'États membres faisant l'objet d'une procédure pour déficit public excessif (1999-2016)

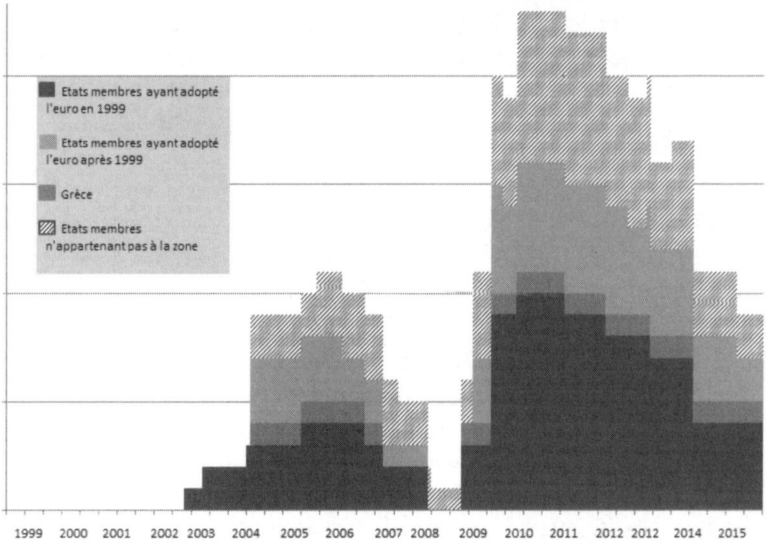

Source : Frédéric Allemand.

2) L'accompagnement de la correction

Responsables des dépassements budgétaires, les États membres sont aussi responsables de leur correction. Ceci étant, la coordination des politiques économiques, dont la discipline budgétaire constitue une déclinaison particulière, est une compétence de l'Union. En outre, la politique tant économique que budgétaire doit être considérée par chaque État membre comme une question d'intérêt commun. Dans cette perspective, les États membres « indisciplinés » ne sauraient être laissés seuls pour définir et procéder aux ajustements de correction nécessaire. Ils sont accompagnés et orientés.

Dans sa résolution sur le pacte de stabilité et de croissance, le Conseil européen d'Amsterdam des 16 et 17 juin 1997 fait état de l'engagement des États membres à corriger les déficits excessifs le plus rapidement possible après leur apparition et au plus tard l'année suivant la constatation du déficit excessif, sauf circonstances particulières. Cela laisse donc deux ans entre le moment où le déficit excessif se constate et celui où il se résorbe. Bel exercice d'optimisme, qui suppose une prévention efficace, des dépassements modestes et un engagement entier des États concernés pour mettre en œuvre les ajustements !

La limite de temps fixée pour corriger le déficit public commande le calendrier de réalisation des ajustements budgétaires. Les objectifs budgétaires à moyen terme (OBMT) sont définis pour chaque année jusqu'à la résorption du déficit excessif et le niveau des améliorations du solde structurel est calculé en conséquence. À titre de principe, le règlement (CE) n° 1467/97 du Conseil exige une amélioration annuelle du solde structurel d'au moins 0,5 % du PIB. Dans cette optique, il est de la première importance pour les autorités nationales de souligner l'existence de telle ou telle circonstance particulière afin de bénéficier d'un calendrier de réalisation étalé dans le temps. L'effort budgétaire annuel en sera moindre et une conjoncture favorable pourra faciliter l'effort. Mais à l'inverse, la survenance de nouvelles circonstances particulières pourra également justifier une demande de prorogation des délais de correction.

Ces circonstances ne sont pas définies dans le PSC, afin de saisir les difficultés de tout ordre que peuvent rencontrer les États membres. Il pourra s'agir d'un retournement de conjoncture, de recettes fiscales ou d'économies budgétaires moindres que prévues ou du temps nécessaire à ce que les réformes structurelles produisent leurs fruits. L'invocation de ces circonstances est admise et acceptée tant que des efforts d'ajustement sont véritablement engagés par les États. Elles ne sont donc pas une excuse à l'inaction, et permettent de distinguer ce qui relève du manque de chance et ce qui tient au manque de volonté (ou aux mauvaises politiques)[53].

La pratique est plus souple que le texte du PSC ne le présente. La définition du cadre temporel est fonction des objectifs budgétaires à moyen terme (OBMT) et du niveau d'amélioration de l'ajustement structurel requis pour atteindre ces objectifs. Si ces derniers sont excessifs, il y a peu de chance qu'ils puissent être réalisés en raison des résistances politiques. En outre, un effort budgétaire trop intense sur une période trop brève pourrait provoquer un choc de demande pénalisant la reprise de la croissance. Pour cette raison, des délais plus longs que deux ans peuvent être accordés. Cela concerne en priorité, mais non exclusivement, les États qui ont un important niveau de dette publique et dont l'effort en termes de réduction du déficit public pour placer la dette sur une pente descendante se placerait très largement au-dessus de 3 % du PIB.

53. Anthony Annett, Jörg Decressin et Michael Deppler, « Reforming the Stability and Growth Pact », *IMF Policy Discussion Paper*, 2005, PDP/05/02, p. 16.

En mars 2015, le Conseil approuve, sur la base d'une recommandation de la Commission, le report de deux ans du délai de correction défini pour la France. Malgré une mise en œuvre très perfectible des recommandations adressées sur le terrain de la procédure pour déséquilibre macroéconomique, les deux institutions ont jugé que les ajustements budgétaires étaient satisfaisants. Une extension d'un an serait trop exigeante en termes d'efforts. La France se voit donc accorder un délai de deux ans supplémentaires[54].

Depuis le début de la monnaie unique en 1999, le temps moyen entre l'ouverture et la fermeture du volet correctif de la procédure pour déficit public excessif est de 3 ans et demi. La Hongrie détient le record de la procédure de correction la plus longue avec 9 ans et la Lituanie la plus brève avec 7 mois. Malte est l'État membre à l'égard duquel le volet correctif a été mis en œuvre le plus souvent (à trois reprises).

Recommandation du Conseil du 17 mars 2015 reportant à 2017 le délai de correction du déficit excessif (extraits)

"(23) Granting France one additional year, which is the rule in accordance with Regulation (EC) No 1467/97, would be too demanding in the current weak economic environment as it would require an average annual improvement in the structural balance in 2015 and 2016 of more than 1,0 % of GDP, above the annual average effort recommended in the Council Recommendation of 21 June 2013 for the period 2013-2015. On the basis of the Commission services' 2015 winter forecast, such an adjustment would have a very negative impact on growth both in 2015 and 2016. Therefore, and taking into account the structural reform plans announced by France and the still expected National Reform Programme, in line with the Commission Communication of 13 January 2015, it seems adequate to extend the deadline for France to bring an end to its excessive deficit situation by two years. The French authorities should make sure that both the adopted reforms and those planned will be fully implemented and, where needed, reinforced. In line with the Commission Communication of 13 January 2015, in the case that France fails to implement an ambitious reform agenda, the Commission will consider it an aggravating factor when assessing effective action in response to this Recommendation.

(24) Granting France two additional years would imply headline deficit targets of 4,0 % of GDP in 2015, 3,4 % of GDP in 2016 and 2,8 % of GDP in 2017. The underlying annual improvement in the structural budget balance would be

54. Cons. UE, recomm. 10 mars 2015 visant à mettre fin au déficit public excessif en France, *Europa.eu*, http://ec.europa.eu/economy_finance/economic_governance/sgp/pdf/30_edps/126-07_council/2015-03-10_fr_council_en.pdf, page consultée le 15 janvier 2016.

0,5 % of GDP in 2015, 0,8 % of GDP in 2016 and 0,9 % in 2017. This is consistent with delivering a cumulative improvement in the structural balance of 0,5 % of GDP in 2015, 1,3 % in 2016 and 2,2 % in 2017. For 2015, the adjustment would thus be 0,2 percentage points higher than the 0,3 % of GDP improvement in the structural balance expected based on the Commission services' 2015 winter forecast. In the baseline scenario for 2015 and 2016, based on the Commission services' 2015 winter forecast, measures taken into account on the revenue side are estimated to amount to 0,1 % and –0,1 % of GDP, respectively. For 2017, discretionary measures included in the extended forecast amount to –0,2 % of GDP. These include the announced abolishment of the contribution sociale de solidarité des sociétés *as well as the gradual reduction in the statutory rate of corporate income tax."*

Les instruments guidant les États membres placés en procédure pour déficit public excessif sont multiples. Il s'agit en premier lieu des recommandations individuelles adoptées par le Conseil à l'issue du semestre européen, des avis émis par la Commission dans le cadre de l'analyse des projets de loi de finances ou des communications de la Commission sur les mesures correctrices mises en œuvre au titre du volet correctif.

Ces instruments, centrés sur les aspects budgétaires, sont complétés par un partenariat économique depuis 2013. Cette nouveauté a été introduite par le règlement (UE) n° 473/2013 du Parlement européen et du Conseil, ainsi que par le TSCG. Elle concerne les seuls États membres de la zone euro et les autres États membres participant au TSCG.

Le partenariat économique prend en compte la liaison étroite qui existe entre le rééquilibrage des comptes publics et le dynamisme des économies. Il fait le pont entre le programme national de réforme et le programme de stabilité. Dans cette perspective, il décrit les mesures et les réformes structurelles nécessaires pour assurer une correction effective et durable du déficit excessif. Par rapport au PNR, il définit des réformes et les hiérarchise au regard des perspectives budgétaires.

La dimension partenariale du document tient au fait qu'il est préparé par les autorités nationales des États concernés à l'issue de la mise en œuvre de la procédure pour déficit excessif et fait l'objet d'un avis du Conseil, adopté sur proposition de la Commission. Une mise à jour est réalisée annuellement au titre du rapport que les États doivent établir sur la mise en œuvre des actions suivies d'effet. En outre, les mesures convenues au sein du partenariat peuvent bénéficier d'un financement de la part de la Banque européenne d'investissement.

L'adoption du partenariat économique va de pair avec un suivi budgétaire plus étroit des États membres concernés[55]. Ce suivi s'exprime à travers des obligations supplémentaires de *reporting* à la charge des États, qui doivent soumettre un rapport semestriel, voire trimestriel, sur l'exécution budgétaire infra-annuelle et sur les objectifs en matière de dépenses et de recettes. La Commission est aussi autorisée à demander toute autre information supplémentaire qui lui permette de suivre au plus près les progrès réalisés dans la correction du déficit excessif. L'État est tenu de transmettre ces informations.

Cet accompagnement de la correction est complexe. Pour en garantir l'efficacité, le PSC définit par le menu les délais au terme desquels les États sous le coup du volet correctif doivent remettre la documentation servant de base à la surveillance et au suivi de la Commission et du Conseil. Le temps d'examen ou d'intervention des institutions est aussi encadré. Il s'agit tout à la fois de respecter les calendriers budgétaires des États et d'éviter aussi que des divergences profondes au sein du Conseil ne conduisent à une suspension *de facto* de procédures ouvertes contre des États.

Le PSC prévoit aussi qu'un dialogue permanent soit établi entre la Commission et les autorités nationales. La Commission est invitée à réaliser des missions sur place. Dans les cas où les corrections sont engagées avec difficulté par les États membres, un régime de surveillance renforcée peut être appliqué par le Conseil : la Commission peut exercer des contrôles sur place et les États membres sont tenus de lui transmettre toutes les informations nécessaires à l'exécution de cette mission[56].

Les États qui connaissent ou risquent de connaître de sérieuses difficultés du point de vue de leur stabilité financière font l'objet d'une attention toute particulière depuis l'entrée en vigueur du Two-Pack. Le règlement (UE) n° 472/2013 retient à leur bénéfice un régime de surveillance renforcée. La soumission d'un État membre à une surveillance renforcée relève du pouvoir d'appréciation et d'une décision de la Commission. Ce régime s'impose automatiquement pour les États qui bénéficient d'une assistance financière octroyée à titre de précaution (à l'exception des lignes de crédit, tant qu'elles ne sont pas utilisées).

55. Article 10 du règlement (UE) n° 473/2013, précité.

56. Article 10 *bis* du règlement (UE) n° 473/2013, précité.

La surveillance renforcée se traduit par l'application du régime de suivi plus étroit prévu pour les États membres de la zone euro qui font l'objet d'une procédure pour déficit public excessif (cf. *infra*). Elle intègre aussi d'autres obligations à la charge des États en matière de transmission d'informations d'ordre financier, bancaire et prudentiel. La Commission travaille en étroite collaboration avec la BCE et les autorités européennes de surveillance. Elle peut effectuer des missions de contrôle sur place.

La surveillance renforcée permet une analyse fine du degré de risque d'instabilité financière des États et des éventuelles répercussions sur la stabilité financière de la zone euro ou des autres États membres. Sur la base des résultats de la surveillance, le Conseil peut recommander aux États concernés de prendre les mesures correctrices appropriées ou de préparer un programme d'ajustement macroéconomique en vue de la présentation d'une demande d'assistance financière.

Les différentes étapes du volet correctif de la procédure pour déficit public excessif

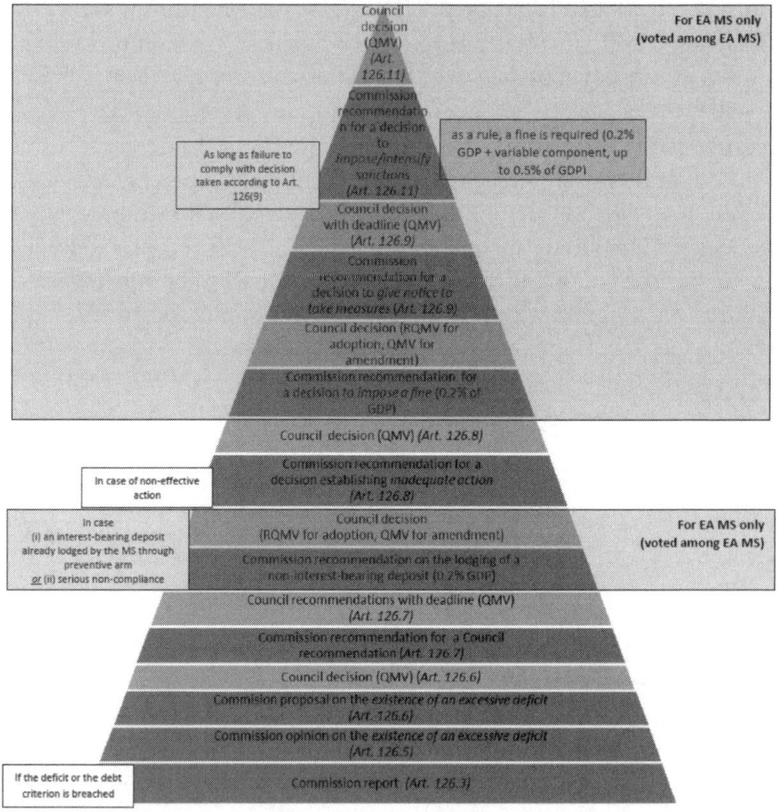

Source : Commission, Legal Basis and related stages of the corrective arm and Excessive Deficit Procedure of the SGP. Disponible à l'adresse : http://ec.europa.eu/economy_finance/economic_governance/images/corrective_arm.jpg, page consultée le 15 janvier 2016.

Comme dans le volet préventif, le volet correctif s'appuie sur des mécanismes nationaux pour renforcer son efficacité. Au titre du TSCG, les États membres participants doivent se doter d'un mécanisme de correction automatique. Celui-ci doit se déclencher automatiquement si des écarts importants sont constatés par rapport à l'OBMT ou à la trajectoire d'ajustement. Le mécanisme comporte l'obligation de mettre en œuvre des mesures visant à corriger ces écarts sur une période déterminée[57].

57. Article 3, § 1 du TSCG.

Comme la règle d'équilibre budgétaire, le mécanisme de correction doit être inséré au moyen de dispositions contraignantes et permanentes, de préférence de rang constitutionnel ou supralégislatif. Le 20 juin 2012, la Commission a détaillé les principes communs aux mécanismes nationaux de correction budgétaire[58]. Ces principes sont purement indicatifs pour les États membres participant au TSCG. La Commission préconise le respect de sept principes-clés, dont l'indépendance des organismes chargés de surveiller la mise en œuvre du mécanisme de correction et la limitation des clauses dérogatoires aux circonstances exceptionnelles visées dans le PSC.

Le mécanisme de correction inséré en droit français par la loi organique n° 2012-1403 du 17 décembre 2012

« ***Article 23. I.*** *– En vue du dépôt du projet de loi de règlement, le Haut Conseil des finances publiques rend un avis identifiant, le cas échéant, les écarts importants, au sens du II, que fait apparaître la comparaison des résultats de l'exécution de l'année écoulée avec les orientations pluriannuelles de solde structurel définies dans la loi de programmation des finances publiques. Cette comparaison est effectuée en retenant la trajectoire de produit intérieur brut potentiel figurant dans le rapport annexé à cette même loi.*

Cet avis est rendu public par le Haut Conseil des finances publiques et joint au projet de loi de règlement. Il tient compte, le cas échéant, des circonstances exceptionnelles définies à l'article 3 du traité, signé le 2 mars 2012, précité, de nature à justifier les écarts constatés.

Lorsque l'avis du Haut Conseil identifie de tels écarts, le Gouvernement expose les raisons de ces écarts lors de l'examen du projet de loi de règlement par chaque assemblée. Il présente les mesures de correction envisagées dans le rapport mentionné à l'article 48 de la loi organique n° 2001-692 du 1er août 2001 précitée.

II. *– Un écart est considéré comme important au regard des orientations pluriannuelles de solde structurel de l'ensemble des administrations publiques définies par la loi de programmation des finances publiques lorsqu'il représente au moins 0,5 % du produit intérieur brut sur une année donnée ou au moins 0,25 % du produit intérieur brut par an en moyenne sur deux années consécutives.*

III. *– Le Gouvernement tient compte d'un écart important au plus tard dans le prochain projet de loi de finances de l'année ou de loi de financement de la sécurité sociale de l'année.*

58. Comm. UE, communication *Principes communs aux mécanismes nationaux de correction budgétaire*, 20 juin 2012, COM(2012) 342 final.

Un rapport annexé au prochain projet de loi de finances de l'année et au prochain projet de loi de financement de la sécurité sociale de l'année analyse les mesures de correction envisagées, qui peuvent porter sur l'ensemble des administrations publiques ou sur certains sous-secteurs seulement, en vue de retourner aux orientations pluriannuelles de solde structurel définies par la loi de programmation des finances publiques. Le cas échéant, ce rapport justifie les différences apparaissant, dans l'ampleur et le calendrier de ces mesures de correction, par rapport aux indications figurant dans la loi de programmation des finances publiques en application du 5° de l'article 2.

L'avis du Haut Conseil des finances publiques mentionné à l'article 14 comporte une appréciation de ces mesures de correction et, le cas échéant, de ces différences.

***IV. – A.** – Le Gouvernement peut demander au Haut Conseil des finances publiques de constater si les conditions mentionnées à l'article 3 du traité, signé le 2 mars 2012, précité, pour la définition des circonstances exceptionnelles sont réunies ou ont cessé de l'être.*

Le Haut Conseil répond sans délai, par un avis motivé et rendu public.

***B.** – L'article liminaire du premier projet de loi de finances, autre que la loi de règlement, suivant la publication de cet avis peut déclarer une situation de circonstances exceptionnelles ou constater que de telles circonstances n'existent plus. »*

3) La correction par la coercition

L'accompagnement de la correction se réalise sur la base d'instruments juridiques non contraignants et sur une série d'échanges entretenus au niveau technique et ministériel entre chaque État membre sous procédure pour déficit excessif et la Commission et le Conseil.

Cela peut ne pas suffire. Le volet correctif se fait alors plus insistant et prévoit un ensemble de mesures coercitives. Elles prennent la forme soit de sanctions réputationnelles, soit de sanctions financières.

Dans le premier cas, il s'agit d'informer les marchés financiers, mais aussi l'opinion publique, des difficultés manifestées par un État pour rééquilibrer ses finances publiques conformément aux recommandations du Conseil. Les marchés, à travers une réévaluation du risque et du coût d'emprunt pour l'État, l'opinion publique, à travers le débat politique, sont censés exercer chacun à leur manière une pression salutaire sur les autorités nationales.

Dans le second cas, l'objectif est de saisir les États directement à la bourse, faute pour l'Union de pouvoir substituer son autorité à celles des autorités récalcitrantes. Les ajustements demandés à un État membre prennent toujours la forme de recommandations du Conseil ou d'avis de la Commission. Ces actes ne créent pas d'obligations contraignantes à la charge des États. De ce fait, si les États destinataires ne les respectent pas, ils ne sauraient faire l'objet d'un recours en manquement. La Cour de justice ne se sent pas liée cependant par la qualification qu'une institution peut donner à ses actes. Or, les recommandations du Conseil sont parfois très précises sur les mesures à prendre par les États. Le risque serait qu'une recommandation soit considérée comme créant des obligations à la charge de l'État. Celui-ci ne serait plus souverain. Pour éviter une telle atteinte à la compétence étatique, le constituant a pris soin d'écarter l'exercice des droits de recours en manquement à propos du respect des mesures de surveillance budgétaire adoptées par la Commission et le Conseil à l'égard d'un État membre[59].

Dans sa version originale de juin 1997, le PSC prévoit qu'un État qui ne prend pas les mesures de correction exigées de lui s'expose à un dépôt annuel d'un montant compris entre 0,2 % et 0,5 % du PIB. Si le dépôt ne conduit à aucun changement, il peut être converti en une amende versée au budget de l'Union. La question posée est celle de l'efficacité de sanctions qui alourdissent la charge financière d'États dont les comptes publics sont déjà fortement déséquilibrés… De fait, entre 1999 et 2010, aucune sanction financière n'a été prise à l'encontre d'États alors même que les occasions ne manquèrent pas. Sous cet angle, le PSC apparaît comme un chien de garde qui ne mordra jamais[60].

À nouveau, la crise des dettes souveraines permet une modification des perspectives. Le régime des sanctions est élargi et accompagne la correction à compter de sa constatation par le Conseil. La sanction financière n'est plus envisagée comme l'ultime étape d'un processus de correction qui aurait échoué, mais comme un instrument additionnel mobilisable dès lors qu'un dérapage se fait jour. Les mauvaises manières sont sanctionnées à leur apparition, et non plus une fois qu'elles sont devenues un art de vivre.

59. Article 126, § 10 du traité FUE.

60. L'expression est empruntée à Martin Heipertz et Amy Verdun, « The dog that would never bite? What can we learn from the origins of the Stability and Growth Pact », *Journal of European Public Policy*, 2004, vol. 11, n° 5, p. 765.

Le régime des sanctions financières est défini dans le règlement (CE) n° 1467/97. Il est étendu à l'égard des États membres de la zone euro, en application du règlement (UE) n° 1173/2011 du Parlement européen et du Conseil[61]. Des sanctions complémentaires sont prévues dans le cadre de la politique régionale[62] ou celui des financements défini par la BEI[63].

De façon générale, les sanctions demeurent un outil au sein de l'arsenal des mesures coercitives à la disposition du Conseil (obligation de reporting supplémentaire et invitation faite à la BEI de revoir sa politique de prêt). Les sanctions, notamment financières, ne peuvent être prononcées qu'une fois qu'un État membre a été mis en demeure de prendre, dans un délai déterminé (4 mois), des mesures visant à la réduction du déficit excessif. La mise en demeure fait suite au constat du Conseil que l'État membre n'a pas donné correctement suite aux orientations que lui a adressées le Conseil. Depuis la réforme opérée par le Six-Pack, l'enfermement de l'État dans son entêtement l'expose, à titre de principe, à une amende comprise entre 0,2 % et 0,5 % de son PIB annuel. Le stade intermédiaire du dépôt ne produisant pas d'intérêt est dorénavant écarté. Une période de seize mois est préconisée par le PSC entre le moment où la mise en demeure est arrêtée par le Conseil et celui où la sanction est prononcée. Le débat est à nouveau privilégié entre autorités nationales et communautaires ; à ce titre, un temps suffisant est accordé pour que des réformes significatives soient engagées et commencent à produire leurs effets[64].

Cette mise à l'écart se justifie au regard de l'extension du principe de la sanction financière pour les États membres de la zone euro. Le déclenchement du volet correctif expose *ab initio* l'État membre concerné à un dépôt ne portant pas intérêt d'un montant maximal égal à 0,2 % du PIB de l'année passée. La sanction n'est pas automatique. Son prononcé vise en priorité les États membres épinglés pour ne pas avoir suivi les mesures de correction réclamées dans le volet préventif, et ceux ayant violé de façon grave les règles de prudence budgétaire.

61. PE et Cons. UE, règl. (UE) n° 1173/2011, 16 novembre 2011 sur la mise en œuvre efficace de la surveillance budgétaire dans la zone euro, *JOUE* L 306, 23 novembre 2011, p. 1.

62. Protocole (n° 28) sur cohésion économique, sociale et territoriale.

63. Article 126, § 11 du traité FUE.

64. Article 7 du règlement (CE) n° 1467/97 du Conseil.

Une amende d'un montant maximal égal à 0,2 % du PIB de l'année passée peut ensuite être imposée à un État qui n'a pris aucune action suivie d'effets pour corriger son déficit, conformément aux recommandations du Conseil. Le déclenchement de la sanction est lié à l'adoption par le Conseil d'une décision constatant cette inaction. Si l'État membre concerné avait déjà fait un dépôt ne portant pas intérêt, ce dépôt est converti en amende.

Les sanctions prévues spécifiquement pour les États membres de la zone euro sont adoptées à la majorité qualifiée inversée. Elles sont proposées par la Commission et réputées approuvées si elles ne sont pas rejetées par le Conseil statuant à la majorité qualifiée, dans un délai de dix jours après leur adoption par la Commission.

Faut-il aller plus loin dans les sanctions ? En ouverture des négociations du Six-Pack, l'Allemagne préconise que les droits de vote d'un État membre dont l'indiscipline budgétaire est consommée fassent l'objet d'une suspension de ses droits de vote au Conseil. La question des sanctions constitue l'un des points-clés de la déclaration commune franco-allemande adoptée à Deauville le 18 octobre 2010. L'idée de la suspension des droits de vote est reprise et envisagée pour les États membres coupables d'une violation grave des principes de base de l'Union économique et monétaire. Une révision des traités est nécessaire à cet égard. La proposition soulève un tollé lors du Conseil européen du 29 octobre 2010, et n'aboutit pas.

De façon encore plus radicale, d'autres voix vont réclamer pendant la crise des dettes souveraines l'exclusion de la zone euro des États qui ne respectent pas les règles du vivre ensemble économique et monétaire. « *Si un pays ne souhaite pas satisfaire aux exigences, alors il n'y a pas d'autre option que de la quitter* », déclare le ministre néerlandais des Finances, Jan Kees de Jager, le 9 septembre 2011[65]. L'idée est absurde, en tant qu'elle foule au pied l'exigence de solidarité qui caractérise le projet d'intégration européenne et l'Union en particulier. Elle conduirait à rejeter un problème commun hors de l'euro, voire de l'Union, sans le résoudre.

65. « Les Pays-Bas évoquent une sortie de l'euro pour la Grèce », *Le Figaro*, 9 septembre 2011.

B • Le dispositif de correction exceptionnel : la conditionnalité de l'assistance financière

Dans l'urgence de la crise des dettes souveraines, l'Union et les États membres ont dû définir les instruments garantissant la stabilisation de l'économie des États faisant face à des difficultés financières. Le cadre général proposé par le PSC n'avait pas encore été réformé. Il était conçu pour des « temps heureux » : centré sur les seuls aspects budgétaires, sa mise en œuvre était trop étroite et trop flexible. Or, ce sont des économies entières qu'il faut aider à reconstruire en agissant sur les leviers budgétaires et au moyen de réformes structurelles. Dans le cas de la Grèce, les difficultés concernent aussi les structures administratives, le système fiscal (collecte des impôts, établissement des cadastres, évasion fiscale), la lutte contre la corruption…

Par ailleurs, la solidarité, telle qu'elle est conçue dans les traités, ne se confond pas avec la générosité : elle n'est pas la disposition à donner largement, avec libéralité. Elle est au contraire une solidarité conditionnée. La conditionnalité de l'assistance garantit que le régime de responsabilité des États face à leurs dettes soit respecté, et que les autres États membres n'aient pas à assumer le paiement de dettes qu'ils n'ont pas contractées. Cette conditionnalité est une exigence implicite de l'interdiction de non-renflouement définie à l'article 125 du traité FUE. Depuis la révision de l'article 136 du traité FUE en mars 2011[66], elle devient une exigence explicite pour l'assistance financière apportée dans le cadre de mécanismes internationaux établis par les États membres de la zone euro hors du cadre de l'Union. Elle est l'assurance que l'existence de mécanismes d'assistance financière ne soit pas comprise comme une invitation à prendre des risques ou des libertés avec la discipline budgétaire[67]. La conditionnalité prémunit contre l'aléa moral et le développement d'une union de transferts des pays disciplinés vers des États impécunieux.

Faute d'instruments appropriés et de pratiques éprouvées, la conditionnalité se déploie initialement dans un cadre interétatique. À compter du Two-Pack, l'Union se dote d'un régime de conditionnalité spécifique en complément de celui retenu par le Mécanisme européen de stabilité (MES).

66. Cons. UE, déc. 25 mars 2011 modifiant l'article 136 du traité FUE en ce qui concerne un mécanisme de stabilité pour les États membres dont la monnaie est l'euro, *JOUE* L 91, 6 avril 2011, p. 1.

67. CJCE, 27 novembre 2012, *Pringle*, aff. C-370/12.

Les ajustements exigés des États membres en contrepartie de l'octroi d'une assistance financière sont définis dans un programme d'ajustement macroéconomique. Ce document a pour objectif de remédier aux risques spécifiques dans les États concernés et à rétablir rapidement (*sic*) une situation économique et financière saine. L'assistance financière constituant une solution temporaire, l'objectif est aussi et surtout de restaurer la capacité de l'État membre à financer ses besoins de façon ordinaire, c'est-à-dire sur les marchés financiers.

Les ajustements négociés sont fonction de nombreux paramètres :

- le niveau de dégradation de la situation économique et financière des États ;
- l'évolution de la soutenabilité de la dette publique ;
- le type d'instrument financier choisi ;
- les recommandations déjà formulées à l'attention des États par le Conseil dans le cadre des procédures de discipline budgétaire, de déséquilibre macroéconomique et de politique de l'emploi.

Ils concernent potentiellement tout domaine, dès lors qu'une réforme qui y serait introduite entraînerait une amélioration de la situation économique ou financière des États en difficulté. Quant au niveau des ajustements, il est apprécié au regard des difficultés évaluées et de l'impact économique ou financier des réformes. Une limite cependant : les efforts d'assainissement budgétaire énoncés dans le programme doivent tenir compte de la nécessité de garantir des moyens suffisants pour les politiques fondamentales, comme l'éducation et la santé publique.

Formellement, un projet de programme est négocié entre les autorités nationales et la Commission, agissant en liaison avec la BCE et, éventuellement, le FMI. Le règlement (UE) n° 472/2013 indique même que « *le programme est élaboré par l'État membre* ». La formulation est assurément éloignée de la réalité. Certes, il revient aux États de faire des propositions de réformes. Cependant, « saisis à la gorge » par les difficultés financières, la nécessité de couvrir les charges courantes comme la rémunération des fonctionnaires et le fonctionnement des services publics de base, les États membres concernés disposent de peu de marges de manœuvre dans la négociation. Le psychodrame de juin 2015 concernant l'extension du deuxième plan d'aide financière à la Grèce le rappelle avec force.

Une fois le projet de programme arrêté, il est approuvé par le Conseil.

Seuls les États membres de la zone euro prennent part au vote. Le programme fait aussi l'objet d'un vote du conseil d'administration du MES dont les membres sont… les ministres des Finances des États de la zone euro. En tant qu'élément exprimant la conditionnalité de l'assistance financière, le partenariat est inclus dans le protocole d'accord conclu entre les États assistés et le MES.

La mise en œuvre du programme d'ajustement macroéconomique est exigeante en termes de *reporting* pour les États sous assistance. Ce programme est réalisé sur une base trimestrielle par la Commission. À cette fin, les États doivent coopérer pleinement avec la Commission et la BCE, et doivent leur communiquer toutes les informations qu'elles jugent nécessaires pour effectuer le suivi ; rien n'est censé échapper aux deux institutions de l'Union et les États ne doivent rien cacher. Cette exigence de transparence se retrouve aussi dans l'obligation faite aux États d'effectuer un audit complet de leurs finances publiques.

Le principe de la mise en œuvre des ajustements par les États sous programme d'ajustement est de nature incitative : l'assistance financière est versée par tranche, sur la base d'une décision prise en commun par les membres du conseil d'administration du MES. Ils se prononcent au regard des rapports d'évaluation trimestriels de la Commission. En cas d'écarts importants entre les objectifs et les réalisations effectives relevant du comportement des États concernés, le conseil d'administration suspend le versement, ce qui a pour effet de tendre la situation financière des États en cause[68].

Dans ce contexte, il ne reste de la souveraineté économique des États sous programme d'ajustement macroéconomique qu'un vague souvenir. L'on peut critiquer – et le premier gouvernement Tsipras ne s'en est pas privé – le régime de quasi-tutelle qui est appliqué à l'État assisté. L'on peut aussi considérer que les programmes d'ajustement appliqués, en particulier à la Grèce, ont été excessifs du point de vue des ajustements requis : leur impact sur la croissance fut mal évalué et leur capacité à assurer la soutenabilité de la dette publique exagérée[69]. Cependant, une seule interrogation mérite véritablement d'être posée : à quel moment l'État a-t-il perdu l'exercice de sa souveraineté économique ? Lors de l'élection de gouvernements incapables ou indolents face à l'impérieuse nécessité de conduire des réformes structurelles ou de conduire des

68. Article 16, § 5 du traité MES.

69. *IMF Country Report, Greece, 2013 – Article IV Consultation*, IMF, juin 2013, n° 13/154, p. 27.

finances publiques saines ? Lors de la fermeture de l'accès aux marchés de capitaux ? Lors de la demande d'assistance financière ?

3. La discipline des pratiques statistiques

Des statistiques fiables, crédibles et sincères sont essentielles pour le bon fonctionnement de la procédure de discipline budgétaire. Les évaluations sur les programmes de stabilité (ou de convergence) reposent pour l'essentiel sur la discussion de données, de prévisions statistiques, etc. L'appréciation des marchés – et notamment le *rating* des dettes souveraines des États – intègre très largement les statistiques établies et produites par les autorités locales. En modifiant les statistiques, les États altèrent en profondeur l'efficacité de toute la procédure de discipline.

A • L'efficacité décevante de la gouvernance statistique européenne

La complexité de l'enregistrement de certaines opérations financières justifie fréquemment qu'Eurostat émette des réserves sur les données transmises par les autorités nationales. Dans le cas de la Grèce, ces réserves sont systématiques. Depuis mars 2000, la question de la qualité, de la fiabilité et de la sincérité des données statistiques transmises par les autorités grecques est posée sans n'avoir jamais été réglée.

Au printemps 2004, confronté à l'ouverture d'une procédure pour déficit public excessif, le gouvernement grec nouvellement élu a lancé un audit approfondi des comptes publics. Sur cette base, la notification fiscale de septembre révèle que « *les chiffres concernant le déficit budgétaire et la dette publique de la Grèce depuis 1997 confirment [...] que les déficits budgétaires étaient constamment supérieurs à la valeur de référence depuis 1997 et que le rapport dette publique-PIB n'a pas diminué ni atteint un niveau proche de la valeur de référence, comme l'exige l'article 104 du traité* »[70]. Estimé à 1,7 % du PIB en mars 2004, le déficit est réévalué à 7,5 % du PIB au terme de quatre ans d'échanges entre Eurostat et les autorités grecques.

70. Cons. ECOFIN, concl. sur *La révision des données budgétaires grecques*, communiqué de presse, 2628e session, 7 décembre 2004, 15150/04 (Presse 339).

Pour empêcher qu'un tel phénomène ne se reproduise, la gouvernance du système statistique européen (SSE) subit une réforme importante[71]. L'institut statistique communautaire, Eurostat, bénéfice de pouvoirs renforcés à l'égard des instituts statistiques nationaux. Il dispose dorénavant de la possibilité d'effectuer des visites de dialogue ou, dans les cas les plus sérieux, des visites méthodologiques. Autre évolution : un code de bonne conduite de la pratique statistique européenne appelle les participants du SSE à renforcer leur indépendance et la qualité des données statistiques[72]. Le respect du cadre statistique communautaire reçoit aussi une attention plus prononcée dans les examens de convergence. En 2008, le SSE a été placé sous la surveillance d'un comité d'experts indépendant, le conseil consultatif européen pour la gouvernance statistique CCEGS[73]. En complément, les principales réglementations relatives à l'élaboration des statistiques budgétaires ont fait l'objet d'une rationalisation et d'une modernisation afin d'en améliorer la transparence et l'efficacité[74].

Malgré ces réformes du SSE, l'histoire se répète en 2009 : la Grèce parvient, à la barbe et au nez d'Eurostat – mais aussi du Conseil –, à « arranger » ses données statistiques !

La manipulation des données budgétaires par les autorités statistiques grecques demeure un cas isolé. Elle ne remet pas en cause le très haut niveau de qualité des statistiques transmises par les États membres et validées par Eurostat. Elle souligne le caractère inapproprié de la retenue

71. Cons. UE, règl. (CE) n° 2103/2005, 12 décembre 2005 modifiant le règlement (CE) n° 3605/93 en ce qui concerne la qualité des données statistiques dans le contexte de la procédure concernant les déficits excessifs, *JOUE* L 337, 22 décembre 2005, p. 1.

72. Le code favorise l'autorégulation du SSE. Il est adopté en février 2005 par le Comité du programme statistique et instauré par une recommandation de la Commission. Voir Comm. CE, communication et recommandation concernant l'indépendance, l'intégrité et la responsabilité des autorités statistiques nationales et communautaire, 25 mai 2005, COM(2005) 217 final.

73. PE et Cons. CE, déc. 235/2008/CE, 11 mars 2008 instituant le conseil consultatif européen pour la gouvernance statistique, *JOUE* L 73, 15 mars 2008, p. 17. La décision est fondée sur l'article 285 CE. En tant que telle, elle aurait pu être adoptée par la Commission au titre de ses pouvoirs d'organisation ; le discrédit dont sont affectés Eurostat et certains instituts statistiques nationaux justifie la nécessité de mobiliser le législateur pour attester d'un engagement politique fort en faveur de l'indépendance et de l'intégrité des membres du SSE.

74. Voir PE et Cons. CE, règl. (CE) n° 223/2009, 11 mars 2009 relatif aux statistiques européennes et abrogeant le règlement (CE, Euratom) n° 1101/2008 relatif à la transmission à l'Office statistique des Communautés européennes d'informations statistiques couvertes par le secret, le règlement (CE) n° 322/97 du Conseil relatif à la statistique communautaire et la décision 89/382/CEE, Euratom du Conseil instituant un comité du programme statistique des Communautés européennes, *JOUE* L 87, 31 mars 2009, p. 164 ; Cons. CE, règl. (CE) n° 479/2009, 25 mai 2009 relatif à l'application du protocole sur la procédure concernant les déficits excessifs annexé au traité instituant la Communauté européenne, *JOUE* L 145, 10 juin 2009, p. 1.

dont le Conseil a fait preuve, en 2005, dans l'exercice des pouvoirs de réglementation statistique qu'il tirait de l'ancien article 285 du traité CE (actuel article 338 du traité FUE).

Là où la première « crise des statistiques grecques » réclame l'attribution de pouvoirs d'audit au bénéfice d'Eurostat, la révision d'avril 2005 du règlement (CE) n° 3605/93 du Conseil encadre strictement l'organisation des visites méthodologiques. La révision conserve le principe d'un partenariat et d'un dialogue entre les différentes composantes du SSE. Elle écarte toute intrusion trop marquée de l'échelon communautaire dans la production statistique nationale : les pouvoirs d'Eurostat sont en deçà de ce que réclame la Commission[75] ou la BCE lorsque celle-ci prône un système européen des instituts statistiques. L'idée formulée par le Conseil ECOFIN en mars 2005 de sanctions à l'encontre d'un État membre violant l'obligation de transmettre dûment les données gouvernementales n'est pas concrétisée[76].

Le Conseil ne saurait être le seul à blâmer : il est regrettable que la Commission ait clos la procédure en manquement ouverte contre la Grèce en 2004 au motif que les faits litigieux avaient cessé d'exister…

Cette modération du Conseil tranche avec le rôle central qu'il reconnaît aux données statistiques pour la mise en œuvre et la crédibilité du cadre budgétaire communautaire dans son rapport au Conseil européen de mars 2005. « *Des statistiques fiables et fournies dans les délais ne sont pas seulement essentielles pour l'évaluation des positions budgétaires des gouvernements ; la pleine transparence de ces statistiques permettra également aux marchés financiers de mieux évaluer la solvabilité des différents États membres et jouera un rôle important en signalant les erreurs de stratégie.* »[77]

Encore convient-il de préciser que la réévaluation du risque souverain évoquée par le Conseil est également fonction du climat de tension sur les marchés. La deuxième « crise des statistiques grecques » intervient alors même que la crise bancaire a accentué l'aversion au risque des investisseurs, cette mauvaise nouvelle s'ajoutant à d'autres, dont la mauvaise santé des banques et la récession associée. Ce que craignait le « rapport

75. Compar. Cons. CE, proposition de règlement modifiant le règlement (CE) n° 3605/93 du Conseil, présentée par la Commission, 2 mars 2005, COM(2005) 71 final ; PE, rés. législative sur la proposition de règlement du Conseil modifiant le règlement (CE) n° 3605/93 du 23 juin 2005, C6-0108/2005, *JOUE* C 133, 8 juin 2006, p. 93.

76. Cons. ECOFIN, rapport au Conseil européen, *Améliorer la mise en œuvre du PSC, op. cit.*, point 1.7.

77. Cons. ECOFIN, rapport au Conseil européen, précité, point 1.7.

Delors » se réalise, à savoir une surréactivité des investisseurs[78], et la Grèce devient la proie de tensions financières telles que son accès au crédit auprès des marchés financiers s'en trouve fermé.

B • La réforme attendue de la gouvernance statistique

L'opposition du Conseil à ces évolutions cède à la suite de la deuxième crise des statistiques grecques. Comme le note avec tact la Commission, « *l'inexactitude des statistiques du déficit et de la dette publics de la Grèce* [a] *démontré cependant que le système des statistiques budgétaires ne réduisait pas suffisamment le risque que des données de qualité inférieure soient notifiées à Eurostat* »[79].

En conséquence, des compétences élargies sont conférées à la Commission (Eurostat) afin de lui permettre un examen approfondi des sources de données relatives à la procédure pour déficit excessif en amont[80]. De nouvelles obligations matérielles sont imposées aux États membres en matière statistique au titre du cadre budgétaire défini par la directive 2011/85/UE :

- les systèmes de comptabilité publique doivent être soumis à un contrôle interne et à un audit indépendant ;
- le calendrier de transmission des données budgétaires est renforcé[81].

La manipulation des données statistiques nécessaires à la mise en œuvre des articles 121 ou 126 du traité FUE, dès lors qu'elle est intentionnelle ou qu'elle est le fruit d'une grave négligence, expose l'État fautif à une amende d'un montant maximal égal à 0,2 % de son PIB. La sanction est prononcée par le Conseil sur proposition de la Commission, après enquête de celle-ci. À cet effet, la Commission dispose de pouvoirs d'investigation étendus[82]. Enfin, la gouvernance statistique obtient des moyens à la hauteur de ses exigences et de ses missions !

78. « Rapport Delors », précité, spéc. point 30.

79. Comm. UE, communication *Vers une gestion solide de la qualité pour les statistiques européennes*, 15 avril 2011, COM(2011) 211 final, p. 1.

80. Cons. UE, règl. (UE) n° 679/2010, 26 juillet 2010 portant modification du règlement (CE) n° 479/2009 en ce qui concerne la qualité des données statistiques dans le contexte de la procédure concernant les déficits excessifs, *JOUE* L 198, 30 juillet 2010, p. 1.

81. Article 3 de la directive (UE) n° 2011/85/UE du Conseil, précité.

82. Articles 8 et suivants du règlement (UE) n° 1173/2011 du Parlement européen et du Conseil, précité.

Conclusion

« *L'obéissance est mère du succès sauveur.* »[83]

À 1500 ans de distance, la parole d'Étéocle, prince d'une Thèbes assiégée par la ville voisine d'Argos, résonne avec une force singulière.

Pour décrire la situation dramatique traversée par la Grèce, Alexis Tsipras a pu employer l'expression de « crise humanitaire ». De fait, pour ne retenir qu'un exemple parmi de nombreux autres, le taux de suicide mesuré au premier semestre 2011 était 40 % plus élevé que celui mesuré l'année précédente[84], selon les données transmises par le ministre de la Santé grec en 2011. Une étude de 2011 réalisée dans 26 pays européens publiée dans The Lancet avait déjà établi qu'en moyenne, une hausse de 1 % du taux de chômage était associée à une hausse de 0,8 % du taux de suicide[85]. « *Des Européens meurent sous l'austérité* », résuma de façon brutale l'ancien membre du directoire de la BCE, Lorenzo Bini Smaghi[86]. Peut-être aurait-il dû mentionner également l'émigration de plus de 200 000 jeunes grecs diplômés sur les six dernières années[87]. C'est la génération « G », celle des *young talended Greeks*, perdue pour des années par un pays abîmé. Exil ou suicide, la perte est considérable dans les deux cas et renvoie à un même désir : quitter un présent sans lendemain.

En même temps, le (ir-)respect de la discipline budgétaire par les autorités grecques dès la fin des années 1990, l'engagement des réformes structurelles trop souvent repoussées – la réforme des cadastres est en discussion depuis 1994 ! – ainsi que la lutte contre la corruption n'auraient-ils pas permis d'éviter le désastre ? La discipline n'offrait-elle pas la possibilité aux États et aux autorités nationales de se sauver de leurs mauvaises habitudes ? Dans ce cas, pourquoi la discipline n'a-t-elle pas produit les fruits espérés ?

83. Eschyle, *Les sept contre Thèbes*, Hachette, 1860, p. 2.

84. Pour une étude approfondie de l'impact sur le système de santé : P. Mladovsky, D. Srivastava, J. Cylus et al., *Health policy responses to the financial crisis in Europe*, World Health Organization (on behalf of the European Observatory on Health Systems and Policies), 2012.

85. D. Stuckler, S. Basu, M. Suhrcke, A. Coutts, M. McKee, « Effects of the 2008 recession on health: a first look at European data », *Lancet* 2011, 378: 124-5.

86. Lorenzo Bini Smaghi, *Morire di austerità*, Il Mulino, 2013.

87. « Young, gifted and Greek : Generation G – the world's biggest brain drain », *The Guardian*, 19 janvier 2015, http://www.theguardian.com/world/2015/jan/19/young-talented-greek-generation-g-worlds-biggest-brain-drain, page consultée le 15 janvier 2016.

Le bon mot de Pierre Dac fournit à notre sens la réponse : « *la discipline est la force de ceux qui ne savent pas se faire obéir sans commander.* » L'Union a manqué d'autorité pour imposer des objectifs budgétaires aux États membres. Les compétences et les pouvoirs nécessaires à une mise en œuvre efficace de la discipline ont été sous-dimensionnés par les rédacteurs du traité de Maastricht. Le premier rapport officiel sur la réalisation de l'union économique et monétaire commandé par les chefs d'État ou de gouvernement, le rapport du comité Werner, préconise la création d'un centre de décision pour la politique économique. « *Ce centre,* [est-il alors défendu], *devra être en mesure d'influencer les budgets nationaux, notamment en ce qui concerne le niveau et le solde ainsi que* les *méthodes de financement des déficits ou d'utilisation des excédents.* »[88]

Les mécanismes de légitimation de la discipline budgétaire européenne sont eux-mêmes défaillants :

- d'un côté, des politiques budgétaires adoptées par des parlements directement élus par les citoyens ;
- de l'autre, une coordination définie hors de toute implication législative du Parlement européen[89].

Aujourd'hui, le Six-Pack, comme le Two-Pack et les autres instruments adoptés par les États membres de la zone euro, essaient tant bien que mal de combler cette déficience d'autorité. Cependant, ces évolutions continuent à se déployer dans un cadre constitutionnel maastrichtien dépassé. Son évolution est un impératif politique pour que la discipline soit cette force salvatrice qu'évoque Eschyle dans sa tragédie.

88. Rapport au Conseil et à la Commission concernant la réalisation par étapes de l'union économique et monétaire dans la Communauté, 8 octobre 1970, p. 13.

89. Frédéric Allemand et Francesco Martucci, « La légitimité démocratique de la gouvernance économique européenne : la mutation de la fonction parlementaire », in « Réformer l'Europe », *Revue de l'OFCE*, 2014, n° 134, p. 115.

Chapitre 3
LES INSTRUMENTS FINANCIERS DE SOLIDARITÉ

Introduction

En octobre 2009, la Grèce a officiellement reconnu avoir menti à répétition sur l'état de ses finances publiques pendant que ses partenaires de la zone euro regardaient ailleurs. Alors qu'elle prévoyait un déficit budgétaire de 6 % du PIB national, elle a admis que celui-ci pourrait dépasser 10 %. Finalement, le dérapage des finances publiques grecques a atteint 15,7 % du PIB cette même année.

Une telle situation était prévisible : depuis 2004, l'Office statistique de l'Union[1] avait émis des réserves sur les statistiques budgétaires grecques, une situation posant la question de la crédibilité des règles européennes de surveillance budgétaire. Certains investisseurs relevaient l'existence de pratiques imaginatives d'enregistrement comptable de ses dettes.

En récession depuis 2008, la Grèce a perdu la confiance des marchés, et la prime de risque sur sa dette publique à long terme s'est envolée. En mai 2010, Athènes n'est plus en mesure de garantir son autonomie financière.

Tel est le point de départ de la crise de la dette souveraine dans la zone euro, deux ans après l'éclatement de la crise financière.

Dans l'urgence, les pays de la zone euro ont « bricolé » un premier plan de sauvetage pour Athènes. Ce plan était conditionné à l'assainissement des finances publiques grecques et à l'adoption de réformes structurelles douloureuses. D'un montant total de 110 milliards d'euros, il était constitué de 80 milliards de prêts bilatéraux octroyés par les pays de la zone euro et de 30 milliards d'euros de prêts du Fonds monétaire international (FMI).

1. Pour une présentation, voir le site Internet d'Eurostat : http://ec.europa.eu/eurostat/fr, page consultée le 15 janvier 2016.

Entre mai 2010 et décembre 2011, les pays de la zone euro et le FMI ont octroyé des prêts bilatéraux à hauteur respectivement de 52,9 et 20,1 milliards d'euros. À partir de mars 2012, un deuxième plan d'aide remplaça le premier, faisant cette fois appel au nouveau système européen de stabilisation financière. Les détenteurs privés de dette publique grecque furent mis à contribution (*Private Sector Involvement*) ; en effet, ayant prêté pendant longtemps sans une juste évaluation du risque, ils possédaient une part de responsabilité dans le gonflement excessif de la dette grecque. Un échange volontaire des titres détenus par les créanciers fut alors opéré, et les anciens titres subirent une décote de 53,5 % de leur valeur faciale.

La défiance des marchés financiers ne faiblit pas, et fit craindre un risque de contagion de la crise grecque à l'ensemble de la zone euro, matérialisée par une envolée des taux d'intérêt sur les titres de dette souveraine à long terme de pays comme l'Irlande ou le Portugal – l'Espagne et l'Italie n'étant pas non plus à l'abri.

La solidité du secteur bancaire de ces pays est mise en doute, même si les banques concernées ont passé avec plus ou moins de succès les tests de résistance de l'Autorité bancaire européenne[2] (ABE), l'organe européen qui regroupe les 28 régulateurs nationaux. En effet, la lumière sur les pertes liées aux investissements risqués et à l'éclatement de bulles immobilières en Irlande et en Espagne n'a pas complètement été faite. Les liaisons dangereuses entre difficultés bancaires et dettes souveraines sont mises en évidence.

En mai 2010, les pays de la zone euro jugent la situation suffisamment critique pour décider de créer un système européen de stabilisation financière. Ce mécanisme est basé sur l'article 122 du traité FUE. Cette disposition prévoit la possibilité pour les Européens d'octroyer une assistance financière à un État membre qui « *connaît des difficultés, ou une menace sérieuse de graves difficultés, en raison de catastrophes naturelles ou d'événements exceptionnels* ».

Article 122 du traité FUE

« *Lorsqu'un État membre connaît des difficultés ou une menace sérieuse de graves difficultés en raison de catastrophes naturelles ou d'événements exceptionnels échappant à son contrôle, le Conseil, sur proposition de la Commission, peut accorder sous certaines conditions une assistance financière de l'Union à l'État membre concerné.* »

2. Pour une présentation, voir le site Internet de l'Autorité bancaire européenne : https://www.eba.europa.eu/languages/home_fr, page consultée le 15 janvier 2016.

« *Nous sommes confrontés à une telle circonstance exceptionnelle aujourd'hui et le mécanisme restera en place aussi longtemps que nécessaire pour préserver la stabilité financière* », déclara le Conseil ECOFIN à l'issue d'une réunion extraordinaire, le 9 mai 2010[3], jour de la fête de l'Europe.

Le système européen de stabilisation financière

Il est composé :
– du Mécanisme européen de stabilisation financière (MESF) ;
– du Fonds européen de stabilité financière (FESF).

Les Européens ont estimé la capacité d'intervention de ce système européen de stabilisation financière à 500 milliards d'euros.

Basé sur le règlement (UE) n° 407/2010 du Conseil[4], le Mécanisme européen de stabilisation financière (MESF) est un programme communautaire d'urgence géré par la Commission au nom de l'Union et dont l'activation nécessite l'accord de tous les États membres. Il est capable de lever jusqu'à 60 milliards d'euros sur les marchés en s'appuyant sur le budget communautaire (les marges sous plafond restant disponibles sur la période 2011-2013).

Entre 2011 et 2014, le MESF[5] a octroyé 22,5 milliards d'euros à l'Irlande et 24,3 milliards d'euros au Portugal sous forme de prêts. Pour les deux pays, la maturité de ces prêts oscille entre 5 et 30 ans.

En juillet 2015, la Grèce, dont le deuxième plan d'aide a expiré et qui a entamé des négociations portant sur un troisième plan de sauvetage, fait face à une échéance de paiement de 7,2 milliards d'euros (remboursement de 4,2 milliards d'euros d'emprunts à la BCE et de 2 milliards d'arriérés au FMI). Explorant toutes les options disponibles pour éviter l'accident de paiement, la zone euro sollicite l'activation du MESF. Les pays hors zone euro – le Royaume-Uni en tête – sont très réticents, invoquant un accord du Conseil européen des 16 et 17 décembre 2010[6] selon lequel le MESF ne serait plus utilisé pour renflouer un pays de la zone euro. Ayant obtenu l'assurance qu'ils ne seront pas touchés en cas de non-

3. Cons. ECOFIN, décl. du 9 mai 2010, *Europa.eu*, http://data.consilium.europa.eu/doc/document/ST-9602-2010-INIT/fr/pdf, page consultée le 15 janvier 2016.

4. Cons. UE, règl. (UE) n° 407/2010, 11 mai 2010 établissant un mécanisme européen de stabilisation financière, *JOUE* L 118, 12 mai 2010, p. 1.

5. Pour une description, voir le site Internet du MESF : http://ec.europa.eu/economy_finance/eu_borrower/efsm/index_en.htm, page consultée le 15 janvier 2016.

6. Cons. UE, concl. 16-17 décembre 2010, EUCO 30/10.

remboursement de l'aide, ils acceptent que le MESF octroie 7,2 milliards d'euros sous forme d'un prêt-relais à court terme qui sera pris en charge *in fine* par le Mécanisme européen de stabilité (MES)[7]. Le 15 août 2015, l'Eurogroupe valide le troisième plan d'aide à la Grèce, qui doit apporter 86 milliards d'euros au pays sur 3 ans. Fin 2015, le MES avait débloqué le versement de 5 tranches d'aide pour un total de 21,4 milliards d'euros à la Grèce.

1. Le Fonds européen de stabilité financière

Opérationnel depuis l'été 2010, le Fonds européen de stabilité financière (FESF)[8] est une société anonyme de droit luxembourgeois. Un traité intergouvernemental conclu entre les États membres de la zone euro et le FESF[9] détaille :
- les conditions entourant l'attribution d'une assistance financière ;
- les garanties exigibles à l'égard des États présentant des demandes d'assistance ;
- le mécanisme de garanties des emprunts réalisés par le FESF pour financer l'assistance ;
- le fonctionnement du conseil d'administration ;
- la liquidation du fonds.

Seuls les ministres des Finances de la zone euro siégeant au conseil d'administration du FESF sont habilités, à l'unanimité, à mobiliser sa capacité d'intervention pour venir en aide à un pays de la zone euro. Les institutions européennes, notamment le Parlement européen, n'ont aucune influence sur son fonctionnement. Force est donc de constater que la gestion de la crise de la dette souveraine s'est effectuée sur une base intergouvernementale presque totalement hors du champ réglementaire communautaire.

7. Cons. UE, communiqué de presse *Le Conseil ECOFIN approuve un prêt de 7 milliards d'euros à la Grèce*, *Europa.eu*, 17 juillet 2015, http://www.consilium.europa.eu/en/press/press-releases/2015/07/17-efsm-bridge-loan-greece/, page consultée le 15 janvier 2016.
8. European Financial Stability Fund (EFSF).
9. Accord-cadre sur le FESF entre instituant le Fonds FESF, *Europa.eu*, http://www.efsf.europa.eu/attachments/20111019_efsf_framework_agreement_en.pdf, page consultée le 15 janvier 2016.

Le FESF s'appuie sur des garanties publiques que lui octroient les États participants. Initialement, ces garanties s'élevaient à 440 milliards d'euros. La force de frappe du fonds de sauvetage était en réalité limitée à environ 250 milliards d'euros, afin qu'il puisse conserver la notation financière la plus élevée des principales agences de notation internationale.

En juillet 2011, les États membres de la zone euro ont porté à 780 milliards d'euros les garanties publiques octroyées au Fonds FESF, attribuant à ce dernier une capacité d'intervention réelle équivalente à 440 milliards d'euros.

A • La contribution française au FESF

La France finance le fonds de secours à hauteur de la contribution de la Banque de France dans le capital de la BCE, celle-ci étant calculée sur la base d'une clé de répartition reflétant la part du pays dans la population totale et la part de sa richesse nationale produite au sein de l'UE.

À la création du FESF, la part française au financement du Fonds FESF correspondait à 20,38 %, soit un engagement de près de 90 milliards d'euros sous forme de garanties publiques. Cet octroi de garanties publiques a eu une incidence sur la dette publique française. En effet, les dettes du FESF sont mises à la charge des États proportionnellement au niveau des garanties des interventions du Fonds que chaque participant assume[10]. Sur la période 2010-2013, cela a contribué à un ajustement stock-flux important dans la majorité des États membres de la zone euro[11].

L'élargissement du FESF, matérialisé par l'adhésion de l'Estonie à la zone euro début 2011 et l'extension des garanties publiques à 780 milliards d'euros, a modifié à la marge le poids relatif de la France dans le fonds de sauvetage provisoire, la clé de répartition française diminuant à 20,32 %. Les garanties de l'État français au Fonds FESF s'élèvent aujourd'hui à 158,5 milliards d'euros sur un total de 780 milliards d'euros de garanties publiques.

10. *Manual on public debt and deficit 2014*, Eurostat, 2014, p. 63, points 9-11.

11. *Stock-flow adjustment (SFA) for the Member States, the euro area and the EU28 for the period 2010-2013, as reported in the October 2014 EDP notification*, Eurostat, 2015, p. 8.

En revanche, les pays ayant adhéré à la zone euro après l'été 2013 (Lettonie en 2014, Lituanie en 2015...) ne sont pas devenus parties au traité instaurant le FESF, le fonds de sauvetage provisoire ayant été remplacé par un fonds de sauvetage permanent – le MES. Ils n'apportent donc pas de garanties publiques au Fonds FESF provisoire.

En comparaison, l'Allemagne, première économie de la zone euro, se porte garante auprès du FESF à hauteur de 211 milliards d'euros soit environ 27 % du total. Les deux plus grandes économies de la zone euro, l'Allemagne et la France cautionnent donc, à elles seules, presque la moitié du Fonds.

B • Des compétences progressivement élargies

À sa création, le FESF était uniquement autorisé à effectuer des prêts à un pays de la zone euro qui n'était plus en mesure de se refinancer seul sur les marchés. Depuis, ses compétences ont été élargies ; le fonds de secours est ainsi en mesure :

- d'acheter directement de la dette souveraine lorsque des pays en difficulté en émettent sur les marchés primaires ;
- de racheter ce type de dette à des investisseurs privés sur les marchés secondaires ;
- d'octroyer une ligne de crédit préventive à un État afin de le soutenir en cas de nécessité liée à une remontée trop forte des taux sur sa dette à long terme ;
- d'aider un État membre à recapitaliser son secteur bancaire, même si ce pays ne fait pas l'objet d'un plan de sauvetage. Une telle aide du FESF transiterait à travers l'État dans lequel les banques en difficulté sont installées et aurait un impact direct sur sa dette publique. Le pays bénéficiaire demeurerait *in fine* responsable du remboursement de l'aide.

C • Trois pays bénéficiaires

Le FESF a été impliqué dans le sauvetage financier de trois pays de la zone euro : la Grèce, l'Irlande et le Portugal. Sa capacité d'action et sa durée de vie sont limitées : le fonds de secours provisoire n'octroie plus d'aide financière à d'autres pays de la zone euro et restera opérationnel jusqu'au remboursement par Athènes, Dublin et Lisbonne de l'intégralité des dettes contractées.

Répartition de l'enveloppe du FESF

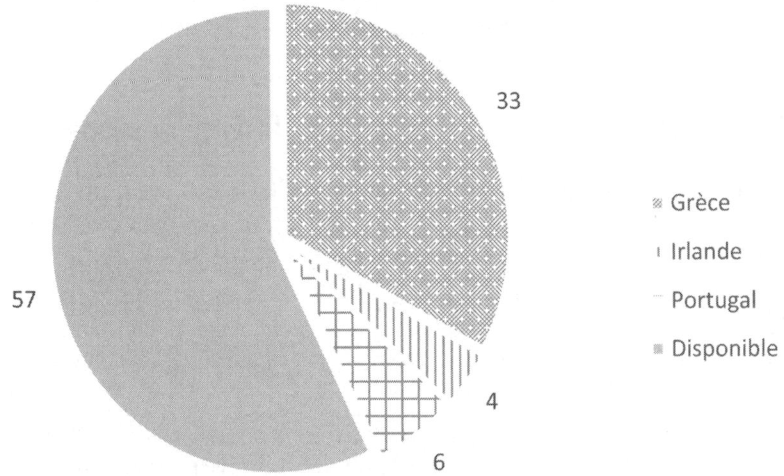

Dans le cadre du deuxième plan d'aide grec, le FESF a octroyé à la Grèce 141,8 milliards d'euros sur 144,6 milliards engagés. Les prêts octroyés à Athènes ont été effectués en 19 tranches. Leur maturité moyenne est supérieure à 32 ans.

Sur les 141,8 milliards prêtés à Athènes par le FESF :

- 34,6 milliards ont été utilisés pour financer une opération de restructuration de la dette grecque détenue par le secteur privé ;
- 106,3 milliards ont servi à financer le deuxième plan de sauvetage triennal grec (juin 2012-2015), sur lesquels 48,2 milliards ont permis une opération de recapitalisation bancaire.

Le plan de sauvetage grec du FESF a expiré le 30 juin 2015. Un nouveau plan de sauvetage triennal lui a succédé en août de la même année, le troisième depuis 2010, doté au maximum de 86 milliards d'euros et financé par le fonds MES, le fonds de sauvetage permanent de la zone euro.

L'Irlande, qui a achevé fin 2013 son plan de sauvetage triennal, a bénéficié de 17,7 milliards d'euros de prêts du FESF sous la forme de 12 tranches d'aide. La maturité moyenne de ces prêts est un peu inférieure à 21 ans.

Le Portugal, qui a achevé en mai 2014 son plan de sauvetage triennal, a bénéficié de 26 milliards d'euros de prêts du FESF sous la forme de 14 tranches d'aide. La maturité moyenne de ces prêts est un peu inférieure à 21 ans.

D • L'avantage d'être sous le bouclier financier européen

En se plaçant derrière le bouclier du FESF, les pays sous programme obtiennent des prêts financiers à un coût inférieur aux taux d'intérêt qu'ils seraient en mesure d'obtenir seuls sur les marchés.

Afin de dissuader les pays en difficulté de demander trop facilement l'aide du FESF, les taux d'intérêt fixés aux prêts octroyés comportent au départ une importante prime de risque. Celle-ci est aussi censée rassurer et récompenser les pays prêteurs.

Face aux difficultés accumulées par les pays bénéficiaires, les ministres des Finances de la zone euro ont décidé de minimiser cette prime pour ne prêter pratiquement qu'aux coûts réels, réduisant d'autant le poids sur les dettes des pays sous perfusion financière.

L'évolution des taux appliqués aux prêts accordés à la Grèce au titre du premier plan d'aide financière

Dans le cas du premier plan d'aide accordé à la Grèce, les taux d'intérêt initiaux ont été établis sur la base des taux de marché (Euribor), auxquels se sont ajoutés une prime de risque imposée par les États prêteurs égale à 300 points de base, plus 100 points pour les prêts d'une maturité supérieure à 3 ans. Un supplément de 50 points de base a également été appliqué pour couvrir les coûts de gestion opérationnelle des prêts[12].

Le 21 février 2012 puis le 27 novembre 2012, l'Eurogroupe a pris une série de mesures au profit de la Grèce afin d'améliorer la soutenabilité de sa dette publique et accompagner les effets du Private sector involvement. La prime de risque fut abaissée à 150 points de base avec effet rétroactif, après quoi les taux d'intérêt furent réduits à nouveau de 100 points de base. Un allégement total de la charge financière supportée par la Grèce de 1,9 milliard d'euros était espéré jusqu'à 2016.

Source : notamment, Alan Parker, « Dette grecque : de quoi parle-t-on ? », économie et politique 726-727 janvier - février 2015.

12. Déclaration des États membres de la zone euro sur le soutien à la Grèce, 11 avril 2010.

La crise des dettes souveraines a conduit à la dégradation des notations financières sur les dettes à long terme d'États garants, comme la France et les Pays-Bas. La notation du FESF s'en est trouvée également dégradée. Cette évolution du *rating* du FESF a eu une influence sur le taux d'intérêt obtenu par le fonds lorsqu'il émettait des titres sur les marchés et, par ricochet, sur les taux d'intérêt répercutés sur les prêts du FESF aux pays bénéficiaires.

Fin 2015, les trois principales agences de notation internationales attribuaient aux titres de dette à long terme du fonds FESF les notations financières suivantes : AA (*Standard & Poor's*), Aa1 (*Moody's*) et AA (*Fitch Ratings*).

Les maturités des prêts accordés ont également été progressivement augmentées afin d'alléger le poids de la dette à rembourser et de lisser dans le temps les pics de remboursement que devront honorer les trois pays concernés. Ainsi, les maturités moyennes des prêts du FESF dépassent 30 ans pour la Grèce, et 20 ans pour l'Irlande et le Portugal.

Jusqu'à présent, le rééchelonnement des emprunts contractés par la Grèce, l'Irlande et le Portugal n'a pas conduit les pays de la zone euro à consentir des pertes sèches sur leurs prêts. Ceux-ci en font une ligne rouge juridiquement et politiquement infranchissable, dans le respect de la clause de *no bail-out* énoncée à l'article 125 du traité FUE. Ces pays refusent que l'Union européenne devienne une Europe de transferts des pays riches du Nord vers les pays pauvres du Sud, et craignent la colère de leur population – elle aussi appelée à faire des sacrifices dans sa vie quotidienne – s'ils consentent à effacer une partie de l'ardoise.

2. Le MES, un fonds de sauvetage financier permanent

Le FESF contribue un temps à dissiper les craintes de contagion de la crise de la dette souveraine à l'ensemble de la zone euro. Sa capacité d'intervention, bien qu'elle ait été doublée et portée à 440 milliards d'euros, se révèle néanmoins insuffisante pour stopper une possible contagion de la crise de la dette souveraine à des pays situés au cœur de la zone euro, tels que l'Italie ou l'Espagne[13].

13. Peter Spiegel, « How the euro was saved », *Financial Times*, mai 2014, http://www.ft.com/intl/cms/s/0/f6f4d6b4-ca2e-11e3-ac05-00144feabdc0.html

Confrontés aux tensions récurrentes sur les marchés, les pays de l'UE reconnurent en octobre 2010[14] la nécessité pour la zone euro de mettre sur pied un pare-feu plus robuste à travers la création d'un fonds de sauvetage permanent. Un mois plus tard[15], l'Eurogroupe définit les premiers contours du Mécanisme européen de stabilité (MES), futur fonds de sauvetage permanent de la zone euro destiné à remplacer le Mécanisme européen de stabilité financière (MESF) et le Fonds européen de stabilité financière (FESF). En mars 2011[16], le Conseil européen arrêta définitivement les modalités de fonctionnement du MES.

Pointilleuse sur les questions de sécurité juridique, l'Allemagne a requis un changement de traité afin d'asseoir le MES sur une base juridique stable. Elle a notamment souhaité pouvoir faire face à d'éventuels recours auprès de la Cour constitutionnelle de Karlsruhe.

En décembre 2010[17], le Conseil européen accéda à la requête allemande. Cette révision du traité FUE ne devait pas modifier d'un iota l'article 125 dudit traité interdisant explicitement tout transfert de dette d'un pays de l'Union par un autre État membre ou par l'Union. Elle aura lieu dans la mesure où elle ne nécessite pas de ratification par voie référendaire.

À l'article 136[18] du traité FUE est ainsi ajoutée la possibilité pour les pays de la zone euro d'« *instituer un mécanisme de stabilité qui sera activé, si cela est indispensable, pour préserver la stabilité de la zone euro dans son ensemble* ».

À l'instar du FESF, l'octroi de toute assistance financière au titre du MES sera « *subordonné à une stricte conditionnalité* ». En clair : il n'y aura pas de chèque en blanc. En échange d'une aide financière temporaire distribuée par tranche, un pays bénéficiaire devra assainir ses finances publiques et appliquer un programme ambitieux – et socialement douloureux – de réformes structurelles, dont le suivi sera évalué régulière-

14. Cons. UE, concl. 28-29 octobre 2010, *Europa.eu*, http://data.consilium.europa.eu/doc/document/ST-25-2010-INIT/fr/pdf

15. Eurogroupe, décl. 28 novembre 2010, *Europa.eu*, http://eurozone.europa.eu/media/368608/statement_by_the_eurogroup_28_nov.pdf

16. Cons. UE, concl. 24-25 mars 2011, Annexe II, p. 21, *Europa.eu*, http://data.consilium.europa.eu/doc/document/ST-10-2011-INIT/fr/pdf

17. Cons. UE, concl. 16-17 décembre 2010, *Europa.eu*, http://data.consilium.europa.eu/doc/document/ST-30-2010-INIT/fr/pdf

18. Version consolidée du traité TFUE, *Europa.eu*, http://eur-lex.europa.eu/legal-content/FR/TXT/?uri=CELEX:12012E/TXT

ment sur le terrain par les créanciers institutionnels représentés dans le pays sous perfusion financière par la « troïka » (Commission européenne, BCE et FMI)[19].

Article 136, § 3 du traité FUE

« Les États membres dont la monnaie est l'euro peuvent instituer un mécanisme de stabilité qui sera activé si cela est indispensable pour préserver la stabilité de la zone euro dans son ensemble. L'octroi, au titre du mécanisme, de toute assistance financière nécessaire, sera subordonné à une stricte conditionnalité. »

Opérationnel depuis octobre 2012, le Fonds MES permanent assume le rôle joué jusqu'à cette date par le Fonds FESF provisoire et le Mécanisme MESF communautaire. Désormais, le MES interviendra en toutes circonstances pour épauler un pays de la zone euro en difficulté. En parallèle, le FESF et le MESF continueront de s'assurer que l'aide déjà octroyée à la Grèce, à l'Irlande et au Portugal sera effectivement remboursée.

Basé à Luxembourg, le MES est une organisation internationale de droit public – un fonds commun de créances (FCC) ou « *Special Purpose Vehicle* » (SPV). Il repose sur un traité intergouvernemental[20] auquel sont parties tous les États ayant adopté la monnaie unique.

À ce titre, seuls les ministres des Finances des pays de la zone euro sont habilités, à l'unanimité, à activer le fonds de secours permanent. En cas d'urgence, une aide financière peut quand même être octroyée à travers une super-majorité qualifiée correspondant à 85 % des voix. Dans ce cas, une provision financière spécifique est effectuée afin de couvrir les risques supplémentaires découlant d'une décision prise selon cette dernière procédure.

En Allemagne, plusieurs associations de la société civile ont contesté la validité du fonds de secours permanent de la zone euro auprès de la Cour constitutionnelle allemande de Karlsruhe. Elles estimaient que le traité européen n'autorisait pas la mise sur pied du MES dans la mesure où une telle démarche instaurerait une union de transferts financiers des pays du Nord en bonne santé économique vers les pays du Sud en difficulté financière sans que le législateur allemand ait son mot à dire.

19. Voir chapitre 2, « La discipline budgétaire ».

20. Traité international instituant le Mécanisme européen de stabilité, *Europa.eu*, http://www.esm.europa.eu/pdf/esm_treaty_en.pdf

La Cour constitutionnelle de Karlsruhe n'a pas suivi les plaignants. Le 18 mars 2014, elle a estimé[21] que le Bundestag allemand – la chambre basse du Parlement national – est en mesure d'exercer un contrôle démocratique pointilleux en cas de mobilisation de la contribution allemande au Fonds MES permanent.

A • Une force de frappe de 500 milliards d'euros

Contrairement au FESF, le MES ne repose pas sur des garanties publiques nationales. Afin que sa notation financière dépende moins de celles des pays qui y sont parties, il dispose d'un capital souscrit de 700 milliards d'euros répartis en 80 milliards de capital versé et 620 milliards de capital exigible.

Étalé dans le temps, le versement du capital initial de 80 milliards d'euros a eu lieu par tranches successives jusqu'à avril 2014. Le MES bénéficie, à ce titre, des meilleures notations financières sur ses titres de dette à long terme : Aa1 (*Moody's*) et AAA (*Fitch Ratings*).

Cette structure de capital dote le MES d'une capacité maximale d'intervention de 500 milliards d'euros. 20 % de cette enveloppe ont déjà été engagés :

– 50 milliards (sur 3 ans) pour le troisième plan de sauvetage à la Grèce ;
– 41,3 milliards pour le plan de sauvetage du secteur bancaire espagnol ;
– 9 milliards pour le plan de sauvetage chypriote.

Si l'on cumule la capacité d'intervention du fonds de secours permanent avec les 180 milliards déjà engagés par le Fonds FESF plus les 50 milliards de prêts octroyés par le MESF, le pare-feu financier de la zone euro avoisine 730 milliards d'euros.

Le MES bénéficie du statut protégé de créancier préférentiel qui lui confère un caractère prioritaire pour le remboursement de ses prêts. Toute modification de ce statut nécessiterait une décision en ce sens des ministres des Finances des pays de la zone euro.

Une exception a toutefois été faite à cette règle. Les prêts accordés par le MES à l'Espagne à l'occasion du sauvetage du secteur bancaire de ce pays ne bénéficient pas de cette protection optimale. Cette situation s'explique de la manière suivante : le plan de sauvetage espagnol avait d'abord été négocié dans l'optique d'une aide octroyée par le FESF temporaire proté-

21. Cour de Karlsruhe, communiqué n° 23/2014, 18 mars 2014, *Bundesverfassungsgericht.de*, http://www.bundesverfassungsgericht.de/SharedDocs/Pressemitteilungen/EN/2014/bvg14-023.html

geant moins les pays créanciers. Aucune tranche d'aide n'ayant été versée avant la mise en place officielle du MES, le fonds de sauvetage permanent de la zone euro a pris le relais du FESF, mais les conditions assorties aux prêts des Européens à l'Espagne ont été transférées telles quelles au MES.

B • La contribution française au MES

Comme pour le FESF, la France finance le MES à hauteur de la contribution de la Banque de France dans le capital de la BCE. Cette part est calculée sur la base d'une clé reflétant la part du pays dans la population totale européenne et la part de sa richesse nationale produite dans l'Union. À la création du MES, la France, dont la banque centrale participe au capital de l'institut de Francfort à hauteur de 20,38 %, a souscrit au capital du MES à hauteur de 142,7 milliards d'euros.

Ayant adhéré à la zone euro au 1er janvier 2014, la Lettonie est devenue le dix-huitième pays membre du mécanisme de sauvetage permanent. La contribution lettone de 1,9 milliard d'euros au capital du MES a légèrement fait baisser à 20,33 % la clé de répartition de la France au capital du Fonds MES. L'adhésion, début 2015, de la Lituanie à la zone euro a eu un effet similaire. La clé de répartition de la France au capital du MES a été revue légèrement à la baisse à 20,25 %, soit 142,7 milliards d'euros de fonds propres, dont 16,3 milliards de capital initial.

C • Trois pays bénéficiaires

À ce jour, le MES a été mobilisé pour venir en aide à trois pays de la zone euro :

- l'Espagne a reçu une aide financière de 41,3 milliards d'euros ;
- Chypre bénéficie d'une aide totale de 9 milliards du MES ;
- la Grèce, enfin, a entamé en août 2015 un troisième plan de sauvetage triennal – le premier financé par le MES. Ce pays bénéficiera d'une enveloppe de 86 milliards d'euros.

Procédure de demande d'assistance au Mécanisme européen de stabilité (2015)

	Procédure de demande d'assistance au Fonds MES
Étape 1	Un pays de la zone euro éprouvant de fortes difficultés à se refinancer sur les marchés financiers fait une demande officielle d'assistance.
Étape 2	La Commission européenne, en liaison avec la BCE, évalue l'existence d'un risque pour la stabilité financière dans la zone euro ainsi que le caractère soutenable de la dette publique et les besoins financiers éventuels du pays demandeur. Cette évaluation peut être conduite avec l'assistance du Fonds monétaire international (FMI).
Étape 3	Sur la base de cette évaluation, la Commission et la BCE négocient avec le pays demandeur un plan de sauvetage triennal détaillant les mesures conditionnelles (assainissement des finances publiques, réformes structurelles sur le marché du travail, privatisations…) qui devront être appliquées en échange d'une aide financière. Au nom du MES, la Commission signe le plan avec le pays bénéficiaire.
Étape 4	Le directeur exécutif du MES propose le montant de l'aide financière au Conseil des gouverneurs du fonds permanent de sauvetage – c'est-à-dire aux ministres des Finances de la zone euro.
Étape 5	La Commission, la BCE et, potentiellement, le FMI sont chargés de suivre la mise en œuvre du plan de sauvetage, ainsi que le respect des mesures conditionnelles liées à l'aide financière. Cette « troïka » rend des rapports trimestriels que les ministres des Finances de la zone euro sont appelés à approuver. En cas de *satisfecit*, une décision politique d'octroyer une tranche d'aide est prise.
Étape 6	Une fois le plan de sauvetage achevé, les représentants des créanciers institutionnels du pays effectuent des missions – moins intrusives – de suivi trimestriel, jusqu'à ce que 75 % de la dette contractée dans le cadre du plan triennal ait été remboursée.

Source : MES : http://www.esm.europa.eu/

1) Le sauvetage du secteur bancaire espagnol

L'éclatement en 2011 de la bulle immobilière en Espagne a touché de plein fouet le secteur bancaire national. Après avoir tenté de traiter seule le problème – en recourant notamment à des nationalisations de banques défaillantes telles que *Bankia* –, l'Espagne a été confrontée à une défiance persistante des marchés. Cette situation a fait craindre une nouvelle contagion de la crise de la dette souveraine à l'ensemble de la zone euro.

Sur demande du gouvernement espagnol, la zone euro a consenti à octroyer à Madrid une aide maximale de 100 milliards d'euros en juillet 2012, afin d'assainir et de restructurer le secteur bancaire moribond du pays. Entre décembre 2012 et février 2013, 41,3 milliards d'euros de prêts d'une maturité moyenne dépassant 12 ans ont été versés par le MES aux autorités espagnoles.

En échange, le gouvernement espagnol a été contraint de restructurer le secteur financier national en profondeur. La Sareb[22], une structure publique de défaisance (*bad bank*) a vu le jour afin de gérer les actifs immobiliers toxiques des banques en difficulté et, *in fine*, de les revendre sur les marchés. Une réforme en profondeur de la surveillance du secteur financier a également été mise en œuvre, plaçant la banque d'Espagne au cœur du dispositif.

Sur l'enveloppe de 41,3 milliards d'euros versée à l'Espagne, près de 37 milliards d'euros ont servi à recapitaliser quatre banques via le Fonds espagnol de sauvetage bancaire – Fondo de Reestructuración Ordenada Bancaria (FROB) – : *BFA-Bankia, Catalunya-Caixa, NCG Banco* et *Banco de Valencia*.

L'aide financière du MES à l'Espagne ne correspondait pas à un plan de sauvetage classique similaire à ceux auxquels souscrirent la Grèce, l'Irlande et le Portugal. Tout au long du programme, qui s'est achevé en janvier 2014, l'Espagne a en effet conservé son autonomie financière en continuant de refinancer sa dette publique à moyen et long termes – à des taux certes relativement élevés, mais seule, et c'est cela qui compte.

Conformément à la nature de tout plan de sauvetage financier, l'État espagnol est demeuré seul responsable du remboursement de la dette de 41,3 milliards d'euros contractée, une somme équivalente à 4 % du PIB national. En conséquence, avec la crise économique et le sauvetage du secteur bancaire, la dette publique espagnole s'est littéralement envolée, passant de 54 % à 97,7 % du PIB[23] entre 2009 et 2014.

22. Pour une présentation de la *Sociedad de gestión de activos procedentes de la reestructuración bancaria* (Sareb), voir son site Internet : http://www.sareb.es/es-es/Paginas/web-Sareb.aspx, page consultée le 15 janvier 2016.

23. « Eurostat : dette brute des administrations publiques (données annuelles), 2016 », *Europa.eu*, http://ec.europa.eu/eurostat/tgm/table.do?tab=table&init=1&plugin=1&pcode=tipsgo10&language=fr, page consultée le 15 janvier 2016.

2) Chypre, un plan de sauvetage complet

Le soutien du MES à Chypre s'intègre dans un plan de sauvetage « classique » de la zone euro, à l'image des plans d'aide à l'Irlande ou au Portugal. Sous perfusion financière, l'île était tenue de mettre en œuvre, entre mars 2013 et mars 2016, un programme triennal d'ajustement économique. Outre des mesures budgétaires, ce programme prévoyait une restructuration drastique du secteur bancaire chypriote hypertrophié, dont les actifs gérés représentaient huit fois le PIB du pays en 2013, au moment où les autorités chypriotes ont appelé à l'aide.

Pour éviter les fuites massives hors de l'UE, des mesures restreignant les mouvements de capitaux ont été introduites aux frontières du pays – mesures inédites au sein du marché intérieur en 2013. Depuis, des restrictions aux mouvements des capitaux ont aussi été introduites en Grèce en juillet 2015. Progressivement allégées, certaines de ces restrictions applicables à Chypre sont demeurées encore en place jusqu'au printemps 2015.

En échange de la mise en œuvre d'un programme d'ajustement économique, les créanciers de Chypre ont consenti une aide financière de 10 milliards d'euros : 9 milliards issus du MES et 1 milliard provenant du FMI. Au total, les pays de la zone euro ont octroyé à l'île 6,3 milliards d'euros de prêts d'une maturité moyenne de 15 ans. L'enveloppe de 10 milliards n'a donc pas été totalement utilisée. Ces montants alourdissent un peu plus la dette publique chypriote, qui est passée de 54,1 % du PIB en 2009 à 107,5 % en 2014[24].

La particularité du plan d'aide chypriote vient du fait qu'il met à contribution, pour la première fois, les épargnants dont les dépôts bancaires sont supérieurs à 100 000 euros. Les déposants dont l'épargne est inférieure à ce seuil auraient même pu être ponctionnés, en contradiction totale avec la législation européenne encadrant les régimes nationaux de garantie des dépôts[25].

3) Un troisième plan de sauvetage pour la Grèce

Mi-août 2015, après un début d'été marqué par un nouvel épisode aigu de la tragédie grecque au cours de laquelle une sortie potentielle de la

24. *Idem.*

25. Voir chapitre 5, « L'union bancaire », en particulier le « 3) L'épargne jusqu'à 100 000 euros toujours protégée », page 221.

Grèce de la zone euro a même été évoquée, Athènes et ses créanciers ont marqué un accord sur un troisième plan de sauvetage triennal doté de 86 milliards d'euros.

Ce troisième sauvetage financier est le premier à être totalement pris en charge par le Fonds MES. Fin 2015, le fonds permanent de sauvetage de la zone euro avait versé 21,4 milliards d'euros pour permettre à la Grèce d'honorer ses engagements financiers. Une enveloppe de 10 milliards d'euros a été mobilisée pour la recapitalisation du secteur bancaire grec, seuls 5,4 milliards ont été finalement nécessaires.

D • Une large palette de compétences

Les compétences du fonds permanent de sauvetage de la zone euro sont alignées sur celles de son prédécesseur, le Fonds FESF[26] provisoire. Le MES est en effet habilité à fournir des prêts à un État. En échange, le pays sous tutelle s'engage à assainir ses finances publiques et à réformer son économie (réformes du marché du travail et des retraites, libéralisation de certains secteurs d'activité, privatisations…).

Le MES peut également racheter de la dette souveraine de pays en difficulté lorsque ceux-ci en émettent (marché primaire) ou directement à des investisseurs privés qui en détiennent (marchés secondaires).

Des pays de la zone euro peuvent bénéficier de lignes de crédit préventives de la part du MES, qu'ils fassent ou non l'objet d'un plan de sauvetage. Chronologiquement, cette possibilité a notamment été envisagée lors de l'achèvement des plans de sauvetage irlandais, espagnol et portugais, même si l'Irlande et le Portugal ont bénéficié d'une aide du Fonds FESF provisoire, seul fonds de secours en place au moment où les deux pays avaient officiellement demandé de l'aide.

Jugeant suffisante la confiance retrouvée des investisseurs envers la santé économique de leur pays, les autorités irlandaises ont opté, fin 2013, pour une sortie pleine et entière[27] de leur plan de sauvetage. L'Irlande a ainsi retrouvé son indépendance économique et financière. Profitant d'un contexte marqué par des taux d'intérêt faibles, elle a même été autorisée à rembourser de manière anticipée les prêts contractés auprès du FMI afin

26. Voir chapitre 3 « Les instruments financiers de solidarité », « I. Le fonds européen de stabilité financière », p. 174 et s.

27. On parle alors de « *clean exit* ».

d'alléger le service de sa dette. Début 2014, l'Espagne a emboîté le pas de l'Irlande en décidant de s'affranchir totalement de la tutelle européenne. En mai de la même année, ce fut au tour du Portugal de desserrer l'étau. Pour les gouvernements de ces pays, le bénéfice politique de retrouver au plus vite leur autonomie financière est réel. Reste que toute sortie du plan de sauvetage n'est pas synonyme, loin de là, d'un arrêt de l'assainissement budgétaire et de flexibilisation de l'économie.

Les pays ayant mis un terme à leur plan de sauvetage restent sous surveillance de leurs créanciers à travers l'application des règles européennes du pacte de stabilité et de croissance. Moins intrusives, des missions de suivi postérieures au plan de sauvetage ont lieu dans ces pays tous les six mois, jusqu'à ce qu'ils aient remboursé 75 % de la dette contractée au fonds de sauvetage européen.

Pour achever leur plan de sauvetage dans les meilleures conditions, Dublin et Lisbonne ont constitué des réserves couvrant leurs besoins financiers pour 2014 et une partie de 2015. Une telle démarche s'inscrit dans un contexte où tous les pays de la périphérie de la zone euro ont bénéficié en 2014 d'une baisse rapide de leurs coûts de refinancement. À l'été 2014, les taux d'intérêt de la dette à long terme de ces pays étaient inférieurs à leur niveau d'avant crise[28].

De nouveau considérée comme une zone refuge, la zone euro a bénéficié d'un afflux de capitaux se détournant des pays émergents et/ou des zones de tension géopolitique telles que l'Ukraine. En investissant dans les dettes publiques de pays de la zone euro et dans les sociétés cotées européennes, ces capitaux sont à la recherche de rendements, certes moindres, mais sûrs.

E • Une compétence nouvelle : la recapitalisation bancaire directe

Le MES est en mesure d'aider un État à recapitaliser un secteur bancaire défaillant. Cette aide à la recapitalisation bancaire du MES peut prendre la forme d'un prêt à l'État demandeur, qui conserve la responsabilité de rembourser l'emprunt. C'est de ce type de soutien dont l'Espagne a bénéficié, entre juillet 2012 et janvier 2014, pour assainir son secteur bancaire.

28. Tarification en temps réel des taux d'intérêt à 10 ans en zone euro ; voir le site du quotidien *Il Sole 21 ore* : http://finanza-mercati.ilsole24ore.com/reddito-fisso-e-tassi/elenco-rendimenti-titoli-europei/?refresh_ce, page consultée le 15 janvier 2016.

En outre, contrairement au FESF, le MES est aussi habilité à recapitaliser directement un secteur bancaire.

La recapitalisation bancaire directe peut contribuer à desserrer le lien entre difficultés bancaires et endettement public[29]. Son originalité réside dans le fait qu'à défaut l'aide financière du MES n'aurait alors qu'un impact limité sur la dette publique du pays bénéficiaire. À travers cet outil, les pays de la zone euro consentent d'une certaine façon à mutualiser la responsabilité liée à la recapitalisation de banques défaillantes.

Cette disposition est effective depuis le 4 novembre 2014 lorsque, sous l'égide de la BCE, le Mécanisme de surveillance unique (MSU) – premier volet de l'union bancaire au sein de la zone euro – est devenu opérationnel[30].

1) Une compétence encadrée et plafonnée

Établies en juin 2013 puis affinées en mai 2014, les lignes directrices[31] sur la recapitalisation bancaire directe par le Fonds MES ont été négociées de haute lutte par les ministres de la zone euro. À cette occasion, le clivage est en effet réapparu entre les pays créditeurs, peu enclins à se porter garants de la défaillance du secteur bancaire de pays en difficulté, et les pays potentiellement bénéficiaires, à la recherche d'opérations financières allégeant le poids de la dette sur leurs finances publiques.

La recapitalisation bancaire directe concerne potentiellement toutes les banques. Néanmoins, seront surtout concernés près de 130 groupes bancaires dont la défaillance mettrait en danger la stabilité financière de la zone euro et que la BCE supervise directement dans le cadre du Mécanisme de surveillance unique (MSU) depuis le 4 novembre 2014.

Cette option ne peut être activée que lorsque les difficultés d'un groupe bancaire menacent la stabilité financière de la zone euro et que l'État dans lequel ce groupe est établi n'a pas les moyens de supporter seul les coûts de cette défaillance.

29. Voir chapitre 5, « L'union bancaire ».

30. Voir chapitre 5, « L'union bancaire », « 2. Le chantier de l'union bancaire », « A. Le Mécanisme de surveillance unique », p. 224 et s.

31. « Fiche d'information sur l'instrument recapitalisation bancaire directe par le MES », *Europa.eu*, 8 décembre 2014, http://www.esm.europa.eu/pdf/2014-12-08%20FAQ%20DRI.pdf, page consultée le 15 janvier 2016.

Les ministres des Finances de la zone euro ont fixé à 60 milliards d'euros la limite maximale d'intervention du MES en matière de recapitalisation bancaire directe. La possibilité que ce type de recapitalisation bancaire soit rétroactif – c'est-à-dire qu'elle puisse concerner des défaillances bancaires ayant eu lieu avant la concrétisation de l'union bancaire en novembre 2014 – sera envisagée au cas par cas.

La recapitalisation directe de banques sur une base rétroactive est techniquement possible, mais « *politiquement difficile* », comme l'a lui-même reconnu le président de l'Eurogroupe, Jeroen Dijsselbloem, le 19 juin 2014 à Luxembourg à l'issue de la réunion des ministres des Finances[32].

Quoiqu'il arrive, le pays d'origine de banques recapitalisées directement par le MES conserve une partie du fardeau financier lié à cette opération de recapitalisation :

– soit il doit faire en sorte que la banque concernée respecte les ratios minimaux de solvabilité bancaire ;
– soit, si c'est déjà le cas, il doit injecter des fonds propres additionnels à hauteur :
  • de 20 % les deux premières années du recours à l'instrument de recapitalisation bancaire directe,
  • de 10 % au-delà.

Néanmoins, si la situation budgétaire du pays dans lequel sont établies des banques recapitalisées directement l'exige, cet État peut être dispensé du fardeau financier qui lui incombe.

2) Une ambition revue à la baisse

Après avoir présenté l'option de recapitalisation bancaire directe par le MES comme LA solution pour briser le lien entre dettes publiques et difficultés bancaires, les pays de la zone euro ont revu leur ambition à la baisse. Faiblement dotée, cette option constitue en tout point un dernier recours et est soumise à une telle série de conditions qu'elle rend son activation improbable.

32. Eurogroupe, conférence de presse du 19 juin 2014, *Europa.eu*, http://ec.europa.eu/avservices/video/player.cfm?sitelang=en&ref=I090651

À l'issue de la réunion de l'Eurogroupe du 8 décembre 2014, le directeur exécutif du MES, l'Allemand Klaus Regling, a prévenu : la probabilité d'avoir recours à l'instrument de recapitalisation bancaire directe était « *improbable* » dans la mesure où il n'interviendrait qu'après une cascade d'événements, faisant de cet instrument une option de « *dernier recours* »[33].

Cette question pourrait néanmoins revenir sur la table de l'Eurogroupe. Publié le 22 juin 2015, le rapport des « cinq présidents » sur l'achèvement de l'Union économique et monétaire prône en effet une simplification de la procédure menant à la recapitalisation directe de banques dans la zone euro.

3. Une nouvelle entité *ad hoc*, la « troïka »

Toute aide financière européenne octroyée à un pays de la zone euro est conditionnelle. En échange d'une perfusion financière, l'État bénéficiaire s'engage contractuellement à appliquer un programme d'ajustement économique négocié au moment de l'approbation de l'aide financière triennale. La mise en œuvre de ce programme est revue par une entité informelle *ad hoc* : la « troïka ».

Représentant sur le terrain les créanciers internationaux de pays sous programme, la « troïka » regroupe la Commission, la BCE et le FMI[34]. La responsabilité de la surveillance revient en premier chef à la Commission. Faute de dispositifs juridiques appropriés, le statut juridique et le mandat de la « troïka » sont restés incertains. Dans le cas du premier plan d'aide accordé à la Grèce, l'établissement de cette structure a reposé sur une déclaration des chefs d'État ou de gouvernement de la zone euro[35] et sur l'accord-cadre conclu entre les États membres de la zone euro et le FESF. Le traité MES[36] et le règlement (UE) n° 472/2013[37] confirment, chacun de leur côté, la mission de surveillance attribuée à la Commission et la nécessité d'agir en liaison avec la BCE et, éventuellement, le FMI.

33. K. Regling, conférence de presse du 8 décembre 2014, *Europa.eu*, http://ec.europa.eu/avservices/video/player.cfm?ref=I096475

34. Dans le cadre du troisième plan d'aide à la Grèce, la « troïka » est devenue un « quartet », avec l'implication du Fonds MES.

35. Déclaration sur le soutien des États membres de la zone euro à la Grèce, 11 avril 2010.

36. Article 13, § 7 du traité MES.

37. Article 7, § 4 du règlement (UE) n° 472/2013 du Conseil, précité.

La « troïka » effectue des missions trimestrielles de suivi de la mise en œuvre d'un plan de sauvetage financier. Elle est chargée de négocier avec le gouvernement en place l'ajustement des mesures budgétaires et économiques censées remettre le pays sur pied. Son rapport, s'il est validé positivement par l'échelon politique c'est-à-dire les ministres des Finances de la zone euro, ouvre la voie au versement d'une nouvelle tranche d'aide. C'est la politique du « donnant-donnant ».

Cette entité informelle demeure active dans un pays ayant reçu une aide financière longtemps après l'achèvement d'un plan de sauvetage triennal. Tant que le pays en question n'a pas remboursé 75 % de la dette contractée, ce pays continue de faire l'objet de missions de suivi semestriel – certes moins intrusives. Cette règle a été introduite lors du renforcement de la surveillance budgétaire prévue dans le PSC.

A • L'action décriée des « *men in black* »

L'expérience montre qu'un programme d'ajustement structurel appliqué en échange d'une aide financière accélère la dévaluation « interne ».

À travers ce processus, un pays regagne des parts de marché en diminuant le coût des facteurs de production, notamment ceux liés au travail. La dévaluation « externe », qui passerait par une baisse du taux de change d'une monnaie nationale par rapport à celle de pays concurrents, n'est en effet plus possible au sein d'une union monétaire.

L'action de la « troïka », chargée de suivre l'application des programmes d'ajustement, est décriée. Si la politique économique préconisée, axée sur les coupes dans les dépenses publiques et la libéralisation des marchés, a certes permis aux pays sous programme de rééquilibrer leurs finances publiques, elle a également plombé leur économie en les plongeant dans la récession pendant la durée du plan de sauvetage.

Membre de la « troïka », le FMI a reconnu avoir sous-estimé l'impact des mesures administrées sur la croissance des pays sous programme. Une autocritique que rechigne à faire la Commission.

L'action de la « troïka » pose également un problème de contrôle démocratique. Aux yeux de nombreux citoyens européens, les technocrates en costume sombre qui composent cet organe informel seraient l'illustration de cette Europe imposant d'en haut un dogme libéral remettant en cause leur niveau de vie. Ils ne jouiraient d'aucune légitimité démocratique pour exercer leur pouvoir de contrainte.

Les partisans de la « troïka » rétorquent que la création de cette entité s'inspire des missions classiques de suivi que le FMI opère lorsqu'il octroie une aide financière à un État en difficulté. Ils rappellent que les recommandations que la « troïka » formule sont toujours validées au niveau politique par les ministres des Finances de la zone euro, ce feu vert politique conditionnant le versement de toute nouvelle tranche d'aide.

Et d'ajouter que les pays bénéficiaires d'une aide sont également tenus de faire approuver par leur parlement national les mesures budgétaires et structurelles négociées avec les représentants de leurs créanciers. Une séquence de nature à renforcer la légitimité de l'action de la « troïka ».

B • Une réforme à l'étude

Début 2014, le Parlement européen s'est saisi de la question de la légitimité démocratique de l'architecture institutionnelle des plans de sauvetage financier de la zone euro. Il a mené l'enquête sur l'action de la « troïka » dans tous les pays ayant été soumis à un programme d'ajustement économique.

Dans un rapport d'initiative[38] piloté par le chrétien-démocrate autrichien Othmar Karas et le socialiste français Liêm Hoang-Ngoc, les eurodéputés observent que le mandat de la « troïka » n'est « *pas clairement défini et est dépourvu de transparence et de contrôle démocratique* ». Ils demandent aux ministres des Finances de la zone euro d'assumer l'« *entière responsabilité* » des activités de la « troïka » et à la Commission européenne d'évaluer les conséquences économiques et sociales des programmes d'ajustement économique dans les pays bénéficiaires d'une aide financière. Ils souhaitent que le Parlement européen auditionne régulièrement les membres de cet organe informel, et aussi que les partenaires sociaux s'impliquent de manière plus étroite dans les négociations sur les réformes à mettre en œuvre.

38. PE, rapport sur le rapport d'enquête sur le rôle et les activités de la troïka (BCE, Commission et FMI) dans les pays sous programme de la zone euro, 28 février 2014, A7-0149/2014, *Europa.eu*, http://www.europarl.europa.eu/sides/getDoc.do?pubRef=-//EP//TEXT+REPORT+A7-2014-0149+0+DOC+XML+V0//FR&language=fr, page consultée le 15 janvier 2016.

Surtout, les eurodéputés sont d'avis que les activités de la « troïka » devront à terme cesser et être assumées par une institution communautaire qui leur rendrait des comptes. Celle-ci pourrait prendre selon eux la forme d'un « *Fonds monétaire européen, qui associerait les moyens financiers du MES et les ressources humaines de la Commission européenne* ».

Passant son grand oral[39] devant le Parlement européen, le président de la Commission, Jean-Claude Juncker, a prôné à la mi-juillet 2014 le remplacement de la « troïka » « *par une structure plus légitimement démocratique et plus comptable de ses actes, basée autour des institutions européennes, avec un contrôle parlementaire renforcé, tant au niveau européen que national* ». À l'avenir, l'ancien premier ministre luxembourgeois a promis que tout nouveau plan de sauvetage sera également soumis à « *une évaluation de ses incidences sociales* ». Ce fut chose faite avec l'étude réalisée sur le troisième plan de sauvetage grec[40].

À son arrivée au pouvoir en Grèce en janvier 2015, le mouvement de gauche radicale Syriza a tenté de s'affranchir des contraintes liées aux missions intrusives des représentants des créanciers d'Athènes – avec un certain succès dans le cadre du deuxième plan de sauvetage, jusqu'à ce que les négociations sur un troisième plan de sauvetage obligent Athènes à accepter à nouveau la présence des « *men in black* ». Dans le cas grec, la « troïka » est devenue un quatuor d'« institutions » incluant le MES. Si le nom a changé, la méthodologie reste la même.

39. « Le Parlement élit Jean-Claude Juncker à la tête de la Commission européenne », *Europa.eu*, 15 juillet 2014, http://www.europarl.europa.eu/news/fr/news-room/content/20140714IPR52341/html/Le-Parlement-%C3%A9lit-Jean-Claude-Juncker-%C3%A0-la-t%C3%AAte-de-la-Commission-europ%C3%A9enne

40. Comm. UE, étude *Assessment of the new Stability Support Programme for Greece*, 19 août 2015, SWD(2015) 162 final, *Europa.eu*, http://ec.europa.eu/economy_finance/assistance_eu_ms/greek_loan_facility/pdf/assessment_social_impact_en.pdf, page consultée le 15 janvier 2016.

Conclusion

Poussés dans leurs derniers retranchements par les marchés financiers, les pays partageant la monnaie commune au sein de l'UE ont mis en place, au plus fort de la crise financière, un filet de sécurité[41] budgétaire pour venir en aide aux maillons faibles de l'UEM.

Interprétant de façon constructive l'interdiction de non-renflouement du traité, ils ont ainsi mis en place un pare-feu financier doté de 735 milliards d'euros (500 milliards du Fonds MES, 185 milliards du Fonds FESF et 60 milliards du MESF). Cette mesure de protection résulte forcément d'un compromis entre, d'une part, des pays pragmatiquement solidaires et, d'autre part, des États réticents à prêter l'argent de leurs contribuables à d'autres États ayant vécu au-dessus de leurs moyens. Or, le mérite de cette mesure est avant tout d'être permanente, preuve que l'UEM n'est pas qu'un ensemble de règles de surveillance budgétaire renforcée, mais aussi un espace de solidarité conditionnelle fonctionnant, à ce stade, sur une base intergouvernementale.

Le propre de l'aide financière qu'octroient les fonds de sauvetage de la zone euro est en effet d'être conditionnée à la mise en œuvre d'un programme triennal de réformes drastiques. C'est le prix à payer pour un État ayant perdu son indépendance financière après avoir été incapable de refinancer seul sa dette publique sur les marchés.

La potion d'austérité administrée à des pays sous perfusion financière est régulièrement décriée pour son côté intrusif, voire inadapté à la situation même du patient – incapable, en raison de sa faiblesse, de subir une thérapie de choc. Tout pays ayant bénéficié d'une aide a vu sa dette publique monter en flèche, le chômage exploser et sa jeunesse s'exiler à d'autres endroits de la zone euro ; sans parler des inégalités sociales qui se sont creusées avec la crise, même dans les pays n'ayant pas fait l'objet d'un plan de sauvetage. Une génération au moins sera nécessaire avant que la situation revienne à un équilibre normal.

Les citoyens des pays sous perfusion contestent, à juste titre, le contrôle démocratique insuffisant sur les technocrates chargés de suivre la mise en œuvre des plans de sauvetage financier et d'énoncer la posologie des remèdes administrés. Le commissaire européen chargé de l'euro et du dialogue social, l'ancien premier ministre letton Valdis Dombrovskis, a pour mission de faire des propositions afin de modifier l'architecture ins-

41. On parle alors de « *backstop* ».

titutionnelle des plans de sauvetage financier, d'une part en impliquant davantage les partenaires sociaux, mais aussi en obligeant les représentants des créanciers institutionnels (Commission, BCE, FMI), qui négocient avec un pays sous tutelle les réformes à adopter, à rendre des comptes à l'échelon communautaire, principalement auprès du Parlement européen.

Une autre voie, celle d'une sortie des pays incapables d'affronter la concurrence internationale avec un euro fort, aurait-elle été possible ? Nombreux sont ceux qui, aux extrêmes de l'échiquier politique, se mobilisent dans ce sens, faisant miroiter les vertus d'une dévaluation compétitive en cas de retour à une monnaie nationale. Si, face à l'incertitude que créerait une sortie de la Grèce de la zone euro (« *Grexit* »), les leaders européens ont décidé qu'un tel scénario ne serait pas appliqué, l'Allemagne et d'autres pays du Nord l'ont pourtant envisagé en juillet 2015 lors d'énièmes négociations « de la dernière chance » avec la Grèce concernant un troisième plan de sauvetage. En se serrant les coudes – à travers notamment la création du FESF et du MES –, la zone euro a confirmé que, malgré ses défauts originels, la monnaie unique était là pour durer. L'adhésion, début 2015, de la Lituanie en tant que 19e pays dans la zone euro, ne prouve-t-elle pas, quelque part, l'attractivité continue de la monnaie unique ?

Force est néanmoins de constater que le tour de vis budgétaire et la création des fonds de sauvetage de la zone euro n'auraient peut-être pas été suffisants pour venir à bout de la crise de la dette souveraine dans la zone euro. L'action pragmatique et déterminée, mais aussi décriée, de la Banque centrale européenne (BCE) – dont le président Mario Draghi a promis à l'été 2012 de « *tout faire pour sauver l'euro* » – a joué un rôle déterminant pour rassurer les investisseurs détenteurs de titres de dette de pays en difficulté et pour faire baisser la spéculation sur une possible implosion de la zone euro.

Majoritairement saluée, cette attitude pragmatique est contestée par les partisans d'une indépendance totale de la BCE par rapport au pouvoir politique. Avançant une vision très « juridiste » de l'Union économique et monétaire, ils soulignent l'interdiction de la BCE de procéder à du financement monétaire. Selon eux, agir de la sorte réduirait la pression en matière de réformes exercée par les marchés sur les États membres via les coûts de refinancement de leur dette.

Chapitre 4

LA BANQUE CENTRALE EUROPÉENNE, ACTEUR PRAGMATIQUE ET DÉTERMINANT DE LA CRISE

Introduction

La crise financière de 2008, prolongée en crise de la dette souveraine à partir de 2010, a contraint les pays de la zone euro à agir dans l'urgence pour préserver l'intégrité de la monnaie unique. Tours de vis budgétaires, cures d'austérité prolongées des finances publiques, création d'un pare-feu financier, mise en chantier de l'union bancaire… Adoptées à marche forcée au plus fort de la crise de la dette souveraine dans la zone euro, ces initiatives ont contribué à calmer la tempête sur les marchés financiers, laquelle se matérialisait par une envolée des coûts de refinancement de la dette publique de pays en difficulté situés en périphérie de la zone euro.

En parallèle de ces actions énergiques, la BCE a également joué un rôle de premier plan pour restaurer la confiance des investisseurs. Elle n'a pas hésité à prendre des mesures exceptionnelles pour éviter une implosion de l'UEM, telles que des injections massives de liquidités et des programmes de rachat de titres de dette privée et publique.

Face au risque de déflation en zone euro, l'institution monétaire de Francfort a agi avec fermeté. Il a lancé en mars 2015 un nouveau programme de rachat massif d'actifs souverains[1], dont l'objectif était *in fine* de faire remonter l'inflation, faire baisser le cours de l'euro et stimuler la reprise économique.

Avec la crise financière et la longue récession qui en a résulté, l'institution monétaire européenne a dû réinterpréter sa mission première inscrite dans les traités, qui se limite en principe à garantir la stabilité des prix, c'est-à-dire à maintenir l'inflation sur base annuelle à un niveau inférieur, mais proche de 2 %.

1. On parle de « *quantitative easing* » ou « QE » à l'européenne.

1. Des injections massives de liquidités

Au cours de la crise financière, la BCE a injecté massivement des liquidités dans le système bancaire. Les banques, qui ne se prêtaient plus d'argent par manque de confiance réciproque, ont ainsi pu honorer leurs échéances financières et ont été fortement incitées à investir dans les titres de dette de pays en difficulté.

A • Une première salve pour éviter l'assèchement du crédit

La première injection massive de liquidités par la BCE a eu lieu entre décembre 2011 et février 2012. Deux opérations de refinancement à plus long terme – des « *Long term refinancing operations* » (LTRO)[2] – ont permis aux établissements de crédit de la zone euro d'emprunter à très bon marché sur 3 ans :

- la première opération a permis à 523 banques de lever près de 489 milliards d'euros à un taux d'intérêt de 1 %, dont 325 milliards d'euros par des banques situées en Grèce, en Irlande, en Italie et en Espagne ;
- la seconde opération a permis à plus de 800 banques de lever 530 milliards d'euros.

Outre le niveau des montants mis en circulation, la BCE n'avait jamais procédé à une injection massive de liquidités sur des durées aussi longues. Si les opérations « LTRO » ont évité un assèchement du crédit interbancaire, certains analystes estiment néanmoins qu'elles ont maintenu artificiellement en vie de nombreuses banques devenues excessivement dépendantes des liquidités de la BCE.

B • Une deuxième salve pour lutter contre la trop faible inflation

Début 2014, la zone euro est sortie de la récession économique. Néanmoins, la croissance est restée faible toute l'année[3]. Surtout, l'inflation agrégée au niveau de la zone est inférieure à 1 % depuis octobre 2013. En

2. Voir « *Open market operations* », *Europa.eu*, http://www.ecb.europa.eu/mopo/implement/html/index.en.html

3. La récession a sévi en 2012 et 2013 (chute du PIB respective : 0,8 % et 0,4 %) dans la zone euro. En 2014, la croissance du PIB a été de 0,8 % du PIB. Selon la Commission, elle atteindra 1,5 % en 2015. Voir http://ec.europa.eu/economy_finance/eu/forecasts/2015_spring_forecast_en.htm, page consultée le 15 janvier 2016.

novembre 2014, elle est tombée à 0,3 %, son niveau le plus bas depuis septembre 2009. La faiblesse prolongée des prix du pétrole a été de nature à aggraver encore la situation. Plusieurs pays (Chypre, Grèce et Portugal) se sont retrouvés en situation de déflation, en partie due au processus d'ajustement économique en cours au sein de la zone euro.

Le 5 juin 2014, la BCE dévoile de nouvelles mesures exceptionnelles visant à respecter son objectif. Elle annonce une nouvelle opération d'injection de liquidités. Dotées d'environ 400 milliards d'euros, ces opérations ciblées de refinancement à plus long terme – « *Targeted longer-term refinancing operations* » (TLTRO)[4] – imposent aux banques bénéficiaires d'utiliser les liquidités afin de stimuler l'octroi de crédit aux entreprises[5]. Le 10 mars 2016, l'Institut monétaire a dévoilé une deuxième opération « TLTRO » offrant la possibilité aux banques de se refinancer à bas coût sur 4 ans.

À la surprise générale, l'institution monétaire de Francfort annonça début septembre 2014 une baisse supplémentaire de ses taux directeurs, qui atteignirent désormais un niveau bas jamais connu jusqu'alors, le taux de la facilité des dépôts se situant même en territoire négatif (rabaissé à -0,2 %). Le 10 mars 2016, face à une inflation toujours atone (-0,2 % le mois précédent), la BCE rabaissa à nouveau ses taux, celui fixé à la facilité de dépôt tombant à -0,4 %.

La BCE annonça également le lancement d'un programme de rachat massif de titres adossés à des actifs – « *asset-backed securities* » (ABS)[6] – et d'obligations sécurisées. Les titres ABS résultent d'une technique financière, la titrisation, qui permet d'assembler en paquets des crédits bancaires à la consommation et des crédits hypothécaires, puis de les revendre sur les marchés sous forme de titres plus liquides. En les cédant à la BCE, les banques libèrent de la place sur leur bilan, diminuent leurs exigences en matière de capital et peuvent théoriquement consacrer davantage de ressources à l'octroi de prêts à l'économie.

4. BCE, communiqué de presse annonçant les opérations « TLTRO », 5 juin 2014, *Europa.eu*, http://www.ecb.europa.eu/press/pr/date/2014/html/pr140605_2.fr.html, page consultée le 15 janvier 2016.

5. Pour une présentation détaillée des opérations « TLTRO » : https://www.ecb.europa.eu/mopo/implement/omo/html/index.en.html, page consultée le 15 janvier 2016.

6. Pour une présentation en détail des opérations de rachat de titres « *asset-backed securities* » : https://www.ecb.europa.eu/mopo/implement/omo/html/index.en.html, page consultée le 15 janvier 2016.

Le programme de rachat massif de titres « ABS » et d'obligations sécurisées complète le lancement des opérations « TLTRO ». C'est dire si la situation de la zone euro, marquée par une croissance atone et une inflation trop faible, inquiète la BCE.

C • L'octroi de liquidités d'urgence (ELA)

Exceptionnellement, une banque de la zone euro peut recevoir des concours de la BCE à travers la fourniture de liquidités d'urgence – une intervention qui n'entre pas dans la politique monétaire classique de l'institution européenne.

Ce dispositif d'« *emergency liquidity assistance* » (ELA) prévoit la fourniture temporaire d'une assistance de la banque centrale du pays d'établissement à condition que la banque faisant face à des problèmes de liquidités temporaires soit considérée comme solvable et qu'elle fournisse en retour des garanties jugées solides.

La responsabilité de l'octroi de liquidités d'urgence incombe à la banque centrale nationale concernée, qui en assume l'entièreté des coûts et des risques.

Le dispositif « ELA » est mis à l'épreuve lors de la crise financière issue des crédits hypothécaires à risque et de la chute de la banque d'investissement *Lehman Brothers*.

Plus récemment, la Banque centrale grecque a été mise à contribution au printemps 2015 afin d'éviter un effondrement du système bancaire grec confronté à des retraits massifs de dépôts. Avec l'accord de la BCE, elle a ainsi octroyé aux banques grecques plus de 90 milliards d'euros de liquidités d'urgence.

Ce soutien n'empêche néanmoins pas, en juillet 2015, la fermeture temporaire des banques ni l'instauration de restrictions aux mouvements de capitaux en Grèce.

2. « Tout faire pour sauver l'euro »

En juin 2012, la Grèce échappa de peu à l'implosion. Lors d'élections législatives anticipées, le parti chrétien-démocrate *Néa Dimokratía* d'Antónis Samarás obtint une courte victoire l'autorisant à former un gouvernement de coalition fragile, notamment avec les socialistes du Pasok.

Dénonçant la mise sous tutelle néolibérale de la Grèce, la coalition Syriza d'extrême gauche arriva en deuxième position[7].

Les leaders européens ont été confrontés à une nouvelle poussée de fièvre des taux d'intérêt sur les dettes à long terme de l'Espagne et de l'Italie, deux pays faisant des efforts budgétaires et macroéconomiques importants, mais demeurant la cible des marchés. Un défaut de l'un de ces deux pays devait être évité à tout prix compte tenu du montant des sommes à mobiliser pour contrecarrer tous mouvements spéculatifs à l'encontre de leurs dettes. Le MES n'était pas encore opérationnel et le pare-feu financier de la zone euro – constitué, à cette époque, du FESF provisoire et du Mécanisme MESF communautaire – n'est pas en mesure d'amortir l'onde de choc que provoquerait le défaut d'un pays de cette taille.

La zone euro décida alors de mettre en chantier l'union bancaire, avec comme première pierre la supervision unique sous l'égide la BCE, afin de desserrer le lien entre difficultés bancaires et endettement public[8]. En juillet 2012, l'Eurogroupe finalisa le plan de sauvetage du secteur bancaire espagnol auquel une enveloppe maximale de 100 milliards d'euros du MES fut promise.

Dans ce contexte, le président de la BCE, Mario Draghi, fit une déclaration très remarquée : « *La BCE est prête à faire tout ce qui est nécessaire pour préserver l'euro. Et croyez-moi, ce sera suffisant* », annonce-t-il le jeudi 26 juillet 2012 à Londres lors d'une conférence d'investisseurs. C'est la première fois qu'il s'exprime aussi clairement sur l'intention de la BCE d'agir en tant que prêteur en dernier ressort.

« *L'action de Mario Draghi conjuguée au Conseil européen de juin 2012, où des déclarations ont été faites sur l'union bancaire, est l'une des réalisations européennes majeures de cette période de crise* », estime Mario Monti, Premier ministre de l'Italie à l'époque des faits, dans les colonnes de la *Revue de Confrontations Europe*[9]. Selon lui, « *la BCE conserve son indépendance, mais on l'a vu gagner en influence dans l'expression de sa vision sur la construction de l'Union européenne* ».

---

7. En janvier 2015, le mouvement Syriza accède au pouvoir en Grèce et gouverne avec le parti nationaliste de droite des « Grecs indépendants ».

8. Voir chapitre 5, « L'union bancaire », « 1. Desserrer le lien entre crises bancaires et dette publique », p. 217 et s.

9. « Axe franco-allemand : la France doit s'affirmer. Grand-angle avec Mario Monti », *Confrontations Europe – La Revue*, janvier-mars 2014, n° 104, p. 6, http://www.confrontations.org/images/confrontations/publications/Revue/104/Revue-104-p6-11-Conjoncture.pdf, page consultée le 15 janvier 2016.

Contrairement à la Réserve fédérale américaine – (FED) – et à la Banque d'Angleterre, la BCE n'a pas pour mission principale de soutenir l'économie, mais de maintenir le niveau d'inflation à moyen terme à un niveau inférieur, mais proche de 2 %. Néanmoins, assouplissant l'interprétation de sa mission, elle est intervenue sur les marchés pour soutenir les titres de dette de pays de la zone euro en difficulté.

A • Un premier programme temporaire

En mai 2010, le premier plan de sauvetage de la Grèce, composé de prêts bilatéraux de pays de la zone euro et du FMI, se met en place. Au même moment, malgré l'opposition avérée de la Bundesbank allemande, la BCE, alors présidée par le Français Jean-Claude Trichet, lance le « *Securities Markets Program* » (SMP), qui consiste en un programme temporaire de rachat de titres souverains de pays de la zone euro en difficulté afin de freiner l'envolée des taux d'intérêt de leur dette à long terme. Ce programme fut réactivé en août 2011 afin de venir en aide à l'Espagne et l'Italie.

Au titre du programme « SMP », la BCE a acquis au total près de 210 milliards d'euros de titres de dette publique, qu'elle entendait conserver jusqu'à maturité[10]. La ventilation par État des acquisitions effectuées par la BCE donne un aperçu détaillé des pays de la zone euro les plus en difficulté. Elle se répartit en effet de la manière suivante :

– Italie : 99 milliards d'euros de titres souverains ;
– Espagne : 44 milliards ;
– Grèce : 31 milliards ;
– Portugal : 22 milliards ;
– Irlande : 14 milliards.

Fin 2015, la BCE détenait encore près de 120 milliards d'euros d'obligations souveraines acquises au titre du programme « SMP ».

10. Pour une présentation du montant agrégé des titres souverains que la BCE détient encore dans le cadre du programme « SMP » : BCE, « *Open Market Operations* », *Europa.eu*, https://www.ecb.europa.eu/mopo/implement/omo/html/index.en.html, page consultée le 15 janvier 2016.

Pays ayant bénéficié du programme SMP

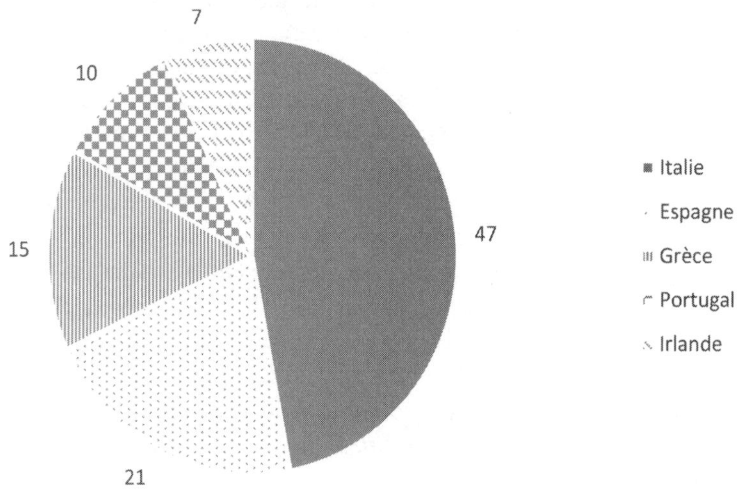

Source : BCE, février 2013.

B • « OMT » : un programme mis en place, mais jamais utilisé

L'affirmation de Mario Draghi, selon laquelle la BCE est prête à tout faire pour préserver l'intégrité de la zone euro, se traduit dans les faits en septembre 2012, lorsque la BCE dévoila les modalités du programme d'opérations monétaires sur titres (OMT)[11] de rachat de titres de dette publique sur les marchés secondaires.

Plaçant les pays de la zone euro face à leurs responsabilités, la BCE contraint un État en difficulté à demander au préalable une aide conditionnelle du MES, le fonds de secours permanent de la zone euro, avant de pouvoir bénéficier de son intervention au titre du programme « OMT ». Une fois impliqué dans un plan de sauvetage financier, le pays en question est tenu de mettre en œuvre des mesures d'ajustement économique.

11. BCE, communiqué de presse « Technical Features of Outright Monetary Transaction », 6 septembre 2012, *Europa.eu*, http://www.ecb.europa.eu/press/pr/date/2012/html/pr120906_1.en.html, page consultée le 15 janvier 2016.

Le programme « OMT » présente des différences notoires avec son prédécesseur, le programme « SMP » :

- tout d'abord, il est potentiellement illimité dans son volume d'intervention. La BCE mettra un terme à cette opération lorsque l'objectif sera atteint ou si les pays concernés ne respectent pas leurs engagements pris en échange de l'aide financière. En ligne avec d'autres instruments tels que les opérations « LTRO » d'injection massive de liquidités, la maturité des titres achetés ne dépassera pas 3 ans ;
- en outre, la transparence des opérations « OMT » sera accrue : la BCE s'est engagée à dévoiler chaque semaine la valeur des titres détenus, et chaque mois leur maturité moyenne et leur ventilation par pays ;
- la BCE renonce également à son statut de créancier privilégié, qui lui octroierait un remboursement prioritaire en cas de défaut du pays concerné ;
- enfin, les autres pays de la zone euro, en tant que parties au MES de sauvetage de la zone, jouent un rôle de suivi de l'aide et de ses modalités.

À ce jour, le programme « OMT » n'a encore jamais été testé dans la réalité. Et c'est là sa grande force : sa seule évocation a grandement contribué à faire baisser les taux d'intérêt sur les dettes à long terme des pays de la zone euro. « *Le mécanisme ingénieux d'opérations monétaires sur titres a été déterminant pour calmer les marchés. Dans les faits, il n'a en réalité jamais servi !* », a souligné M. Monti[12].

La création du programme « opérations monétaires sur titres » s'est pourtant heurtée à l'opposition publique de la Bundesbank. Celle-ci considérait ce programme comme un instrument de financement indirect d'États en difficulté. Une opération interdite au regard des traités et qui, selon elle, allégerait la pression exercée sur les États pour qu'ils réforment leur économie.

L'opposition au programme « OMT » est telle en Allemagne que plusieurs collectifs de citoyens[13] déposèrent un recours devant la Cour constitutionnelle de Karslruhe. En février 2014, pour la première fois de son histoire, la Cour allemande décida de saisir la Cour de justice de l'Union européenne (CJUE) d'une demande d'avis préjudiciel sur la compatibilité du programme « OMT » avec la mission première de la

12. « Axe franco-allemand : la France doit s'affirmer… », précité.

13. Par exemple, l'organisation *Mehr Demokratie e. V.*

BCE[14], préalablement à tout jugement de sa part. Par ce biais, elle a reconnu en creux la compétence de la CJUE dans ce domaine ultrasensible en Allemagne.

Dans son communiqué, la Cour de Karlsruhe a indiqué que six juges, sur les huit qui la composent, sont d'avis que la BCE a outrepassé son mandat interdisant le financement monétaire des budgets nationaux. La haute juridiction allemande a également considéré que les conditions restrictives posées au programme « OMT », telles que l'obligation préalable pour le pays bénéficiaire de demander une aide conditionnelle au MES, seraient de nature à rendre compatible le programme « OMT » avec les compétences des États membres.

Avec cette architecture institutionnelle, le Bundestag allemand conserve son droit de regard. Son approbation sera toujours requise pour valider un plan de sauvetage du MES sur la base duquel serait lancé un programme « OMT ».

Dans l'arrêt rendu le 16 juin 2015, la CJUE a jugé le programme « OMT » compatible avec le droit de l'Union, dans la mesure où il relève de la politique monétaire de la BCE et ne viole pas l'interdiction du financement monétaire des États membres[15].

En effet, la Cour juge suffisantes les garanties suivantes apportées par la BCE afin qu'un acteur financier n'ait pas la certitude que les titres de dette publique qu'il détient seront rachetés par l'institution européenne :

- un délai minimal sera observé entre le moment où le titre souverain est émis par un État sur le marché primaire et celui où la BCE rachètera le titre ;
- la BCE n'annoncera pas à l'avance sa décision de procéder à de tels rachats ni les volumes envisagés.

C • Le « *Quantitative easing* » : l'arme d'acquisition massive

Début 2015, la zone euro a été confrontée à un risque réel de déflation, en raison d'une croissance atone et de la faiblesse prolongée des prix éner-

14. Cour de Karlsruhe, communiqué n° 9/2014, 7 février 2014, *Bundesverfassungsgericht.de*, http://www.bundesverfassungsgericht.de/SharedDocs/Pressemitteilungen/EN/2014/bvg14-009.html, page consultée le 15 janvier 2016.

15. CJCE, 16 juin 2015, Gauweiler, aff. C-62/14, *Europa.eu*, http://curia.europa.eu/juris/liste.jsf?language=fr&num=C-62/14, page consultée le 15 janvier 2016.

gétiques. Face à la menace de perdre la maîtrise de la trajectoire de l'inflation à moyen terme, la BCE a été obligée de reprendre l'initiative et de rendre sa politique monétaire encore plus accommodante.

Malgré l'opposition – encore – de la Bundesbank, la BCE dévoila, le 22 janvier 2015, un nouvel assouplissement monétaire à travers le lancement d'un programme étendu de « *Quantitative easing* » (QE), c'est-à-dire de rachat d'actifs publics et privés[16], comme l'ont fait avant elle la FED américaine et les banques centrales anglaise et japonaise en réponse à la crise financière de 2008. « *Les achats mensuels combinés de titres publics et privés s'élèveront à 60 milliards d'euros* », déclara son président, Mario Draghi. Il ajouta que ces achats seront effectués « *jusqu'à fin septembre 2016* », du moins jusqu'à ce que l'on assiste à « *un ajustement soutenu* » de la trajectoire d'inflation conforme à la mission de la BCE. Le 3 décembre 2015, la BCE a étendu le « quantitative easing » au moins jusqu'à mars 2017. Le 10 mars 2016, la limite d'achat a été relevée de 60 à 80 milliards d'euros par mois et les titres d'entreprises très bien notées par les agences de notation sont devenus éligibles.

Englobant les opérations de rachat de titres « ABS » et d'obligations sécurisées, ce programme ouvre la voie au rachat de titres de dette de pays souverains ainsi que d'entités publiques aux niveaux national et européen[17]. Au 2 juillet 2015, les entités françaises dont les titres étaient éligibles au « QE » étaient les suivantes : la Cades, l'Unedic, *Bpifrance Financement*, l'Acoss, la Caisse des dépôts et consignations, l'Agence française de développement, *SNCF Réseau* et la Caisse nationale des autoroutes. Le 3 décembre 2015, la BCE a annoncé qu'elle allait acquérir également des titres de collectivités territoriales.

À noter que la BCE a, en outre, accordé une concession importante aux gouverneurs de banques centrales sceptiques quant à l'opportunité d'assouplir encore, et à une telle échelle, la politique monétaire dans la zone euro. Seulement 20 % des rachats de titres opérés au titre du « QE » seront soumis à un régime de partage des risques, soit 8 % de titres achetés par la BCE et 12 % de titres d'institutions européennes qu'acquerront les banques centrales nationales.

16. BCE, communiqué de presse *La BCE annonce un programme étendu d'achat d'actifs*, 22 janvier 2015, *Europa.eu*, http://www.ecb.europa.eu/press/pr/date/2015/html/pr150122_1.fr.html, page consultée le 15 janvier 2016.

17. Pour une liste des entités publiques dont les titres de dette sont éligibles au « QE » : https://www.ecb.europa.eu/mopo/implement/omt/html/pspp.en.html, page consultée le 15 janvier 2016.

Les titres souverains de tous les pays de la zone euro sont éligibles au « QE »[18]. Néanmoins, au lancement du programme en mars 2015, les dettes publiques émises en Grèce et à Chypre n'y étaient pas encore éligibles. La BCE a en effet appliqué deux conditions à un pays dont le *rating* sur la dette publique est proche du défaut :

- il faut tout d'abord que l'État en question fasse l'objet d'un plan de sauvetage sous l'égide de l'Union et du FMI ;
- de plus, le respect du programme d'ajustement à appliquer dans le cadre de ce plan de sauvetage doit être jugé crédible. Cette évaluation est à la discrétion de la BCE.

Chypre a été intégrée dans le « QE » en juillet 2015.

L'impact du « *Quantitative easing* » sur l'inflation a été immédiat. Négative de janvier à février 2015 puis nulle en avril, la hausse des prix sur base annuelle est redevenue depuis positive à l'échelle de la zone euro, même si elle a peiné à décoller à la fin de 2015. Elle est redevenue négative début 2016. Le retour à l'objectif de la BCE n'est pas escompté avant 2018. Autre effet du « QE » : l'euro s'affaiblit. Or, un euro faible suppose un soutien aux exportations, et donc à la reprise économique.

3. Bilan de santé du secteur bancaire

En coopération avec l'Autorité bancaire européenne (ABE) qui regroupe les 28 superviseurs bancaires nationaux, la BCE a procédé entre l'automne 2013 et l'automne 2014 à une analyse poussée de la solidité du système bancaire de la zone euro. Objectif : faire, une fois pour toutes, la lumière sur les banques « zombies »[19] avant que la BCE n'assume sa tâche de superviseur bancaire au sein du Mécanisme de supervision unique (MSU)[20], en novembre 2014.

Les résultats définitifs du bilan de santé sont tombés le dimanche 26 octobre 2014, jour de fermeture des marchés financiers[21]. Ils

18. Pour une présentation de la répartition par pays des rachats de titres publics au titre du « QE » : https://www.ecb.europa.eu/mopo/implement/omt/html/index.en.html, page consultée le 15 janvier 2016.

19. Terme employé par Mme Nouy.

20. Voir chapitre 5, « L'union bancaire », « 2. Le chantier de l'union bancaire », « A. Le Mécanisme de surveillance unique », p. 224 et s.

21. Communiqués sur les résultats du bilan de santé bancaire (26 octobre 2014) :
- BCE : https://www.bankingsupervision.europa.eu/banking/comprehensive/html/index.en.html
- ABE : http://www.eba.europa.eu/documents/10180/851779/2014%20EU-wide%20ST-aggregate%20results.pdf

témoignent de l'important travail réalisé au préalable par le secteur bancaire qui a consolidé ses états financiers à hauteur de 200 milliards d'euros entre les mois de septembre 2013 et 2014. S'élevant à 25 milliards d'euros, le déficit en capital reste marginal par rapport aux efforts effectués en amont. L'avenir dira si cet exercice d'une ampleur inégalée aura permis de renforcer la transparence du secteur bancaire européen, d'accroître la confiance des investisseurs et *in fine* de stimuler l'octroi de crédit à l'économie.

Le bilan de santé complet du secteur bancaire de l'Union a consisté en deux exercices distincts mais complémentaires. Tout d'abord, la BCE a procédé à une évaluation des actifs – « *Asset quality review* » (AQR) – inscrits fin 2013 aux bilans des 130 plus grandes banques de la zone euro, soit 82 % des actifs bancaires totaux de la zone euro. Ont été passés au peigne fin les portefeuilles de crédit, notamment la part des prêts toxiques et des titres souverains que les banques détiennent.

Ainsi que le déclarait Mme Nouy, la présidente du Conseil de supervision unique au sein de la BCE, en mai 2014 à Vienne lors d'une conférence organisée par la Banque centrale autrichienne, « *Pour illustrer l'étendue et le caractère exhaustif de l'évaluation des actifs, laissez-moi rappeler certains chiffres. Au total, environ 760 portefeuilles de crédit émanant de 128 banques ont été sélectionnés pour l'évaluation. Celle-ci couvre 3 720 milliards d'euros d'actifs pondérés par les risques, représentant 58 % de tous les actifs de cette nature détenus par les banques entrant dans le champ d'application de l'évaluation. Elle impliquera une analyse d'environ 135 000 dossiers de crédit* ».

En fixant à 8 % le ratio minimal de solvabilité[22] que les banques analysées devaient obligatoirement respecter, la BCE a mis en lumière un déficit de capital de 25 milliards d'euros dans 25 banques systémiques[23]. Ces institutions financières sont établies en Italie (9 banques), en Grèce (3), à Chypre (3), en Belgique et en Slovénie (2 banques chacune), en Allemagne, en Autriche, en France, en Espagne, en Irlande et au Portugal (1 banque chacun).

22. Part du capital de qualité optimale (CET 1) par rapport au total des actifs.

23. Les 24 banques ayant échoué aux « stress tests » de l'ABE et la banque espagnole Liberbank.

Douze de ces banques – dont l'institution française Caisse de refinancement de l'habitat (CRH)[24] – ont au préalable couvert leur déficit en fonds propres ; elles n'ont donc pas été contraintes de lever de nouveaux capitaux. Les treize autres institutions financières ont eu deux semaines pour soumettre à la BCE un plan de recapitalisation détaillant la façon dont elles comptaient lever du capital, d'abord par le biais de sources privées, dans un délai de 6 à 9 mois.

Les tests de résistance que l'ABE a opérés sur 123 banques de l'Union – plus la Norvège – ont constitué la deuxième étape du bilan de santé bancaire. L'ABE avait retenu un scénario adverse (forte récession, forte baisse des prix de l'immobilier, forte hausse du chômage entre 2013 et 2016) que les banques analysées devaient être en mesure d'affronter en maintenant un ratio minimum de solvabilité[25] à 5,5 %. La nouveauté des tests a consisté à intégrer les résultats de l'évaluation de la qualité des actifs de la BCE. Les résultats des « stress tests » ont fait apparaître une chute du ratio moyen de solvabilité observé au départ de 11,1 % à 8,5 %. Ce ratio tombe à 7,6 % si l'on applique toutes les exigences en capital bancaire qui seront applicables dans l'Union à l'horizon 2019. Sur la période examinée, la perte totale en capital dépasserait 260 milliards d'euros en raison d'une hausse des pertes sur crédits et actifs à risques pondérés.

Un groupe de 24 banques[26] – les mêmes que celles identifiées lors de l'évaluation des actifs de la BCE, moins l'Espagnole *Liberbank* – ont échoué aux tests, leur niveau de capitalisation s'avérant inférieur au minimum exigé en cas de matérialisation du scénario adverse. Le déficit total en capital observé est de 24,19 milliards d'euros, une somme réduite à 9,52 milliards lorsque l'on prend en compte l'effort de recapitalisation des banques identifiées depuis le lancement du bilan de santé.

24. CRH, communiqué à la suite de la publication des résultats du bilan de santé bancaire, 27 octobre 2014, *CRH-bonds.com*, http://www.crh-bonds.com/Communique/Communique_201403.pdf

25. Part du capital de qualité optimale (CET 1) par rapport au total des actifs.

26. Voir tableau ci-après.

Les 24 banques ayant échoué aux « stress tests » de l'ABE

Country	Bank	Shortfall adverse 2016	Net CET1 raised or converted	Shortfall adverse 2016 after capital raised
AT	Österreichische Volksbanken-AG with credit institutions affiliated according to Article 10 of the CR	0.86	-	0.86
BE	AXA Bank Europe SA	0.20	0.14	0.07
BE	Dexia NV	0.34	-	0.34
CY	Bank of Cyprus Public company Ltd	0.92	1.00	-
CY	Co-operative Central Bank Ltd	1.17	1.50	-
CY	Hellenic Bank Public Company Ltd	0.28	0.10	0.18
DE	Münchener Hypothekenbank eG	0.23	0.41	-
FR	C.R.H. – Caisse de Refinancement de l'Habitat	0.00	0.25	-
GR	Eurobank Ergasias	4.63	2.86	1.76
GR	National Bank of Greek	3.43	2.50	0.93
GR	Piraeus Bank	0.66	1.00	-
IE	Permanent tsb plc.	0.85	-	0.85
IT	Banca Carige S.P.A. – Cassa di Risparmio di Genova e Imperia	1.83	1.02	0.81
IT	Banca Monte dei Paschi di Siena S.p.A	4.25	2.14	2.11
IT	Banca Piccolo Credito Valtellinese	0.38	0.42	-
IT	Banca Popolare Dell'Emilia Romagna – Società Cooperativa	0.13	0.76	-
IT	Banca Popolare Di Milano – Società Cooperativa A Responsabilità Limitata	0.68	0.52	0.17
IT	Banca Popolare di Sondrio	0.32	0.34	-

IT	Banca Popolare di Vincenza – Società Cooperativa per Azione	0.68	0.46	0.22
IT	Banca Popolare - Società Cooperativa	0.43	1.76	-
IT	Veneto Banca S.C.P.A.	0.71	0.74	-
PT	Banco Comercial Português	1.14	-0.01	1.15
SI	Nova Kreditna Banka Maribor d.d.	0.03	-	0.03
SI	Nova Ljubljanska banka d.d.	0.03	-	0.03
	Sum	24.19	17.90	9.52

Source : EBA, Results of 2014 EU-wide stress test. Aggregate results. Londres, 26 octobre 2014, p. 38 : Tableau 3. Shortfall for individual banks 2016 under the adverse scenario, capital raised or converted in 2014 and net shortfall (EUR BN).

Les banques pour lesquelles un déficit en fonds propres a été identifié ont disposé, pour se recapitaliser, d'un délai de 6 à 9 mois (jusqu'avril ou juillet 2015) en fonction de la sévérité du déficit identifié. En premier lieu, elles se sont tournées vers les marchés pour lever des capitaux, céder des activités ou constituer des provisions spécifiques.

Si les solutions de nature privée n'avaient pas été suffisantes, les banques auraient alors fait appel à une aide publique nationale, pour autant que cette aide publique soit conforme aux règles européennes sur les aides d'État au secteur bancaire en difficulté.

En tant que solution de dernier recours, une aide du MES, le fonds permanent de sauvetage de la zone euro, aurait aussi pu être envisagée, principalement sous la forme d'un plan de recapitalisation transitant par l'État du pays d'origine, similaire à celui dont l'Espagne a bénéficié. L'option d'une recapitalisation bancaire directe par le MES, qui aurait l'avantage de peser peu sur la dette du pays dont le secteur bancaire bénéficie d'une aide, était même possible sur le papier.

Reste à voir si ce bilan de santé aura été suffisamment exhaustif et intrusif pour restaurer définitivement la confiance dans la solidité du secteur bancaire européen. La banque britannique en partie nationalisée pendant la crise, Royal Bank of Scotland, n'a-t-elle pas reconnu s'être trompée sur les chiffres communiqués à l'ABE ? Deux ans après, de nouveaux tests de résistance bancaire sont programmés pour 2016.

Conclusion

La BCE a promis qu'elle ferait tout pour sauver la monnaie unique. À partir de l'été 2012, les investisseurs ont peu à peu accepté l'idée que l'institution européenne, malgré les limitations à sa mission imposées par les traités européens, serait capable de jouer un rôle de prêteur en dernier ressort. Cette annonce – « *whatever it takes* » – ayant été jugée crédible, les spéculations pariant sur une implosion de la zone euro ont cessé progressivement sans que l'institut monétaire de Francfort ait eu besoin de concrétiser sa promesse.

En achetant du temps, la BCE mit ainsi la pression sur les pays de la zone euro pour qu'ils poursuivent la consolidation de leurs finances publiques au prix de sacrifices souvent douloureux pour la population et pour qu'ils initient des réformes d'ampleur de leur économie. Mois après mois, la BCE a répété inlassablement ce même message, arguant que l'efficacité de la politique monétaire, dont elle défend jalousement l'indépendance, est d'autant plus efficace qu'elle est complétée par des réformes structurelles dans les pays de la zone euro, réformes qui participent à la convergence économique au sein de l'Union économique et monétaire.

Certes, les opposants au pragmatisme forcé de la BCE ont porté la bataille judiciaire au niveau européen. Selon eux, les mesures non conventionnelles de rachat de titres souverains nuisent à l'indépendance de l'institution européenne, reviennent à financer indirectement la dette de pays de la zone euro en difficulté et dissuadent les pays concernés d'engager des réformes de structure profondes. Se rangeant derrière un premier avis favorable de l'avocat général délivré en janvier 2015, la Cour de justice de l'UE a néanmoins tranché : le programme « OMT » de rachat de titres souverains est conforme aux règles du traité européen. Cet arrêt lui a donné les coudées franches dans ses travaux ayant abouti au lancement d'un « *quantitative easing* » à l'européenne.

Ayant gagné ses galons de capitaine de navire pendant les tempêtes financière et budgétaire, la BCE a indéniablement acquis une nouvelle dimension au sein de l'architecture institutionnelle européenne. Ce n'est pas un hasard si l'Allemagne, se rangeant sous la pression des pairs au concept d'union bancaire au sein de la zone euro, a imposé que la fonction de superviseur européen soit transférée à l'institut monétaire, gage de sérieux et – on n'est jamais trop prudent – basé à Francfort.

Désireux de ne pas répéter, pour les banques, les erreurs originelles commises lors de la mise en place de l'union monétaire pour les États, le législateur européen a demandé à la BCE de procéder à une analyse au peigne fin de la santé des banques systémiques de la zone euro avant que l'institution européenne ne commence à superviser directement ces établissements de crédit en novembre 2014. Dans le cadre de l'union bancaire en zone euro, il a jeté au préalable les bases d'un Fonds de résolution unique (FRU) doté de 55 milliards d'euros d'ici à 2024 et alimenté par les banques elles-mêmes. Objectif : qu'une défaillance bancaire ne provoque une nouvelle crise de confiance.

Chapitre 5
L'UNION BANCAIRE

Introduction

Juin 2012. La crise de la dette souveraine a franchi un nouveau palier. L'Espagne et l'Italie, deux pays au cœur de la zone euro, font face à une nouvelle envolée de leurs coûts de refinancement. Les taux d'intérêt respectifs sur leur dette à long terme flirtent avec le seuil des 7 %, considéré comme insoutenable. À un tel niveau, ces taux créent un effet boule de neige : la dette est autoalimentée par un endettement additionnel destiné à couvrir le paiement des intérêts de la dette.

Pourtant, la zone euro s'est déjà engagée à fournir une enveloppe maximale de 100 milliards d'euros[1] afin d'éviter l'implosion du secteur bancaire espagnol, déjà plombé par l'éclatement de la bulle immobilière dans le pays.

L'Italie est en proie à la récession et son stock de dette publique, qui dépasse 2 000 milliards d'euros[2], plombe les finances publiques nationales.

L'écart entre le coût de refinancement de la dette allemande, relativement stable, et celui d'autres pays comme la France repart à la hausse.

Problème : le pare-feu financier de la zone euro, dont une partie sert déjà à venir en aide à la Grèce, à l'Irlande et au Portugal à travers le Fonds FESF provisoire, est incapable de résister à l'onde de choc que provoquerait un appel à l'aide de l'Espagne ou de l'Italie. Et le fonds de sauvetage permanent – le MES, dont la création a été actée fin 2011 – ne sera pas opérationnel avant octobre 2012[3].

1. 41,3 milliards d'euros ont été déboursés au total.
2. Soit le deuxième ratio dette/PIB (pic à 132,8 % en 2015) le plus élevé de la zone euro.
3. Voir chapitre 3, « Les instruments financiers de solidarité ».

C'est dans ce contexte de crise ravivée que les chefs d'État et de gouvernement se réunirent, fin juin 2012. Mise sous pression par deux Premiers ministres, l'Espagnol Mariano Rajoy et l'Italien Mario Monti – eux-mêmes soutenus par le nouveau président français, François Hollande –, la chancelière allemande, Angela Merkel, lâche du lest. L'Allemagne reconnaît l'urgence d'agir, mais toujours en fixant ses conditions.

Ce sommet de crise fut « *peut-être le plus important Conseil européen de ces cinq années de mon mandat* », a déclaré l'ex-président du Conseil européen, le Belge Herman Van Rompuy[4], le 20 novembre 2014 au siège francfortois de la BCE à l'occasion de la concrétisation du volet « supervision » de l'union bancaire[5].

Et de raconter l'anecdote suivante : au lendemain du sommet ayant marqué le lancement de l'union bancaire en zone euro, le président de la BCE, Mario Draghi, s'était écrié soulagé : « *Herman, réalises-tu ce que vous avez réussi ensemble hier soir ? C'est le changement de règles du jeu dont nous avons besoin !* »

Bancale, l'UEM, qui est à la base de la création de l'euro, devait encore être renforcée après le tour de vis opéré sur le pacte de stabilité et de croissance[6]. Des avancées significatives pouvaient aussi être réalisées rapidement dans le domaine financier, en démarrant immédiatement le chantier de l'union bancaire sans qu'un changement de traité soit impératif.

En revanche, les autres volets (budgétaire, économique et politique) du renforcement de l'UEM n'étaient pas mûrs. Ils constituent des chantiers à long terme, pouvant exiger une modification des traités européens. Parmi les options qui renforceraient la gouvernance économique dans la zone euro figure l'idée de créer un budget spécifique pour la zone euro afin de soutenir temporairement les pays faisant face aux difficultés résultant des réformes mises en place.

4. Le Polonais Donald Tusk remplace M. Van Rompuy le 1er décembre 2014 pour un mandat de 2 ans et demi.

5. Herman Van Rompuy, *Discours au siège de la BCE à l'occasion de l'inauguration du mécanisme de surveillance unique*, 20 novembre 2014, SPEECH EUCO 254/14, *Europa.eu*, http://www.consilium.europa.eu/en/press/press-releases/2014/11/pdf/President-Herman-Van-Rompuy-Speech-at-the-occasion-of-the-inauguration-of-the-Single-Supervisory-Mechanism,-European-Central-Bank/, page consultée le 15 janvier 2016.

6. Voir chapitre 1, « La coordination des politiques économiques ».

1. Desserrer le lien entre crises bancaires et dette publique

Depuis la crise financière de 2008, 1 600 milliards d'euros d'aides publiques, soit 13 % du PIB de l'Union européenne, ont été octroyés par les États pour venir en aide au secteur financier sous forme de garanties publiques ou de fonds propres. La puissance publique a notamment injecté 413,2 milliards d'euros dans le secteur bancaire de l'UE. Ces sauvetages ont mobilisé plus de 60 milliards d'euros à chaque fois en Allemagne, en Espagne, en Irlande et au Royaume-Uni. Selon les rapports 2013 de la Commission européenne et de la Banque centrale européenne (BCE) sur l'intégration financière dans l'Union[7], ils ont représenté 10 % du PIB à Chypre et près de 15 % du PIB en Grèce et en Irlande.

Ces sommes astronomiques ont convaincu bon nombre d'Européens, touchés par les politiques d'austérité destinées à rééquilibrer les finances publiques mises à mal par ces sauvetages à répétition, qu'en matière financière les profits sont toujours privatisés alors que les pertes sont nationalisées.

Insufflée à l'échelon international à la suite de la crise financière de 2008, une nouvelle dynamique de réglementation financière se mit alors en route. L'objectif affiché est simple : les actionnaires et les créanciers des banques doivent d'abord payer pour les erreurs que celles-ci commettent, évitant ainsi à la puissance publique de se retrouver toujours en première ligne en cas de défaillance bancaire.

« *Nous affirmons qu'il est impératif de briser le cercle vicieux entre les banques et les États* », déclarèrent, fin juin 2012, les leaders de la zone euro, lors d'un sommet qui marque un tournant dans la crise de la dette souveraine[8]. Ce cercle vicieux que les chefs d'État ou de gouvernement décrivent est le suivant. De grandes banques insolvables et/ou sevrées de liquidités, mais dont la faillite aurait des conséquences systémiques à l'échelle d'un pays ou de la zone euro, bénéficient inéluctablement d'un

7. Comm. UE, « European Financial Stability and Integration Report 2013 », 28 avril 2014, SWD(2014) 170, *Europa.eu*, http://ec.europa.eu/finance/financial-analysis/docs/efsir/140428-efsir-2013_en.pdf, page consultée le 15 janvier 2016 ; BCE, « Financial Integration in Europe, April 2014 », *Europa.eu*, http://www.ecb.europa.eu/pub/pdf/other/financialintegrationineurope201404en.pdf, page consultée le 15 janvier 2016.

8. Déclaration du sommet de la zone euro du 29 juin 2012, reproduit dans Cons. UE, « Union bancaire, Extraits des conclusions du Conseil européen », p. 3, *Europa.eu*, http://www.consilium.europa.eu/fr/policies/banking-union/pdf/sn04481_fr14_pdf/, page consultée le 15 janvier 2016.

soutien public (« *bail-out* ») grâce à l'intervention de l'État dans lequel elles sont implantées. Ce sont les fameuses banques « *trop grosses pour faillir*[9] » qui bénéficient *de facto* d'une garantie implicite de la puissance publique réduisant leurs coûts de financement sur les marchés.

Ces difficultés bancaires sont aussi alimentées par l'exposition des établissements de crédit au risque souverain. En effet, les problèmes budgétaires d'un État ont un impact négatif sur la solidité des banques. Celles-ci n'ont-elles pas été fortement incitées à acquérir des titres de dette publique pour maintenir à flot leur pays d'origine au plus fort de la crise financière ? Et ce, grâce notamment aux injections massives de liquidités de la BCE[10].

La démarche, qualifiée de « nationalisme financier » par l'économiste Nicolas Véron – chercheur au *think tank* bruxellois *Bruegel* –, a contribué à fragmenter le système financier de la zone euro le long des frontières nationales. Elle a été facilitée par la réglementation bancaire européenne, qui n'impose aucune exigence en capital pour la détention de titres souverains. Une situation dénoncée par Jens Weidman, le président de la Bundesbank allemande, fin septembre 2013[11] puis remise en cause en janvier 2016 par le président de l'Eurogroupe, Jeroen Dijsselbloem.

Après avoir renforcé la surveillance budgétaire et créé, dans l'urgence, des instruments financiers de solidarité, les chefs d'État et de gouvernement décident de franchir un nouveau cap : fédéraliser au niveau européen les fonctions de supervision et de résolution bancaires dans la zone euro.

Tel est le point de départ de l'union bancaire.

A • Un processus en réalité déjà lancé avant l'union bancaire

Une manière efficace de desserrer le lien entre difficultés bancaires et difficultés budgétaires des États membres consiste à faire d'abord payer les actionnaires et les créanciers pour les erreurs qu'ont commises les banques

9. « *Too big to fail* ».

10. Voir chapitre 4, « La Banque centrale européenne : acteur pragmatique et déterminant de la crise ».

11. Jens Weidmann, « Stops encouraging banks to buy sovereign debt », *Financial Times*, 30 septembre 2013.

dans lesquelles ils ont investi. La directive européenne harmonisant les régimes nationaux de redressement et de résolution des défaillances bancaires (BRRD)[12] poursuit cet objectif.

À noter que ce texte législatif avait été mis en chantier en 2012 avant le lancement des travaux sur l'union bancaire. Il a été entériné le 15 avril 2014 lors de l'ultime session plénière de la législature 2009-2014 du Parlement européen, en même temps que le règlement européen instaurant le Mécanisme de résolution unique (MRU). Il s'applique totalement depuis le 1er janvier 2016.

1) Les actionnaires et créanciers en première ligne

La directive « BRRD »[13] généralise dans l'UE une hiérarchie des acteurs financiers qui seront touchés en cas de défaillance bancaire. Depuis le 1er janvier 2016, toute défaillance d'un établissement de crédit doit faire l'objet d'un renflouement interne[14] à travers lequel les actionnaires et les créanciers d'un établissement financier seront d'abord mis à contribution avant que les dépôts des PME et des particuliers au-delà de 100 000 euros subissent d'éventuelles pertes.

En cas de défaillance bancaire, les actionnaires et les créanciers devront couvrir toute perte au minimum jusqu'à 8 % du total des passifs de la banque concernée avant un éventuel appel à l'argent public.

Afin de s'adapter aux circonstances et d'éviter que le tissu économique soit excessivement mis à contribution lors d'une défaillance bancaire, la directive « BRRD » prévoit également une flexibilité permettant à un État de faire évoluer la hiérarchie des acteurs financiers touchés par le processus de « *bail-in* ». Néanmoins, le seuil minimal de renflouement interne devra toujours être atteint au préalable.

L'ancien commissaire européen au Marché intérieur, le Français Michel Barnier[15], a estimé que si le principe du « *bail-in* » avait été en place lors de la crise financière de 2008, une seule défaillance bancaire aurait néces-

12. PE et Cons. UE, dir. 2014/59/UE, 15 mai 2014 établissant un cadre pour le redressement et la résolution des établissements de crédit et des entreprises d'investissement – « *Banking Recovery and Resolution directive* » (BRRD) –, *JOUE* L 173, 12 juin 2014, p. 190.

13. Voir la note précédente.

14. « *Bail-in* » en anglais, par opposition aux sauvetages publics, ou « *bail-out* ».

15. Le 1er novembre 2014, le Britannique Jonathan Hill a remplacé le Français Michel Barnier au poste de commissaire européen aux Services financiers pour un mandat de 5 ans.

sité une intervention publique[16]. Même son de cloche du vice-président de la BCE, Vítor Constâncio, pour qui le seuil « *substantiel* » de renflouement interne n'obligera les États à intervenir qu'en de « *rares occasions* ». « *Entre 2008 et 2010, une seule banque a essuyé des pertes supérieures au seuil de 8 %* [du total du passif de la banque] *et la moyenne des pertes pour toutes les autres banques était légèrement inférieure à 3 %* » du total de passif, déclare-t-il en mai 2014 à Vienne lors d'une conférence organisée par la Banque centrale d'Autriche[17]. De son côté, le Parlement européen a publié en avril 2014 des chiffres sur les sommes qui seraient levées en cas de renflouement interne de certaines banques emblématiques : 142 milliards d'euros pour la Britannique *Barclays*, 102 milliards pour l'Espagnole *Santander* et 100 milliards pour la Française *Société Générale*.

Les dispositions sur le renflouement interne de la directive « BRRD » s'appliquent depuis le 1er janvier 2016, date à laquelle le Fonds de résolution unique (FRU), pilier financier de l'union bancaire, est devenu opérationnel. Jusqu'à fin 2015, un régime allégé de renflouement interne était en place. C'est lui qui s'est appliqué au regard des résultats de l'analyse de la solidité du secteur bancaire à laquelle ont procédé la BCE et l'ABE au cours de l'année 2014.

Anticipant la mise en place de la directive « BRRD », la Commission modifie, en juillet 2013, les lignes directrices européennes sur les aides d'État au secteur bancaire en temps de crise[18]. Ces règles prévoient qu'en cas de faillite bancaire, les actionnaires et les détenteurs de dette subordonnée sont ponctionnés avant toute intervention publique.

2) Des fonds nationaux de résolution

Aux termes de la directive « BRRD », des fonds nationaux de résolution bancaire ont été mis en place dans chaque pays de l'Union en 2015 afin de contribuer au financement de défaillances bancaires.

16. Michel Barnier, « State of the (banking) union », discours prononcé lors du Frankfurt Finance Summit, 20 mai 2014, *Europa.eu*, http://europa.eu/rapid/press-release_SPEECH-14-396_en.htm?locale=FR, page consultée le 15 janvier 2016.

17. Vítor Constâncio, « Banking Union and European integration », discours prononcé en ouverture de la conférence OeNB Economics à Vienne, 12 mai 2014, *Europa.eu*, http://www.ecb.europa.eu/press/key/date/2014/html/sp140512.en.html, page consultée le 15 janvier 2016.

18. Comm. UE, communication concernant l'application, à partir du 1er août 2013, des règles en matière d'aides d'État aux aides accordées aux banques dans le contexte de la crise financière, *JOUE* C 216, 30 juillet 2013, p. 1.

Alimentés exclusivement par l'industrie, ces fonds seront dotés d'ici à 10 ans d'au moins 1 % des dépôts couverts. Ils ont même la possibilité de se prêter de l'argent entre eux. Dans le cadre de l'union bancaire en zone euro, ils seront progressivement mutualisés au sein du Fonds de résolution unique (FRU) actif depuis début 2016[19].

En France, le Fonds de garantie des dépôts et de résolution (FGDR)[20] assure la mission assignée par la directive « BRRD ». Fin 2012, il était doté de plus de 2 milliards d'euros prélevés exclusivement sur l'industrie bancaire. Cette somme est destinée à la fois à la participation au financement d'une faillite bancaire et à la protection des dépôts des épargnants.

3) L'épargne jusqu'à 100 000 euros toujours protégée

En aucune circonstance, l'épargne des particuliers située en dessous de 100 000 euros ne peut être mise à contribution lors d'une faillite bancaire, conformément à la directive harmonisant les régimes nationaux de garantie des dépôts – « *Deposit Guarantee Schemes* » (DGS)[21].

Au plus fort de la crise financière, ce seuil minimal harmonisé au niveau européen avait été relevé, passant de 20 000 à 100 000 euros, afin d'éviter que des particuliers paniqués ne se ruent aux guichets pour retirer leur épargne, mettant ainsi à mal la solidité du système bancaire. Ce seuil de 100 000 euros couvre 80 % de l'épargne individuelle dans l'UE.

Donc, si vous possédez plus de 100 000 euros d'épargne, mieux vaut les placer dans des banques différentes !

L'épargne privée inférieure à 100 000 euros constitue en réalité le dernier maillon de la chaîne des acteurs financiers touchés, tel que le prévoit la directive « BRRD ». Mais en cas de faillite bancaire, elle sera toujours couverte par le Fonds national de garantie des dépôts, lui-même alimenté par l'industrie. Pour la France, le Fonds FGDR[22] remplit aussi cette mission.

19. Voir chapitre 5, « L'union bancaire », « 2. Le chantier de l'union bancaire », « B. Le Mécanisme de résolution unique », p. 224 et s.

20. Pour de plus amples informations, voir le site du Fonds de garantie des dépôts et de résolution : http://www.garantiedesdepots.fr/fr

21. PE et Cons. UE, dir. 2014/49/UE, 16 avril 2014 relative aux systèmes de garantie des dépôts, *JOUE* L 173, 12 juin 2014, p. 149.

22. Voir chapitre 3, « Les instruments financiers de solidarité », « 2. Le MES : un fonds de sauvetage financier permanent », p.179 et s.

La révision de la directive « DGS » a abouti à une réduction du délai de remboursement des épargnants. Celui-ci passera de 20 jours ouvrables actuellement à 7 jours à partir de 2024 (15 jours en 2019, 10 jours en 2021).

Au printemps 2013, la ligne rouge empêchant que l'épargne inférieure à 100 000 euros soit mise à contribution pour assainir un secteur bancaire a failli être franchie lors des négociations sur le plan de sauvetage financier de Chypre et en l'absence de règles européennes favorisant un démantèlement ordonné de groupes bancaires. En effet, en violation de la directive « DGS » harmonisant les régimes nationaux de garantie des dépôts, le plan chypriote prévoyait, dans un premier temps, la mise à contribution des petits épargnants de l'île afin de financer la restructuration du secteur bancaire.

Le gouvernement chypriote a été accusé de vouloir épargner les gros déposants, notamment russes, sur lesquels a longtemps reposé le modèle bancaire chypriote. Confrontés aux turbulences ravivées sur les marchés, les Européens, qui avaient validé un premier plan contraire aux règles européennes, ont finalement fait marche arrière et respecté la ligne rouge des 100 000 euros.

Résultat : 100 % de l'épargne supérieure à 100 000 euros de la banque *Laiki* (la deuxième banque chypriote, aujourd'hui démantelée) et 47,5 % de celle de *Bank of Cyprus* (la première banque du pays) sont convertis en actions.

Un rapport conjoint de la Commission et de la BCE, établi en septembre 2013 à l'issue de la première mission de suivi des représentants des créanciers de Nicosie, a évalué à un milliard d'euros – soit 6 % de la richesse annuelle de l'île – la ponction opérée sur les dépôts non garantis des PME.

B • La recapitalisation bancaire directe par le MES

Une autre manière de desserrer le lien entre crises bancaires et difficultés budgétaires d'un État consiste à autoriser le MES à recapitaliser directement une banque en difficulté[23].

23. Voir chapitre 3, « Les instruments financiers de solidarité », « 2. Le MES, un fonds de sauvetage financier permanent », p. 179 et s.

Le coût d'une recapitalisation bancaire directe ne serait plus supporté principalement par l'État où est situé un groupe bancaire défaillant, mais en grande partie par l'échelon européen. En échange d'un tel soutien, le pays concerné devrait toujours appliquer un programme de réformes structurelles.

L'option de la recapitalisation bancaire directe est active depuis le 4 novembre 2014, date à laquelle le volet « supervision unique » de l'union bancaire est devenu opérationnel. « *Lorsqu'un mécanisme unique et efficace de supervision sera établi, impliquant la BCE, pour les banques de la zone euro, le MES pourrait (...) être en mesure de recapitaliser les banques directement* »[24], déclarent ainsi les leaders de la zone euro, fin juin 2012, au moment où ils lancent le chantier de l'union bancaire.

L'Allemagne a souhaité que la Banque centrale européenne, qui jouit d'une forte crédibilité grâce à sa politique monétaire indépendante du pouvoir politique, devienne le superviseur bancaire unique dans la zone euro. La BCE connaît bien la santé des banques européennes qui s'approvisionnent en liquidités à son guichet. En 2014, elle a d'ailleurs été au centre d'un vaste état des lieux préalable de la solidité du secteur bancaire, en coopération avec l'Autorité bancaire européenne (ABE). Elle joue aussi un rôle moteur au sein du Conseil européen du risque systémique (CERS)[25]. Cet organe informel, qui regroupe les autorités nationales et européennes de supervision financière, est chargé de repérer les risques menaçant le système financier.

2. Le chantier de l'union bancaire

Concrétiser l'union bancaire dans la zone euro : tel est le défi le plus important depuis la création de la monnaie unique, soulignait le Français Michel Barnier, alors commissaire européen au Marché intérieur.

L'objectif est, il est vrai, ambitieux :

- amorcer une fédéralisation des fonctions de supervision et de résolution du secteur bancaire et de garantie des dépôts ;
- lutter contre la fragmentation des taux de crédit bancaire le long des frontières nationales ;
- desserrer le lien entre difficultés bancaires et endettement public excessif.

24. Déclaration du sommet de la zone euro du 29 juin 2012, précité.

25. Pour une présentation du Comité européen du risque systémique (CERS) : http://www.esrb.europa.eu/about/background/html/index.fr.html, page consultée le 15 janvier 2016.

L'union bancaire

Telle qu'elle existe en 2016, l'union bancaire comporte :
– un Mécanisme de surveillance unique (MSU) sous l'égide de la Banque centrale européenne (BCE), opérationnel depuis novembre 2014 ;
– un Mécanisme de résolution unique (MRU) en place à partir de 2015 et doté d'un Fonds de résolution unique (FRU) depuis janvier 2016.

A • Le Mécanisme de surveillance unique

Premier volet de l'union bancaire, le Mécanisme de surveillance unique (MSU)[26] octroie à la BCE le rôle de superviseur de plus de 120 banques considérées comme « systémiques », car leur défaillance mettrait en péril la stabilité financière de la zone euro.
Le règlement (UE) n° 1024/2013 du Conseil[27], qui instaure le MSU, repose sur l'article 127, § 6 du traité FUE. Utilisé pour la première fois, cet article autorise les États membres à décider, à l'unanimité, de confier à la BCE des missions spécifiques en matière de surveillance des banques et d'autres établissements financiers.

Article 127, § 6 du traité FUE

« Le Conseil, statuant par voie de règlements conformément à une procédure législative spéciale, à l'unanimité, et après consultation du Parlement européen et de la Banque centrale européenne, peut confier à la BCE des missions spécifiques ayant trait aux politiques en matière de contrôle prudentiel des établissements de crédit et autres établissements financiers, à l'exception des entreprises d'assurances. »

26. Voir le site Internet de la BCE dédié au volet « supervision » de l'union bancaire : https://www.bankingsupervision.europa.eu/about/thessm/html/index.fr.html

27. Cons. UE, règl. (UE) n° 1024/2013, 15 octobre 2013 confiant à la Banque centrale européenne des missions spécifiques ayant trait aux politiques en matière de surveillance prudentielle des établissements de crédit, *JOUE* L 287, 29 octobre 2013, p. 63.

1) Près de 130 banques directement supervisées par la BCE

Au 30 décembre 2015, la BCE supervisait directement 129 banques d'importance systémique[28]. Ces entités financières représentent environ 85 % du système bancaire de la zone euro, lui-même composé d'une constellation de près de 4 000 établissements.

Établissements bancaires directement supervisés par la BCE

État membre (nombre)	Établissements bancaires directement supervisés par la BCE	
Belgique (7)	Investar Axa Bank Europe SA Banque Degroof SA Belfius Banque SA	Dexia N.V. KBC Group N.V. The Bank of New York Mellon SA
Allemagne (22)	Aareal Bank AG Bayerische Landesbank Commerzbank AG DekaBank Deutsche Girozentrale Deutsche Apotheker- und Ärztebank EG Deutsche Bank AG DZ Bank AG Deutsche Zentral Genossenschaftsbank Erwerbsgesellschaft der S-Finanzgruppe mbH & Co. KG HASPA Finanzholding HSH Nordbank AG Deutsche Pfandbrief Bank AG Landesbank Baden-Württemberg	Landesbank Hessen-Thüringen Girozentrale Landeskreditbank Baden-Württemberg Förderbank Landwirtschaftliche Rentenbank Münchener Hypothekenbank eG Norddeutsche Landesbank-Girozentrale NRW.Bank SEB AG StateStreet Europe Holdings SARL Volkswagen Financial Services AG WGZ Bank AG Westdeutsche Genossenschafts-Zentralbank
Estonie(2)	AS SEB Pank	Swedbank AS
Ireland (4)	Allied Irish Banks plc Permanent tsb Group Holdings plc	The Governor and Company of the Bank of Ireland Ulster Bank Ireland Limited
Grèce (4)	Alpha Bank S.A. Eurobank Ergasias S.A.	National Bank of Greece S.A. Piraeus Bank S.A.

28. Voir la liste mise à jour des banques systémiques établies dans la zone euro supervisées par la BCE : https://www.bankingsupervision.europa.eu/banking/list/who/html/index.en.html, page consultée le 15 janvier 2016.

Espagne (14)	Banco Bilbao Vizcaya Argentaria S.A. Banco de Sabadell S.A. BFA Tenedora de Acciones S.A.U. Banco Mare Nostrum S.A. Banco Popular Español S.A. Banco Santander S.A. Bankinter S.A.	Ibercaja Banco S.A Criteria CaixaHolding S.A.U. Banco de Crédito Social Cooperativo Kutxabank S.A. Liberbank S.A. ABANCA Holding Hispania S.A. Unicaja Banco S.A.
France (13)	Agence française de développement Barclays Bank PLCB NP Paribas BPCE Bpifrance Confédération nationale du Crédit Mutuel	Caisse de refinancement de l'habitat Crédit Agricole SA HSBC France La Banque Postale RCI Banque SA SFIL SA Société Générale SA
Italie (15)	Banca Carige S.p.A. Banca Monte dei Paschi di Siena S.p.A. Banco Popolare S.C. Banca Popolare dell'Emilia Romagna S.C. Banca Popolare di Milano S.C.R.L. Banca Popolare di Sondrio S.C.p.a. Banca Popolare di Vicenza S.C.p.a.	Barclays Bank PLC Credito Emiliano S.p.A. ICCREA Holding S.p.A. Intesa Sanpaolo S.p.A. Mediobanca UnitCredit S.p.A. Unione di Banche Italiane S.C.p.a. Veneto Banca S.C.p.a.
Chypre (4)	Bank of Cyprus Public Company Ltd Co-operative Central Bank Ltd	Hellenic Bank Public Company Ltd RCB Bank Ltd
Lettonie (3)	ABLV Bank ASAS SEB Banka	Swedbank AS
Lituanie (3)	AB DNB bankas AB SEB bankas	Swedbank AB
Luxembourg (6)	Banque et Caisse d'Épargne de l'État J.P. Morgan Bank Luxembourg S.A.Precision Capital S.A.	RBC Investor Services Bank S.A. State Street Bank Luxembourg S.A.UBS (Luxembourg) S.A.
Malte (3)	Bank of Valletta PLCDeutsche Bank (Malta) Ltd	Medifin Holding Ltd

Pays-Bas (7)	ABN AMRO Bank N.V. Bank Nederlandse Gemeenten N.V. Coöperatieve Centrale Raiffeisen-Boerenleenbank B.A.	ING Groep N.V. Nederlandse Waterschapsbank N.V. SNS Holding B.V. RFS Holdings B.V.
Autriche (8)	Promontoria Sacher Holding N.V. Erste Group Bank AG Volksbank Wien AG Raiffeisen-Holding Niederösterreich Wien reg.Gen.m.b.H.	Raiffeisenbankengruppe OÖ-Verbund eGen Raiffeisen Zentralbank Österreich AG Sberbank Europe AG VTB Bank (Austria) AG
Portugal (4)	Banco BPI SA Banco Comercial Português SA	Caixa Geral de Depósitos SA Novo Banco SA
Slovaquie (3)	Slovenská sporite a a.s.Tatra banka a.s.	Všeobecná úverová banka a.s.
Slovénie (3)	Abank d.d.Nova Ljubljanska Banka d.d.	Nova Kreditna Banka Maribor d.d.
Finlande (4)	Danske Bank PLC Kuntarahoitus Oyj	Nordea Bank Finland PLC OP Osuuskunta

Source : BCE, 30 décembre 2015.

Champ d'application du mécanisme de surveillance unique

Au sens de l'union bancaire, est considérée comme une banque d'importance systémique toute entité financière répondant à l'un des critères suivants :
- actifs totaux supérieurs à 30 milliards d'euros ;
- part des actifs totaux dans le PIB du pays d'accueil supérieure à 20 % (sauf si les actifs totaux sont inférieurs à 5 milliards d'euros) ;
- part des actifs ou des passifs de nature transfrontalière supérieure à 20 % des actifs totaux d'un groupe et si les actifs totaux dépassent 5 milliards d'euros ;
- au moins les trois plus grandes banques de chaque pays participant[29].

La BCE supervise également directement toute banque de la zone euro ayant bénéficié d'un soutien financier du MES.

29. Une exception à ce critère a été appliquée dans le cas de l'Estonie où seulement deux banques (*AS SEB Pank et Swedbank AS*) ont été toutes deux considérées comme systémiques et soumises à la supervision directe de la BCE.

De nature moins systémique, les autres banques demeurent sous la responsabilité des superviseurs nationaux qui connaissent mieux le marché national. Le niveau de supervision est dual, mais les règles applicables sont les mêmes. Chaque superviseur – la BCE et les régulateurs nationaux – applique un corpus de règles prudentielles bancaires harmonisées au niveau de l'UE[30] afin de préserver l'intégrité du marché intérieur bancaire.

Le Mécanisme MSU est donc constitué de deux niveaux :

– les plus grandes banques directement supervisées par la BCE ;

– le reste du secteur bancaire, qui demeure supervisé au niveau national.

Ce mécanisme à deux niveaux satisfait l'Allemagne, dont les caisses d'épargne régionales sont étroitement liées au tissu économique et au milieu politique local. Berlin a constamment plaidé pour une supervision bancaire différenciée. Reste que la BCE dispose d'un pouvoir d'évocation lui permettant, si elle le juge nécessaire, de s'arroger unilatéralement la supervision directe de toute banque qui mettrait en péril la stabilité financière de la zone euro. Une disposition sur laquelle la France a lourdement insisté.

2) La porte reste ouverte

L'union bancaire n'est pas un club fermé. Obligatoire pour les dix-neuf pays de la zone euro, elle est ouverte à tous les pays de l'Union ayant vocation à adopter la monnaie unique. La nouvelle dynamique d'intégration résultant de l'union bancaire au sein de la zone euro permettra aussi de lutter contre la fragmentation du marché intérieur bancaire, espèrent ses architectes.

Le volet « supervision » de l'union bancaire a été négocié de haute lutte avec les pays hors zone euro afin qu'ils bénéficient d'une égalité de traitement avec les Dix-neuf, dans l'hypothèse – à ce jour non vérifiée – où ils rejoindront l'union bancaire tout en restant hors de la zone euro.

Lors de la procédure législative relative au règlement instituant le MSU, la Suède – pays hors de la zone euro – a réclamé une modification du traité afin de garantir au mieux l'égalité de traitement entre pays participants à l'union bancaire. Elle a fait valoir le fait que la BCE n'était pas habilitée à prendre des décisions ayant un impact sur les pays n'ayant pas

30. Pour une présentation des directives « CRD » sur les exigences prudentielles en fonds propres bancaires, voir la page dédiée du site Internet de la Commission : http://ec.europa.eu/finance/bank/regcapital/index_fr.htm, page consultée le 15 janvier 2016.

adopté la monnaie unique. La Suède n'a pas obtenu gain de cause concernant une révision du traité, une majorité d'États craignant que cette démarche ne ralentisse excessivement l'adoption du texte législatif. Un droit de retrait a néanmoins été introduit afin de permettre à un pays hors zone euro qui participerait à l'union bancaire de s'opposer à une décision de la BCE en tant que superviseur européen. Cette décision, si elle était maintenue telle quelle, ne s'appliquerait alors pas au marché bancaire du pays hors zone euro ayant contesté la décision.

Néanmoins, lors de la procédure législative, l'ancien commissaire au Marché intérieur, le Français Michel Barnier, n'a pas exclu un changement ultérieur de traité européen, à la faveur d'une évaluation portant sur les premières années de fonctionnement du MSU, afin d'asseoir l'union bancaire sur une base juridique encore plus solide.

À ce stade, seul le Royaume-Uni – dans lequel est située la City, principale place financière européenne – a officiellement fait part de sa volonté de rester en dehors de l'union bancaire. Dans le cadre du processus de renégociation de leurs relations avec l'Union, qui aboutira à un référendum sur l'appartenance du pays à l'Union au plus tard fin 2017, les Britanniques veulent s'assurer que toute intégration ultérieure de la zone euro, à travers notamment l'union bancaire, ne désavantage pas les pays ne participant pas à ce mouvement. La Suède est l'autre État membre à être ouvertement sceptique vis-à-vis de l'union bancaire. Ces deux pays ont d'ailleurs été les seuls à ne pas signer le traité instituant le FRU, en mai 2014[31].

Tout pays hors zone euro désireux de rejoindre l'union bancaire devra, au préalable, transposer l'acquis communautaire en droit interne et soumettre son secteur bancaire à une évaluation poussée de sa solidité.

3) La BCE joue sa crédibilité

Avec l'union bancaire, la BCE change de braquet. Alors que sa mission première est de maintenir la stabilité des prix, le superviseur unique a désormais aussi pour objectif de préserver la stabilité financière et la solidité du secteur bancaire européen. Cette nouvelle compétence de superviseur bancaire s'accompagne de nouvelles responsabilités.

31. Cons. UE, communiqué de presse *Member states sign agreement on bank resolution fund*, 21 mai 2014, 10088/14, *Europa.eu*, http://www.consilium.europa.eu/workarea/downloadAsset.aspx?id=15856

La BCE devra tout d'abord démontrer sa capacité à cloisonner au mieux ses activités de politique monétaire et celles liées à la supervision bancaire.

À ce titre, un conseil de surveillance unique, composé d'un représentant de chaque autorité nationale de supervision bancaire et de quatre représentants de la BCE, a vu le jour au sein de l'institution européenne début 2014. Il est uniquement chargé de supervision bancaire, le Conseil des gouverneurs de la BCE[32] gardant la haute main sur la politique monétaire.

Le conseil de surveillance est présidé depuis novembre 2014 par la Française Danièle Nouy[33], pour un mandat de 5 ans. Avant d'accéder à cette fonction, Mme Nouy était secrétaire générale de l'Autorité de contrôle prudentiel et de résolution à la Banque de France. Elle est secondée par l'Allemande Sabine Lautenschläger[34], qui est aussi membre du directoire de la BCE.

Le rôle du conseil de surveillance unique est de préparer les décisions de supervision en appliquant les règles prudentielles bancaires[35] valables dans toute l'Union. Ces décisions sont juridiquement entérinées par le Conseil des gouverneurs, seul organe habilité par le traité à prendre des décisions au nom de la BCE. En cas d'objections formulées, le conseil de surveillance unique devra revoir sa copie. L'une des difficultés que rencontre la BCE réside dans les nombreuses options et discrétions nationales prévues dans la législation européenne et qui limitent la concrétisation d'un corpus de règles uniformes au sein du marché intérieur.

Alors que, dans le domaine monétaire, elle a toujours fait valoir que les traités garantissaient son indépendance vis-à-vis du pouvoir politique, la BCE doit désormais, en tant que superviseur bancaire européen, rendre des comptes à la puissance publique. Il revient au législateur européen – le Conseil et le Parlement européen – de procéder au contrôle démocratique des activités de supervision de la BCE. Mmes Nouy et Lautenschläger font régulièrement rapport aux ministres européens des Finances.

32. Le Conseil des gouverneurs de la BCE regroupe les dix-neuf gouverneurs des banques centrales de la zone euro plus les six membres du directoire de la BCE.

33. CV de Nicole Nouy : https://www.bankingsupervision.europa.eu/organisation/whoiswho/supervisoryboard/html/cvnouy.en.html, page consultée le 15 janvier 2016.

34. CV de Sabine Lautenschläger : https://www.bankingsupervision.europa.eu/organisation/whoiswho/supervisoryboard/html/cvlautenschlaeger.en.html, page consultée le 15 janvier 2016.

35. L'ensemble des règles prudentielles sont réunies sur la page dédiée du site de la Commission : http://ec.europa.eu/finance/bank/regcapital/index_fr.htm, page consultée le 15 janvier 2016.

Plus transparent, le Parlement européen auditionne périodiquement la présidente et la vice-présidente du conseil de surveillance unique. Il a signé avec la BCE un accord de coopération et d'échanges réguliers d'informations dans le cadre du MSU[36]. En cas de crise bancaire, des procédures sont en place pour tenir certains responsables de la commission des Affaires économiques et monétaires du Parlement européen dûment informés de l'évolution d'une situation particulière, tout en conservant une obligation de confidentialité vis-à-vis du public eu égard à la sensibilité des informations communiquées.

Troisième enjeu : la crédibilité du bilan de santé détaillé[37] de la solidité des banques européennes que la BCE a elle-même piloté dans le cadre de la mise en place du MSU, et dont les résultats ont été publiés le 26 octobre 2014[38]. Un autre bilan de santé d'ampleur européenne est prévu pour 2016.

B • Le Mécanisme de résolution unique

Tous les pays participant au MSU adhèrent obligatoirement au Mécanisme de résolution unique (MRU). Ayant vu le jour au 1er janvier 2015, le MRU a pour objectif de faciliter le redressement ou le démantèlement rapide et ordonné d'une banque défaillante, notamment sur une base transfrontière, et d'en répartir le coût entre actionnaires et créanciers de cette banque de manière à ne plus placer les contribuables en première ligne.

Plus encore que le processus législatif ayant instauré le MSU, le chantier menant à la création du MRU a tourné à l'épreuve de force entre les deux institutions européennes colégislatrices, le Conseil de l'UE, qui rassemble tous les pays de l'UE, et le Parlement européen. Mis sur la table en juillet 2013, le règlement instaurant le MRU a fait l'objet le 20 mars 2014 d'un accord politique interinstitutionnel en un temps record, juste avant la fin de la législature 2009-2014 du Parlement européen.

36. Accord interinstitutionnel entre le Parlement européen et la BCE sur les modalités pratiques de l'exercice de la responsabilité démocratique et du suivi de l'accomplissement, par la BCE, des missions qui lui sont confiées dans le cadre du mécanisme de supervision unique du 6 novembre 2013, *JOUE* L 320, 30 novembre 2013, p. 1.

37. Voir chapitre 4, « La Banque centrale européenne, acteur pragmatique et déterminant de la crise ».

38. *Idem.*

Le règlement (UE) n° 806/2014, qui instaure le MRU[39], repose sur l'article 114 du traité FUE. Cet article autorise le rapprochement des législations nationales ayant pour objet l'établissement et le fonctionnement du marché intérieur.

Article 114 du traité FUE

« Le Parlement européen et le Conseil, statuant conformément à la procédure législative ordinaire et après consultation du Comité économique et social, arrêtent les mesures relatives au rapprochement des dispositions législatives, réglementaires et administratives des États membres qui ont pour objet l'établissement et le fonctionnement du marché intérieur. Ce paragraphe ne s'applique pas aux dispositions fiscales, aux dispositions relatives à la libre circulation des personnes et à celles relatives aux droits et intérêts des travailleurs salariés. »

L'Allemagne a longtemps contesté cette base juridique « marché intérieur ». Selon elle, le choix de l'article 114, qui ne requiert pas l'unanimité des États membres au Conseil, n'est pas justifié dans le cas de transferts de fonds privés de l'échelon national vers l'échelon européen, tels que prévus par la création du FRU.

La première économie de la zone euro craignait aussi des recours juridiques auprès de la Cour constitutionnelle de Karlsruhe. En fin de compte, Berlin réussit à imposer à ses partenaires l'élaboration d'un traité intergouvernemental, sur lequel repose en partie le FRU, opérationnel depuis 2016[40].

Le volet « résolution unique » de l'union bancaire repose donc sur deux textes juridiques fonctionnant en parallèle :

- le règlement européen (UE) n° 806/2014 régissant le fonctionnement du mécanisme de résolution ;
- un traité intergouvernemental concernant le transfert et la mutualisation des contributions au FRU.

Cette démarche intergouvernementale imposée par l'Allemagne a privé le Parlement européen, ardent défenseur de la méthode communautaire, d'une partie de ses prérogatives législatives. Si le MRU n'avait reposé que

39. PE et Cons. UE, règl. (UE) n° 806/2014, 15 juillet 2014 établissant des règles et une procédure uniformes pour la résolution des établissements de crédit et de certaines entreprises d'investissement dans le cadre d'un mécanisme de résolution unique et d'un fonds de résolution bancaire unique, *JOUE* L 225, 30 juillet 2014, p. 1.

40. Accord concernant le transfert et la mutualisation des contributions au fonds de résolution unique du 14 mai 2014, *Europa.eu*, http://register.consilium.europa.eu/doc/srv?l=FR&f=ST%20 8457%202014%20INIT, page consultée le 15 janvier 2016.

sur un règlement, les eurodéputés auraient disposé d'un pouvoir décisionnel équivalent à celui des États membres. N'ayant pu empêcher l'élaboration d'un traité intergouvernemental par les pays de la zone euro, les eurodéputés se sont battus jusqu'au bout pour minimiser la portée dudit traité, notamment dans le temps.

Fonctionnement du mécanisme de résolution unique

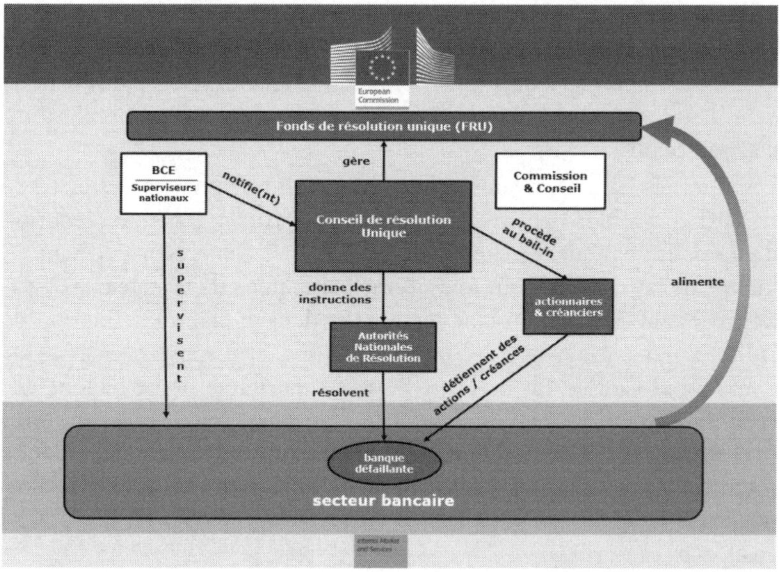

Source : Comm. UE, *Europa.eu*, http://ec.europa.eu/internal_market/finances/docs/banking-union/140328-technical-briefing_en.pdf, page consultée le 15 janvier 2016.

1) Une nouvelle agence européenne : le conseil de résolution unique

Basé à Bruxelles, un conseil de résolution unique – « *Single resolution board* » (SRB) – a vu le jour le 1er janvier 2015 et est devenu pleinement opérationnel le 1er janvier 2016. Il regroupe les autorités nationales de résolution bancaire ainsi que six « personnalités européennes » nommées à temps plein, dont le président et le vice-président. La Commission et la BCE y siègent en tant qu'observatrices, c'est-à-dire sans droit de vote.

L'ancienne présidente de l'autorité allemande de supervision financière (BaFin), Elke König, est la première présidente du conseil de résolution unique. Elle est secondée par le finlandais Timo Löyttyniemi. Tous deux ont été nommés le 19 décembre 2014 par le conseil sur la base d'une proposition de la Commission et d'un assentiment du Parlement européen.

Élevé au rang d'agence européenne, le conseil de résolution unique a été chargé de préparer, dès 2015, les plans de résolution des groupes bancaires systémiques de la zone euro participant à l'union bancaire. Pour cela, il applique les règles inscrites dans la directive « BRRD ».

Harmonisant les régimes nationaux de restructuration et de résolution bancaire, cette directive généralise dans l'UE le renflouement interne (« *bail-in* ») à travers lequel les actionnaires et les créanciers d'une banque défaillante sont d'abord mis à contribution avant toute mobilisation d'argent public.

Les autorités nationales compétentes continuent de préparer les plans de résolution des plus petits établissements de crédit. En cas de résolution d'une petite banque, le conseil de résolution unique est également en mesure de faire pression sur une autorité nationale s'il constate une déviation par rapport aux consignes contenues dans le plan de résolution de ladite banque. En outre, à l'instar du MSU, il dispose d'un pouvoir d'évocation l'autorisant à piloter la résolution d'une petite banque qui mettrait en péril la stabilité financière d'un pays, voire de la zone euro tout entière. Qu'il s'agisse d'une grande ou d'une petite banque, il donne ses instructions aux autorités nationales de résolution qui agissent conformément à la législation nationale. Un droit européen de la faillite n'existe en effet pas à ce stade.

Durant le processus législatif, le Parlement européen s'est battu pour l'égalité de traitement entre groupes bancaires, quel que soit leur pays d'établissement. Pour garantir un traitement équitable, il fallait minimiser les interférences politiques potentielles en cas de défaillance bancaire. De telles interférences peuvent, par exemple, avoir lieu lorsque la nouvelle agence européenne élabore les plans de résolution des banques sous sa responsabilité et lorsqu'elle mobilise le FRU en cas de résolution bancaire.

Le plus souvent, le conseil de résolution se réunit en session exécutive qui rassemble uniquement les autorités nationales des États où est installée une banque défaillante. Ce format est censé limiter les marchandages politiques. Ceux-ci sont plus susceptibles d'intervenir lorsqu'une décision est prise en session plénière, laquelle fait intervenir des autorités nationales dont les États d'origine ne sont pas directement touchés par une défaillance bancaire, mais qui peuvent représenter un poids important du fait de leur niveau de contribution au FRU.

Lorsque, pour un cas individuel, le FRU est mis à contribution au-delà d'un seuil de 5 milliards d'euros, la session plénière du conseil de résolution unique est toujours compétente pour arrêter un plan de résolution de la banque en question. Si, sur 12 mois successifs, le FRU a déboursé 5 milliards d'euros, il revient aussi à la session plénière du conseil de résolution unique de statuer sur la marche à suivre. C'est aussi la session plénière du conseil qui est habilitée à autoriser le FRU à emprunter sur les marchés financiers en cas de nécessité.

Lors du processus législatif, le Parlement européen a tenté d'empêcher, sans y parvenir totalement, qu'il revienne aux ministres des Finances de valider définitivement le plan de résolution d'une banque défaillante préparé par le conseil de résolution unique.

En règle générale, la Commission est l'institution européenne dotée d'une telle compétence, comme elle l'avait elle-même initialement proposé. Les États membres jouent malgré tout un rôle, mais celui-ci est encadré. Ils sont en mesure d'émettre une objection à un plan de résolution, par exemple dans l'hypothèse où la Commission révise à la hausse le niveau de mobilisation du FRU. Dans ce cas, le conseil de résolution unique devra modifier son projet.

Une décision sur la résolution d'une banque cotée devant être prise le temps d'un week-end, la procédure de validation d'un plan de résolution ne doit pas dépasser 48 heures, entre la fermeture des marchés aux États-Unis, le vendredi soir, et leur réouverture en Asie le lundi matin.

La résolution des banques défaillantes

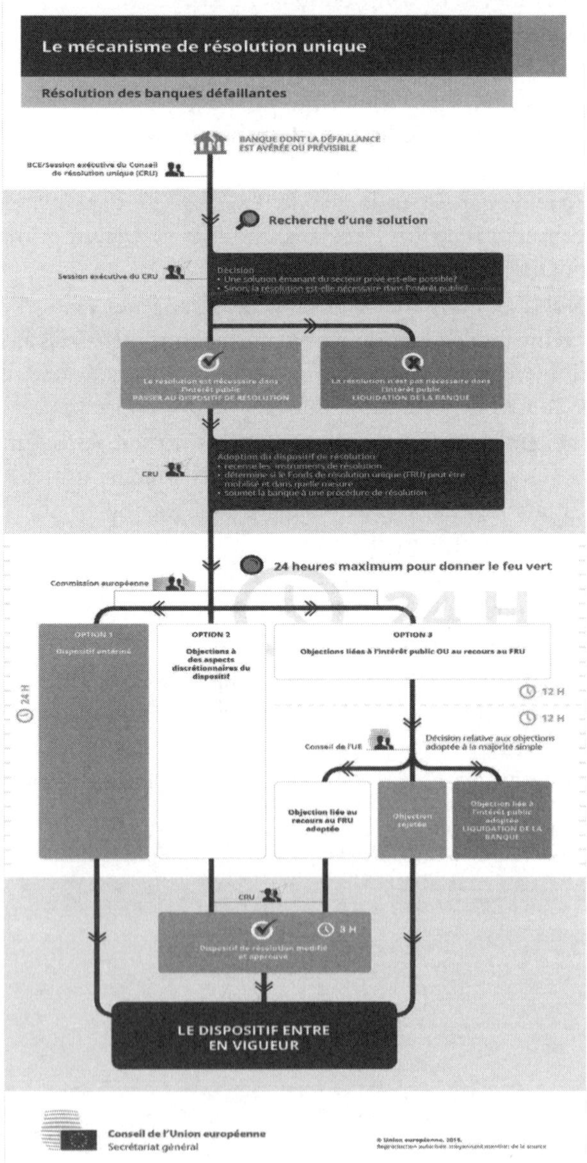

Source : Cons. UE, décembre 2015.

2) Un Fonds de résolution unique

Depuis 2016, le FRU peut contribuer au financement d'une résolution bancaire dans la zone euro. Pendant les huit premières années de sa montée en puissance (2016-2023), ce fonds reposera sur un traité intergouvernemental signé par 26 États membres[41] en mai 2014. Ce traité relatif au transfert et à la mutualisation des contributions au Fonds de résolution unique a été élaboré en parallèle des négociations interinstitutionnelles sur le règlement instaurant le MRU. Les autres pays de l'Union ainsi que les représentants du Parlement européen ont aussi participé aux discussions, mais uniquement en tant qu'observateurs.

Le pays à l'origine de cette construction intergouvernementale alambiquée était l'Allemagne, qui craignait les recours juridiques sur la légalité du FRU auprès de la Cour constitutionnelle allemande de Karlsruhe. Le Parlement européen a pesé de tout son poids pour empêcher la mise sur pied d'une telle construction juridique, qui l'excluait en partie du processus décisionnel, mais sans succès. Il a ensuite tenté de minimiser le contenu du traité et la portée du texte dans le temps.

Comme pour l'élaboration du traité sur la stabilité, la coordination et la gouvernance[42] renforçant la discipline budgétaire dans l'UE et la création des fonds de sauvetage[43] FESF et MES dans la zone euro, les Européens ont privilégié le recours à la voie intergouvernementale pour consolider l'arsenal de gestion de crise.

Le délai pour la ratification du traité instaurant le FRU avait été fixé au 30 novembre afin que le fonds voie le jour comme prévu début 2016. Il a été respecté par un nombre suffisant de pays de la zone euro.

À titre transitoire, seuls des fonds nationaux de résolution auraient été en place, conformément aux dispositions de la directive « BRRD »[44] harmonisant les régimes nationaux de restructuration et de résolution bancaire.

Les ministres des Finances de la zone euro conservent la mainmise sur la façon dont les banques nationales contribuent au FRU, notamment pendant la période transitoire de 8 ans. En 2023, le FRU de résolution unique devrait être doté d'une capacité d'intervention d'environ 55 mil-

41. Les vingt-huit États membres de l'UE moins le Royaume-Uni et la Suède.

42. Voir chapitre 2, « La discipline budgétaire ».

43. Voir chapitre 3, « Les instruments financiers de solidarité ».

44. Voir chapitre 5, « L'union bancaire », « 1. Desserrer le lien entre crises bancaires et dette publique », p. 217 et s.

liards d'euros prélevés exclusivement sur l'industrie bancaire. Cette somme correspond à 1 % du total des dépôts couverts présents dans les banques de la zone euro. L'enveloppe allouée servira soit à recapitaliser une banque défaillante, soit à fournir des liquidités.

Prévisions des dotations du Fonds FRU de 2016 à 2023

Année	Dotation du FRU (milliards d'euros)	Montants mutualisés (milliards d'euros)
2016	11,69	4,68
2017	17,88	10,73
2018	24,06	16,04
2019	30,25	22,18
2020	36,44	29,15
2021	42,63	36,94
2022	48,81	45,56
2023	55	55

Source : Comm. UE, *Europa.eu*, http://ec.europa.eu/internal_market/finances/docs/banking-union/140328-technical-briefing_en.pdf, page consultée le 15 janvier 2016.

Jusqu'à 2023, la contribution de chaque banque sera allouée au compartiment national du FRU correspondant au pays de la zone euro où cette banque est établie. Les compartiments nationaux seront progressivement mutualisés selon la trajectoire suivante : 40 % en 2016, 60 % en 2017 et 6 ou 7 % supplémentaires pour les années suivantes.

Le Parlement européen a bataillé ferme pour que la mutualisation des montants alloués au FRU soit anticipée le plus possible. De cette manière, les banques d'un pays disposant de moyens moins importants que les grands pays peuvent bénéficier d'une aide substantielle du Fonds de résolution unique dès les premières années de sa constitution.

En outre, plus le fonds est mutualisé, plus le caractère intergouvernemental de cet instrument financier est atténué.

Le 9 décembre 2014, le législateur européen a finalisé deux projets de mesures d'exécution détaillant les modalités de contribution du secteur bancaire :

- l'un au FRU pour les banques de la zone euro ;
- l'autre aux fonds nationaux de résolution pour les banques de pays ne participant pas à l'union bancaire.

La Commission a beaucoup travaillé, en amont avec le Parlement européen et les États membres, en vue d'arrêter les critères de cette contribution – critères liés à la nature des risques encourus et à la taille d'un établissement.

Lors d'une résolution bancaire, les moyens financiers mis à contribution dans le cadre d'un renflouement interne doivent respecter un ordre d'intervention préétabli. Si la résolution a lieu pendant la période de montée en puissance du FRU, le compartiment national du fonds est le premier à être mis à contribution jusqu'à épuisement de l'argent disponible. Est ensuite mobilisée l'enveloppe mutualisée du fonds.

Si les sommes utilisées sont insuffisantes, les compartiments nationaux correspondant aux pays d'établissement de la banque défaillante peuvent se prêter mutuellement de l'argent sur une base volontaire.

En cas de nécessité, le FRU est en mesure de lever des capitaux sur les marchés. En guise de caution auprès des investisseurs, il peut faire valoir l'obligation pour les établissements de crédit évoluant dans l'union bancaire de l'alimenter à hauteur de 55 milliards d'euros. En revanche, les pays de la zone euro ont refusé d'octroyer au Fonds des garanties publiques qui lui auraient aussi permis de lever des capitaux à moindre coût.

Le 8 décembre 2015, les pays de la zone euro ont arrêté les modalités d'un financement-relais[45] permettant au fonds de bénéficier d'une capacité de 55 milliards d'euros sur la période de montée en puissance (entre 2016 et 2023). Ce financement-relais repose sur des lignes de crédit nationales non mutualisées qui permettent à un pays de la zone euro de se porter garant vis-à-vis de son compartiment national au sein du FRU. En outre, la question d'un filet de sécurité[46] pour le fonds devra être tranchée d'ici à 2023, à la fin de la période transitoire. Mais à ce stade, l'Allemagne refuse que le MES – le fonds de sauvetage permanent de la zone euro – joue un rôle quelconque en la matière.

45. On parle de « *bridge financing* ».

46. On parle de « *backstop* ».

C • Le système européen de garantie des dépôts bancaires

La persistance de la crise grecque a néanmoins convaincu les leaders européens de la zone euro[47] de la nécessité d'accélérer le renforcement de l'Union économique et monétaire, à travers notamment l'achèvement de l'union bancaire en zone euro. Publié le 22 juin 2015, le rapport des « cinq présidents » sur l'Union économique et monétaire préconise de lancer une initiative législative visant à mettre sur pied un système européen de garantie des dépôts bancaires.

La Commission a mis cette proposition sur la table le 24 novembre 2015[48]. Elle préconise, dans un premier temps, un système européen d'assurance des régimes nationaux de garantie des dépôts bancaires. Ce système serait graduellement remplacé par un régime unique totalement mutualisé à partir de fin 2023 avec la création d'un Fonds européen de garantie des dépôts doté d'environ 43 milliards d'euros pour garantir toute l'épargne privée inférieure à 100 000 euros.

Logique dans sa démarche, cette initiative rencontre toutefois l'hostilité de l'Allemagne, qui rechigne à accepter une mutualisation ultérieure des risques bancaires. Afin de rassurer la première économie de la zone euro, une banque défaillante pourra bénéficier du système européen de garantie des dépôts uniquement si l'État membre dans lequel elle est établie applique la législation prudentielle, à savoir :

- les directives « BRRD » harmonisant les régimes nationaux de redressement et de résolution bancaire ;
- les directives « DGS » harmonisant les régimes nationaux de garanties des dépôts.

En outre, la Commission s'est engagée à œuvrer en faveur d'une réduction ultérieure des risques sur les marchés financiers, à travers notamment le renforcement de la législation prudentielle. Reste que le processus législatif visant à instaurer le 3e pilier de l'union bancaire en zone euro, s'annonce ardu.

47. Les présidents du Conseil européen, de la Commission européenne, de la BCE, de l'Eurogroupe et du Parlement européen.

48. Comm. UE, Proposition de règlement du Parlement européen et du Conseil modifiant le règlement (UE) n° 806/2014 afin d'établir un système européen d'assurance des dépôts, Bruxelles, 24 novembre 2015, COM(2015) 586 final, Europa.eu, http://eur-lex.europa.eu/legal-content/FR/TXT/?uri=CELEX:52015PC0586

Évolution du fonds européen de garantie des dépôts

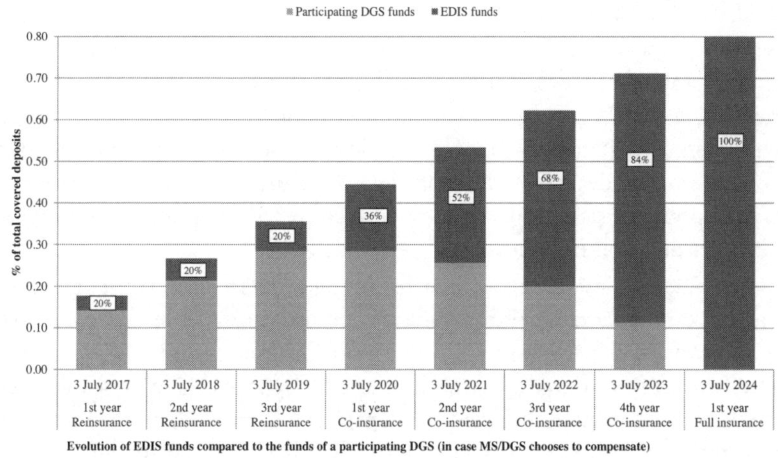

Source : Comm. UE, *Europa.eu*, http://ec.europa.eu/finance/general-policy/banking-union/european-deposit-insurance-scheme/index_fr.htm, page consultée le 15 janvier 2016.

Conclusion

L'union bancaire au sein de la zone euro est un chantier en devenir que l'actuel commissaire aux Services financiers, le Britannique Jonathan Hill, a pour mission de concrétiser. Bien que le Royaume-Uni ait officiellement renoncé à faire partie de ce projet ambitieux d'intégration européenne, le Britannique s'est toujours prononcé pour une union bancaire capable de préserver la stabilité financière.

Depuis le 4 novembre 2014, la Banque centrale européenne (BCE), élément central du volet « supervision unique », contrôle directement 122 groupes bancaires systémiques totalisant 85 % des actifs bancaires. Avant cette échéance, ces groupes ont été soumis à un bilan de santé poussé (évaluation de la qualité des actifs et tests de résistance) qui a mis en évidence plusieurs maillons faibles.

Depuis janvier 2016, le mécanisme unique de résolution bancaire est opérationnel avec le conseil de résolution unique, chargé de restructurer et de démanteler les banques systémiques défaillantes de façon ordonnée, et en ayant recours le moins possible à l'argent public.

Cette nouvelle autorité européenne gère un Fonds de résolution unique uniquement alimenté par le secteur bancaire et d'environ 55 milliards d'euros à l'horizon 2023.

Afin de préserver le marché intérieur, la BCE et le conseil de résolution unique appliquent des règles valables pour l'ensemble de l'Union européenne, à savoir les règles prudentielles bancaires pour le superviseur européen et la directive « BRRD » sur le redressement et la résolution des établissements de crédit. En parallèle, l'Autorité bancaire européenne (ABE) poursuit sa mission visant à faire converger les pratiques de supervision et de résolution bancaires au sein de l'UE.

Cette nouvelle architecture institutionnelle, aussi jolie soit-elle sur le papier, doit encore faire ses preuves en situation réelle. Le caractère décentralisé du mécanisme de supervision unique pourrait aboutir à la création d'un système à deux vitesses obéissant à des logiques économiques et politiques différentes. Complexe, la procédure menant à la résolution au niveau européen d'une banque défaillante doit encore résister à un premier baptême du feu. Et il est fort à parier que la dotation du Fonds de résolution unique (FRU) soit insuffisante pour intervenir d'urgence auprès d'un grand groupe bancaire.

Nul ne sait, par ailleurs, quels seront les contours du futur système européen de garantie des dépôts, tant l'hostilité à ce chantier législatif reste forte en Allemagne. Quid, enfin, de l'intégrité du marché intérieur bancaire lorsqu'un noyau dur de pays s'intègre continuellement, laissant de côté des pays comme le Royaume-Uni – pourtant principale place financière en Europe ?

Seul l'avenir nous dira si l'union bancaire aura rempli ses deux objectifs premiers, à savoir :

- en finir avec la fragmentation du marché bancaire, caractérisée par des taux d'intérêt très divergents entre ceux pratiqués au nord ou au sud de l'Europe ;
- contribuer à desserrer les liens entre difficultés bancaires et difficultés budgétaires des pays de la zone euro.

CONCLUSION

Un avenir à construire

La gouvernance économique européenne est clairement marquée par la volonté d'assurer un équilibre permanent entre les intérêts de l'Union et ceux des États membres, cet équilibre étant primordial dans la gouvernance des relations entre l'Union et les pays tiers. Cette volonté fut quelque peu mise en difficulté, par la crise de 2008, qui ébranla les fondations du système bancaire de nombreux États.

La gouvernance économique européenne se complexifie ainsi d'année en année : il s'agit d'assurer une convergence des politiques économiques et monétaires des États membres (mission *ante post*) tout en remédiant aux crises dont l'Union peut être affectée, notamment quant à leurs conséquences sur la santé économique des États concernés (mission *ex post*).

À cette fin, une collaboration étroite s'est donc instituée entre les différentes institutions de l'Union, qui en définissent les orientations et les priorités politiques générales, et les États, dont les politiques économiques servent avant tout leurs intérêts propres, mais doivent également contribuer à la réalisation des objectifs de l'Union.

Cette collaboration se traduit par l'adoption de lignes directrices et d'objectifs communs dont la réalisation permet d'assurer l'avenir serein de l'Union européenne et de ses États membres : la « stratégie de Lisbonne », le semestre européen – avec l'adoption des grandes orientations des politiques économiques – ou encore le Pacte Euro-plus constituent autant d'exemples illustrant la dimension préventive de la coordination.

Toutefois, cette coordination se manifeste également par l'adoption d'instruments financiers de solidarité tels que le Fonds européen de stabilité financière ou le Mécanisme européen de stabilité, afin de venir en aide aux États dont le système économique et monétaire est menacé, et ainsi éviter le risque systémique (en desserrant le lien entre crises bancaires et dette publique).

Par l'injection de liquidités, la BCE joue également un rôle important dans la préservation de la santé financière des États membres, et garantit notamment la stabilité de la monnaie unique au sein de la zone euro.

Néanmoins, il est possible d'interroger l'efficacité de ces mesures. Celles-ci s'accompagnent-elles d'engagements concrets de la part des États membres ? Quel est l'impact des crises sur l'engagement des États à l'égard de l'Union européenne ? Ces mesures sont-elles suffisantes ou suffisamment claires pour assurer une coordination optimale au sein de cette construction juridique, politique et économique que constitue l'Union européenne ?

Il manque aux dirigeants européens une réflexion sur les mutations juridiques et institutionnelles nécessaires à la mise en place d'un contrôle démocratique, en particulier parlementaire, de cette gouvernance globale du monde économique européen. L'Union européenne peut connaître à l'avenir des vicissitudes. En revanche, cette gouvernance globale du monde économique européen pourrait lui survivre dans le cadre d'un retour aux sources : la territorialité du pouvoir économique dessine des institutions en charge de la faire prospérer !

Bibliographie

- *Crise de la zone euro : où en sommes-nous ?* La Documentation française, Cahiers français, n°387, juin 2015.
- AGLIETTA (M.). *Europe: sortir de la crise et inventer l'avenir.* Michalon, 2014.
- AGLIETTA (M.). *Zone euro. Eclatement ou fédération.* Michalon, 2012.
- ALLEMAND (FR.). L'Union économique et monétaire : origine, fonctionnement et futur, 2e éd. CVCE, 2015. Disponible à l'adresse : http://www.cvce.eu/education/unit-content/-/unit/7124614a-42f3-4ced-add8-a5fb3428f21c. Consultée le 15 janvier 2016.
- BAROIN (F.). *Journal de crise.* Ed. JC Lattès, 2012.
- BINI-SMAGHI (L.), *Morire di austerità.* Il Mulino, 2013.
- BOUCHARD (J.-F.). *L'Empereur illicite de l'Europe. Au cœur de la Banque centrale européenne.* Max Milo Editions, 2014.
- GALBRAITH (J.-K.), HOLLAND (S.), VAROUFAKIS (Y.), ROCARD (M.), *Modeste proposition pour résoudre la crise de la zone euro.* Les Petits Matins, 2014. [Format Kindle]
- GUISAN (I.), RODRIGUEZ (N.), VOELIN (A.). *Les enfants de l'euro : portraits dans la crise grecque.* Xenia Editions, 2012.
- IKONOMOU (CH.), *Something Will Happen, You'll See.* Archipelagos Book, 2016.
- JABKO (N.). *L'Europe par le marché.* Presses de Sciences Po, 2012.
- MARTUCCI (F.). *L'ordre économique et monétaire dans l'Union européenne.* Bruxelles : Bruylant, 2015.
- PISANI-FERRY (J.). *La crise de l'euro et comment nous en sortir.* Librairie Arthème Fayard, DL 2013.
- VAN ROMPUY (M.). *L'Europe dans la tempête : leçons et défis.* Racine, 2014.

Chronologie

La gouvernance économique (1991-2016)

12 avril 1989	Publication du rapport du Comité Delors sur l'établissement par étapes de l'Union économique et monétaire (UEM) dans la Communauté.
1er juillet 1990	Début de la première phase de l'UEM avec l'entrée en vigueur de la directive sur la libre circulation des capitaux.
9-10 décembre 1991	Adoption du traité sur l'Union européenne lors du Conseil européen de Maastricht. Le Royaume-Uni et le Danemark bénéficient d'un statut d'*opting out*.
1er novembre 1993	Entrée en vigueur du traité sur l'Union européenne.
1er janvier 1994	Début de la deuxième phase de l'UEM. Établissement de l'Institut monétaire européen. Début du processus de convergence économique, monétaire et juridique des États membres en vue de l'adoption de la monnaie unique.
15-16 décembre 1995	Conseil européen de Madrid. Adoption du nom de la future monnaie unique (l'euro) et arrêt de la date de début de la phase finale de l'UEM.
16-17 juin 1997	Conseil européen d'Amsterdam. Adoption du pacte de stabilité et de croissance.
3 mai 1998	Décision des chefs d'État ou de gouvernement des Quinze concernant les pays qui remplissent les conditions nécessaires pour l'adoption de l'euro au 1er janvier 1999 : Belgique, Allemagne, Espagne, France, Irlande, Italie, Luxembourg, Pays-Bas, Autriche, Portugal et Finlande.
1er juin 1998	Établissement de la BCE.
1er janvier 1999	Entrée de la Communauté européenne dans la troisième et dernière phase de l'UEM.
1er janvier 2001	Entrée de la Grèce dans la zone euro.
1er janvier 2002	Introduction des pièces et billets en euros.
25 novembre 2003	Suspension par le Conseil de la procédure pour déficit public excessif à l'égard de la France et de l'Allemagne.
22-23 mars 2005	Première révision du pacte de stabilité et de croissance.
1er janvier 2007	Entrée de la Slovénie dans la zone euro.

1er janvier 2008	Entrée de Chypre et de Malte dans la zone euro.
15 septembre 2008	Faillite de la banque d'investissement *Lehman Brothers*.
12 octobre 2008	Première réunion des chefs d'État ou de gouvernement en format zone euro.
1er janvier 2009	Entrée de la Slovaquie dans la zone euro.
12 octobre 2009	Révélation du déficit budgétaire par le Premier ministre grec, George Papandréou.
2 mai 2010	Approbation par les États membres de la zone euro et le FMI de l'octroi d'une assistance financière de 110 milliards d'euros à la Grèce.
9 mai 2010	Adoption des dispositifs d'assistance financière, d'un montant cumulé de 500 milliards d'euros, par le Conseil extraordinaire pour les affaires économiques et financières (Conseil ECOFIN).
29-30 octobre 2010	Conseil européen. Annonce de la mise en place d'un mécanisme de solidarité permanent.
22 novembre 2010	Accord de l'Eurogroupe et du FMI pour accorder une assistance financière de 67,5 milliards d'euros à l'Irlande.
16 décembre 2010	Conseil européen. Révision de l'article 136 du traité FUE en vue de l'établissement d'un mécanisme permanent d'assistance financière des États membres de la zone euro (MES).
25 mars 2011	Conseil européen. Adoption du Pacte pour l'euro plus.
8 avril 2011	Accord de l'Eurogroupe et du FMI pour accorder une assistance financière de 78 milliards d'euros à l'Irlande.
11 juillet 2011	Signature par les représentants des États membres de la zone euro du traité établissant le Mécanisme européen de stabilité (MES).
21 juillet 2011	Le 21 juillet 2011, les dirigeants des 17 pays de la zone euro s'accordent sur un deuxième plan pour sauver la Grèce de la faillite. Afin d'alléger la charge de la dette, ce nouveau plan d'aide inclut une implication du secteur privé – « *Private Sector Involvement* » (PSI).
8 et 16 novembre 2011	Adoption des cinq règlements et de la directive composant le Six-Pack.
23 novembre 2011	Publication par la Commission d'un nouvel ensemble de mesures législatives portant modification du cadre de la gouvernance économique : le Two-Pack.
20 décembre 2011	Première opération de refinancement à très long terme lancée par la BCE, suivie le 28 février 2012 par une seconde. Octroi d'environ 1 000 milliards d'euros de liquidités aux banques de la zone euro.

2 février 2012	Signature du traité établissant le Mécanisme européen de stabilité.
2 mars 2012	Signature du traité sur la stabilité, la coordination et la gouvernance.
27 juin 2012	Présentation officielle des demandes d'assistance financière par l'Espagne et Chypre.
28 juin 2012	Sommet de la zone euro. Approbation du principe de l'union bancaire.
26 juillet 2012	Annonce par Mario Draghi de la disposition de la BCE à faire tout ce qui est nécessaire pour préserver l'euro : « *Within our mandate, the ECB is ready to do whatever it takes to preserve the euro.* »
2 août 2012	Annonce par Mario Draghi du lancement d'opérations monétaires sur titres – *Outright monetary transactions* (OMT).
8 octobre 2012	Première réunion du conseil des gouverneurs du MES.
5 décembre 2012	Remise par Herman Van Rompy de la version finale de son rapport *Towards a Genuine Economic and Monetary Union.*
13 décembre 2012	Accord des ministres européens des Finances sur le Mécanisme de supervision unique (MSU).
21 mai 2013	Adoption du Two-pack.
4 juillet 2013	Annonce par la BCE des orientations qui seront suivies pour les mois à venir concernant le niveau des taux directeurs. C'est la « *forward guidance* ».
10 juillet 2013	Publication par la Commission de sa proposition législative sur Mécanisme de résolution unique (MRU).
1er janvier 2014	Entrée de la Lettonie dans la zone euro.
28 novembre 2014	Publication par la Commission de son évaluation de la mise en œuvre du Six-Pack et du Two-Pack.
1er janvier 2015	Entrée de la Lituanie dans la zone euro.
22 janvier 2015	Annonce par la BCE de l'extension de son programme de rachat de titres financiers, à raison de 60 milliards d'euros par mois pendant une durée de 16 mois (de mars 2015 à septembre 2016).
25 janvier 2015	Victoire du parti Syriza aux élections législatives grecques. Son leader, Alexis Tsipras, est nommé Premier ministre.
26 juin 2015	Échec du gouvernement grec, des autres États membres de la zone euro et du FMI à trouver un accord concernant les conditions d'une extension du deuxième plan d'assistance financière.

22 juin 2015	Publication du rapport des « cinq présidents » (Jean-Claude Juncker, Donald Tusk, Jeroen Dijsselbloem, Mario Draghi, et Martin Schulz).
28 juin 2015	Instauration des contrôles de capitaux en Grèce.
5 juillet 2015	Référendum grec sur la conditionnalité proposée par les créanciers publics pour une extension du deuxième plan d'assistance financière. Ce plan est rejeté à 61,31 % des suffrages exprimés.
12 juillet 2015	Accord au sommet de la zone euro sur une reprise des négociations avec le gouvernement grec en vue d'un troisième plan d'assistance financière.
19 août 2015	Signature par la Commission et le gouvernement grec du mémorandum d'accord pour un troisième plan d'assistance financière (86 milliards d'euros sur la période 2015-2018).

Glossaire

Alerte précoce. Système permettant de détecter le plus tôt possible des déséquilibres macroéconomiques excessifs dans un pays de la zone euro sur la base d'une série d'indicateurs.

Bail-in. Disposition législative européenne obligeant les actionnaires et créanciers d'une banque à supporter, en premier lieu, le coût d'une défaillance bancaire avant qu'une intervention financière publique (« *bail-out* ») soit envisagée. La directive 2014/59/UE en constitue la base juridique.

Banque centrale européenne (BCE). Institution européenne basée à Francfort chargée de la politique monétaire au sein de la zone euro. Sa mission principale est de parvenir à maintenir l'inflation à moyen terme à un taux proche, mais inférieur à 2 %. Elle est devenue depuis novembre 2014 le superviseur bancaire unique de près de 130 grandes banques européennes.

Conseil ECOFIN. Réunion des ministres européens des Finances.

Conseil de supervision unique. Organe créé au sein de la Banque centrale européenne chargé, depuis novembre 2014, de superviser directement les plus grandes banques de la zone euro dans le cadre de l'union bancaire.

Conseil de résolution unique. Autorité européenne chargée, depuis janvier 2016, de procéder au redressement ou à la résolution d'une grande banque de la zone euro défaillante dans le cadre de l'union bancaire, en mobilisant si nécessaire le Fonds de résolution unique.

Eurogroupe. Organe informel des ministres des Finances de la zone euro.

Fonds européen de stabilité financière (FESF). Fonds de sauvetage provisoire de la zone euro créé en 2010 et ayant servi à venir en aide à la Grèce, à l'Irlande et au Portugal.

Fonds de résolution unique (FRU). Depuis 2016, fonds alimenté par l'industrie bancaire destiné à financer, si nécessaire, le redressement ou la résolution d'une grande banque européenne dans le cadre de l'union bancaire en zone euro.

Majorité qualifiée inversée. Procédure décisionnelle à travers laquelle le Conseil ECOFIN pourrait rejeter une recommandation de politique budgétaire et macroéconomique de la Commission européenne à l'encontre d'un pays de la zone euro dans le cadre du Pacte de stabilité et de croissance.

Mécanisme européen de stabilité (MES). Depuis octobre 2012, fonds de sauvetage permanent des pays de la zone euro et doté d'une capacité d'intervention maximale de 500 milliards d'euros.

Pacte de stabilité et de croissance (PSC). Ensemble de règles budgétaires et macroéconomiques (déficit public inférieur à 3 % du PIB, dette publique inférieure à 60 %) que les pays de la zone euro se sont engagés à respecter afin de gérer leur monnaie commune.

Programme de stabilité. Chaque année en avril, les pays de la zone euro transmettent à l'échelon européen un programme de stabilité dans lequel ils détaillent leur objectif budgétaire à moyen terme, les hypothèses économiques sous-jacentes et les principales mesures stratégiques qu'ils comptent prendre pour atteindre les objectifs du programme.

Programme de convergence. Chaque année en avril, les pays non-membres de la zone euro transmettent à l'échelon européen un programme de convergence contenant les mêmes informations qu'un programme de stabilité, mais dont la mise en œuvre est moins contraignante que pour les pays de la zone euro.

Programme national de réforme. Document que les États membres doivent transmettre chaque année à l'échelon européen en même temps que leur programme national de stabilité/convergence, et dans lequel ils détaillent les principales réformes économiques qu'ils comptent engager.

Programme « Opérations monétaires sur titres » (OMT). Opération non conventionnelle de politique monétaire lancée en septembre 2012 par la BCE et consistant en un rachat potentiellement illimité de titres de dette publique d'un pays de la zone euro faisant l'objet d'un plan de sauvetage financier. Contestée en Allemagne, cette opération n'a encore jamais été utilisée, mais a grandement contribué à restaurer la confiance des marchés financiers envers la zone euro.

Procédure relative aux déséquilibres macroéconomiques. Procédure introduite dans le Pacte de stabilité et de croissance permettant de déceler les déséquilibres macroéconomiques à un stade précoce et de les corriger, en prêtant une attention particulière aux déséquilibres pouvant avoir des retombées sur les autres États membres.

Quantitative easing. Instrument non conventionnel de politique monétaire lancé en mars 2015, à travers lequel la BCE rachète massivement des titres de dette publics et privés en vue de respecter son objectif d'inflation à moyen terme.

Semestre européen. Processus budgétaire consistant, au premier semestre de chaque année, à arrêter les priorités de politique socio-économique au niveau européen et à surveiller que celles-ci sont intégrées dans les lois de finances de l'année suivante.

Solde structurel. Solde corrigé des variations conjoncturelles, déduction faite des mesures ponctuelles et temporaires. L'article 2 *bis* du règlement (CE) n° 1466/97 du Conseil et le traité sur la stabilité, la coordination et la gouvernance (TSCG) en constituent la base juridique.

Sommet de la zone euro. Réunion des chefs d'État et de gouvernement des pays de la zone euro.

Stratégie de Lisbonne. Stratégie européenne lancée par le Conseil européen en mars 2000, et ayant échoué à faire de l'Union européenne l'économie de la connaissance la plus compétitive et la plus dynamique du monde d'ici à 2010.

Six-Pack. Paquet législatif composé de cinq règlements et d'une directive ayant :

– complété le pacte de stabilité et de croissance après la crise de la dette souveraine en zone euro ;
– renforcé la surveillance budgétaire des pays de la zone euro ;
– introduit une nouvelle procédure pour déséquilibres macroéconomiques excessifs.

Stratégie Europe 2020. Stratégie européenne ayant remplacé la stratégie de Lisbonne et destinée à faire de l'Union européenne une économie intelligente, durable et inclusive d'ici à 2020.

Troïka. Entité informelle composée de la Commission européenne, de la Banque centrale européenne et du Fonds monétaire international chargée de représenter les créanciers institutionnels d'un pays de la zone euro dans le cadre d'un plan de sauvetage financier. Remplacée en 2015 par les « institutions » (les mêmes organisations plus le Mécanisme européen de stabilité) dans le cadre du suivi des deuxième et troisième plans de sauvetage grec.

Two-Pack. Paquet législatif composé de deux règlements ayant :
- complété le Pacte de stabilité et de croissance en réponse à la crise de la dette souveraine ;
- renforcé la coordination des politiques économiques entre pays de la zone euro, et notamment la surveillance des pays en difficulté.

Union bancaire. Chantier législatif ayant transféré à l'échelon européen la supervision et la résolution des principales banques de la zone euro afin de contribuer à réduire l'interdépendance entre risque souverain et risque bancaire. L'Union bancaire pourrait être complétée par un volet législatif destiné à garantir au niveau européen l'épargne bancaire des individus.

Imprimé en France - JOUVE, 1, rue du Docteur Sauvé, 53100 MAYENNE
N° 2372401B - Dépôt légal : avril 2016